...nger ruhiger Fluß

...erwegs auf dem Mississippi durch das Land der Musik

Geschichten eine hübsche Fassung zu geben. Foto: Manfred Grohe / SZ-Archiv

...h schwer fällt es mir, mich ohne wei-... ...s an ein solches Aufgebot dienstba-... ...Schwarzer zu gewöhnen.

...iele bleiben unter Deck fast unsicht-... ...Einige fegen und wienern ohne hoch... ...licken. Und manche dominieren eine ...Service-Hierarchie. Dazu gehören ...n jene, die in der lüsterschweren, tita-...haften Pracht des „Orleans-Rooms" ...Tisch bedienen.

...er also die Luxus-Treppen der ...and Staircase" hinuntergegangen ...im kulinarischen Inneren des ...ffsbauchs angekommen ist, trifft ...t verdutzt auf die große Gleichbe-...tigung. Vom Winde verweht schei-...alle Unterschiede von Rassen und ...ssen. Fast alle kennen einander und ...Schiff schon seit Jahren. Das Perso-...sieht in manchem Gast den Wiederho-...stäter. Eine große Familie erkundigt ...nach den jeweiligen Familien, und ...jedem zweiten Tisch glänzen im ...warzen Mund die makellos goldenen ...eidezähne.

...abei wird ein Dialekt mit einem sol-...Selbstbewusstsein gesprochen, ...sich schwer ausmachen lässt, was ...och natürlich ist und was schon ko-...iantisches Spiel mit der alten Skla-...olle zum Zwecke der Tip-Maximie-...

Spielkasino vor dem Aus rettend, kommt wirklich der Bürgermeister mit dem halben Ort über den roten Teppich zu uns und heißt das Ereignis des Jahres willkommen. Die Gebärde huldvollen Dankes will erlernt sein.

In Vicksburg, Mississippi, haben sie die Schlachtfelder des Bürgerkriegs in einen die Staaten übergreifenden Nationalpark verwandelt. Doch für unsere Führerin, eine zierlich zähe Südstaaten-Lady, bleibt der Sieg des Nordens ein bitteres Unrecht: Wie eine Kriegerwitwe jagt sie uns durch Gräben und Tunnel – und fingert an jeder Kanone herum. In Memphis, Tennessee, kann man gerührt darüber staunen, wie neureich verspießert doch dieser Elvis-Besitz „Graceland" ist. Aber dann wird man doch, den Kopfhörer mit Text und Musik über dem Ohr, hineingesogen in dies Leben, das, ehe der Glitzerglanz hereinbrach, tief verwurzelt war in der Musik eben dieses Südens. Und das nur 42 Jahre dauerte.

Zuhause im Traum

Doch mein Zuhause blieb das Schiff – auch deshalb, weil ich erleben durfte, wie der Kartenzauberer Bodine Jackson ...lasco auch genannt, the last of the Ri-...

...mit den Besen. Fast imm... ...mit. Das hat nichts von gr... ...lichkeit, sterilem Musikan... ...ein wenig beneide ich, e... ...Kind, die Amerikaner um... ...die es ihnen erlaubt, Liede... ...Landschaften zu singen un... ...sierten, oft harmonisch v... ...zweiten Stimmen zu verse... ...soulig wird, machen Kel... ...Background-Chor – und ...Hits sind ohnehin längst V... ...worden.

Michael, der Barmann, ...ten Abend „Hombre" zu... ...nicht mehr, was sonst so n... ...des neue Glas den Kassen... ...Lehrerin und Nachteule a... ...mich zum Julep-Experten, ...burger darf, *Rollin' on the*... ...chen in das kleine Wunde... ...die der Alte Mann Fluss, ...Steuerbord, vor der Besch... ...die Gegenwart schützt. ... ...„Onkel Pö" war es ja so, da... ...nem Menschen jahrelang ...wusste und zu wissen brau... ...nahmen, das Lieblingsget... ...Lieblingsmusiker.

Wir haben gewonnen

Übrigens: Wir haben g... ...Delta-David (174 Passag... ...Mississippi-Goliath (422 P... ...siegt, und weil sich unser ...Unabhängigkeitstag ereig... ...St. Louis zu einem großen F... ...werk, mit Passagieren u... ...und einem gemeinsamer ...swingenden Sonnenschirm...

Dass eine solche Reise ...gefährliche Längen haber... ...ich, als ich für den zweiter... ...nale von St. Louis bis rauf... ...auf die „Mississippi Quee... ...musste. Denn die Queen bo... ...lerlei Kreuzfahrt-Sympto-... ...spielten sie ganztägig Brid... ...keinen Blick auf diesen al... ...ssippi. Am Nebentisch zeig... ...tos von der Hochzeit der E... ...hatten Stacheldraht in de... ...dass die Kellnerin zum e... ...Bier bestellte, gleich „hon...

Doch kurz vor Schluss re... ...mal Knabenträume. In Han... ...ri, dem St.-Petersburg Ma... ...Tom Sawyers, ist zwar all... ...tenfreundlich aufbewahrt ...tet. Anheimelnd und fernv... ...es doch, das Städtchen. Mit... ...tasie kann man auch noch... ...ten Zaun entdecken und s... ...wie Tom Sawyer im Schwe... ...gesichts den Geheimnisse... ...und Nachfrage auf die Spu...

Werner Burkhardt
Klänge, Zeiten, Musikanten

Für Kaiser, Küster, Hannemann

Werner Burkhardt

Klänge, Zeiten, Musikanten

Ein halbes Jahrhundert Jazz,
Blues und Rock

Oreos Verlag

COLLECTION JAZZ
Herausgegeben von Peter Niklas Wilson
und Walter Lachenmann
Band 29

Die Deutsche Bibliothek - CIP-Einheitsaufnahme
Burkhardt, Werner :
Klänge, Zeiten, Musikanten : ein halbes Jahrhundert Jazz, Blues und Rock / Werner Burkhardt.
Mit Fotos von Sepp Werkmeister und Valerie Wilmer. - Waakirchen : Oreos Verl., 2002
   (Collection Jazz ; Bd. 29)
   ISBN 3-923657-70-6

© 2002 Oreos Verlag GmbH, D-83666 Waakirchen
Druck und Bindung: Ludwig Auer GmbH, Donauwörth
Printed in Germany
ISBN 3-923657-70-6

Inhalt

5

Inhalt

DER STAR CLUB UND DIE BEATLES

Inhalt

10

Inhalt

Vorwort

EIN BISSCHEN SIND AUCH DIE TOTEN daran schuld, daß ich in meinen Erinnerungen gekramt, geblättert habe und dabei auf die Geschichten gestoßen bin, die hier nun zwischen zwei Buchdeckeln erscheinen. Immer häufiger erreichen mich in jüngster Zeit Anrufe aus der Münchner Redaktion der ›Süddeutschen Zeitung‹, mit der Nachricht, die Jazzsängerin X, der Bluesgitarrist Y sei gestorben und ob ich nicht ganz schnell einen Nachruf schreiben könnte. Hoch im Norden male ich mir dann aus, wie sich die Kollegen im Süden das Hirn wundgrübeln mit der Frage: Wer kann die, wer kann den noch gekannt haben? Und schon muß ich wieder zur Grabschaufel greifen.

Aber natürlich sind es nicht nur die Toten gewesen, die mich zu diesem ausführlichen Rückblick auf ›Klänge, Zeiten, Musikanten‹ angeregt haben. Auch die Lebenden drängten und meinten: »Es wird Zeit. Was du gehört, gesehen und beschrieben hast, muß nun endlich heraus aus dämmrigen Archiven und hinein ins helle Tageslicht. Gönne uns die gebündelte Retrospektive. Vielleicht bist du der Letzte, der das noch bringt.«

Uff! Wer diesen Beruf seit genau einem halben Jahrhundert ausübt, der steht, sitzt und flucht vor Materialmassen, die er nur durch eine List bändigen kann. Ich entschloß mich zur Flucht nach vorn, pfiff kurzentschlossen auf den ja immer etwas oberschlau deutenden Blick vom Heute auf das Damals, suchte nur, Zeitungsschreiber, der ich ja bin, aus der Artikelflut das heraus, was mir am Herzen lag, was heute noch von Interesse sein könnte. Nun soll das hier nicht in Philologie ausarten. Doch Ehrenwort: Ich habe kaum etwas an den Texten geändert, habe – klar! – Wiederholsamkeiten ausgemerzt, böse Schnitzer korrigiert. Doch am Grundton habe ich festgehalten. Was längst Dokument ist, muß aus der eigenen Kraft leben dürfen, mit allen vorschnellen Hymnen, mit allen Irrtümern.

Mit sechzehn Zeilen über Count Basie begann es 1952 bei der ›Welt‹. Ich profitierte von der Stunde Null, in der nun auch sowas wie ein Jazzkritiker gefragt war. Man behandelte mich mit Fairness, mit Respekt, und 1957 wurde daraus ein wenig mehr. Ich hatte ›Lady Sings The Blues‹, Billie Holidays Autobiographie, für den Hoffmann und Campe

Verlag übersetzt. Kaum war das Buch erschienen, rief mich ›Welt‹-Kulturchef Dr. Ramsegger nachts um zwei an und sagte: »Du bist ja ein richtig literarischer Mensch.« Ein bißchen ulkig war das schon: Als Jazzkritiker ernstgenommen wurde ich, als sich herausstellte, daß ich nicht nur Jazzkritiker war.

Nun durfte ich auf große Fahrt gehen, die weiten Reisen machen, und daß man es wirklich gut mit mir meinte, spürte ich, als »Ramses« sich die Zeit nahm, mich in die unverzichtbaren Regeln des Rezensentenberufs einzuweisen. Er nahm mich an die Hand, besuchte mit mir die ›Westside Story‹-Premiere im Theater am Besenbinderhof und ließ mich nicht aus den Augen. Ein Initiationsritus besonderer Art ist das gewesen, und als mich in der Pause jemand fragte, wie ich es denn finde, nahm mich der Chef beiseite: »Wenn du während oder nach der Vorstellung nur ein Wort darüber sagst, wie du es findest, hast du den letzten Text für dieses Blatt geschrieben.«

Jahrzehnte später mußte ich nochmals an diesen seltsamen Abend denken. Auf dem Hamburger Kampnagelgelände kam die Jazz-Oper ›Cosmopolitan Greetings‹ zur Weltpremiere. Schräg vor mir saß Marianne Hoppe, mit der ich mich am Abend vorher nach einer ihrer Lesungen vergnügt unterhalten hatte. Pause! Einer dieser Übereifrigen stürzt auf mich zu, will wissen, ob das problematische Phänomen der Jazz-Oper nunmehr und und und ... da steht plötzlich Marianne Hoppe neben mir und sagt mit ihrer herrscherlichen Stimme: »Lassen Sie ihn in Ruhe! Dieser Mann muß schreiben!«

Als ich mich im Sommer 1970 von der ›Welt‹ löste – in aller Freundschaft, voller Dankbarkeit, aber politisch ging es wirklich nicht mehr – da war das eine Entscheidung. Ein Risiko war es nicht. Nur zwei Tage später rief Rudolf Goldschmit, unvergessener, unvergeßlicher Feuilletonchef der ›Süddeutschen Zeitung‹ mich an und meinte, er habe gehört und ob ich nicht. Natürlich wollte ich, zumal ich bei Goldschmits Worten immer eine zweite SZ-Stimme mithörte ... und zwar die von Joachim Kaiser, Klassenkamerad im Hamburger Wilhelm-Gymnasium, Mit-Abiturient des Jahres 1948 und – immer noch! – einer meiner alterältesten, allerbesten Freunde.

Viel habe ich ihm zu verdanken, und dazu gehört sicher auch die planerische List, mit der er mich schon Jahre vor meiner SZ-Zeit in Salzburg mit dem Mozartianer Goldschmit bekannt machte und wir uns der Frage zuwandten, ob die Schwarzkopf beim »Dove Sono« der Figaro-Gräfin ihre Manierismen nicht doch ein wenig übertreibt. Wie eine

MIT ALBERT MANGELSDORFF

Reprise aus ›Welt‹-Anfängen ist das gewesen: Weil ich etwas von Mozart verstand, traute man mir auch in Sachen Miles ein Urteil zu und ließ mich gewähren ... großzügig und ohne Fragen zu stellen.

Wer so vielen Menschen, Kollegen wie Musikern, so viel zu verdanken hat, kann keine Namen nennen. Nennt er tausend und verschweigt einen, kriegt er Ärger. Nur soviel: Es hat schon seine Ordnung, wenn das erste Buch eines Menschen, der unentwegt geschrieben hat, jetzt bei Oreos erscheinen kann; bei einem Verlag also, den seit nunmehr genau zwanzig Jahren Walter Lachenmann leitet und durch die Veröffentlichung von über dreißig Büchern zu einem kleinen Jazz-Kompendium gemacht hat. Auch bin ich glücklich darüber, daß den Löwenanteil der Bilder Sepp Werkmeister beigesteuert hat, der so leidenschaftliche wie kenntnisreiche Chronist der swingenden Dinge seit den ersten Stunden nach der »Stunde Null«. Dank auch an Valerie Wilmer und an Ralph

15

Quinke, deren Photographien mir und nicht zuletzt den Musikanten immer wieder gezeigt haben, wie der Jazz nicht nur unüberhörbar, sondern auch unübersehbar eine Verwandtschaft zwischen Soul und Seele stiftet.

Wer auf diese fünfzig Jahre zurückblickt, sieht einen langen, nicht immer ruhigen Fluß; entdeckt Ballungszentren wie das Höchst der Soultage, hat sich längst abgewöhnt, über jede Blues-Renaissance, jedes Swing-Revival zu staunen, und hat plötzlich wieder Menschen vor Augen wie Studs Terkel, den Reporter, Chronisten und Menschenbefrager aus Chicago. In Hamburg hatte ich ihn kennengelernt und ihm erzählt, wie ich als Schüler das Dritte Reich erlebt habe und daß wir einen Klassenlehrer hatten, der Dr. Drude hieß und ständig mit seinem Leben spielte. Der begeisterte Motorradfahrer kam eines Tages, als der Führer und der Duce einander noch gut waren, lachend in die Klasse, hielt ein Metallstück in die Luft und meinte: »Da seht ihr, daß auch Achsen brechen können.« Einmal schrieb er das Wort »Goebelius« an die Tafel und erklärte: »Die Vokabel werdet ihr jetzt brauchen können. Denn wir kommen zur Form des lateinischen Itinerativs: Markus lügt. Goebbels lügt immer.«

Jahre später. Studs Terkel führt uns durch sein Chicago, zeigt uns unermüdlich, unerschrocken das Schwarzenviertel der Southside. Sehr ernsthaft macht er das, und plötzlich lächelt er, wühlt im Chaos seiner Brieftasche, kramt einen verschrumpelten Zettel hervor und zeigt ihn mir triumphierend. »Dr. Drude – Goebelius« lese ich da. Er hat also nichts vergessen. Doch viele Brücken führen über den Fluß.

Süddeutsche Zeitung, November 1999

Adorno hörte Tango zur Entspannung

*Im Land zwischen Mississippi und Elbe: Wie der Jazz in Deutschland
nach 1945 groß wurde und es zu Zeiten doch sehr schwer hatte*

Um die Rezeption des Jazz im Deutschland der ersten Nach-
kriegsjahre ist es sonderbar bestellt. Daß ein Zeitraum, der längst
als Nostalgie eingemeindet, entrückt scheint, vor einem halben Jahrhundert als Aufbruch und Aufruhr daherkam, kann man den Nachge-
borenen nur schwer begreiflich machen. Vielleicht läßt es sich erzählen,
Augenzeugen werden rar.

Ein Mensch vom Jahrgang 1928 konnte kaum mitkriegen, wie Goebbels den Jazz, diese »Niggerpest«, dieses »Judengejaule« als die Musik
von rassisch Minderwertigen diffamierte. Davon, daß es in der Nazizeit
auch einen Jazz-Untergrund gegeben hat, habe ich nur einen Abglanz
erlebt. 1943, als wegen der Bombenangriffe die Schulen in der Hamburger Innenstadt, also auch das Wilhelm-Gymnasium am Grindel, geschlossen wurden, mußten die Schüler vorübergehend Ausweichschulen
in den Randbezirken besuchen.

Ich kam ans Christianeum ins noble Othmarschen und erinnere
mich noch vage an eine Clique, die sich hermetisch und geheimnisvoll
gab, aus väterlichem Schrank die Seidenschals hervorgeholt hatte, die
seit eh und je zur Grundausstattung des anglomanen Hanseaten gehörten, und mit Verschwörerblick vom Alsterpavillon flüsterte, einem Treff-
punkt der Swing-Heinis jener Tage.

Aber das ging mich nichts an. Mein Vater kam aus einer Schmud-
delgegend in Hafennähe, aus dem Gängeviertel mit all den Kaschemmen, in denen der junge Hannes Brahms nicht so ungern Klavier spielte,
wie es die keusche Forschung gern hätte. Diese Typen aus den Elbvor-
orten waren für mich blasierte Spinner.

Mein Reich war die klassische Musik, mein zweiter Wohnsitz die
Hamburger Musikhalle. Genauer: sie sollte es werden. Denn auf aben-

teuerlichen Pfaden habe ich mich dem Haus genähert; quer durch verwinkelte Gassen, die immer auch Stationen der Stadtgeschichte, ja des Weltgeschehens berührten.

Als Dreizehnjähriger bin ich meist an der Musikhalle vorbei und ein paar Schritte weiter in den Conventgarten gegangen. Der war damals das erste Haus am musikalischen Platze. Hier hatte im Januar 1926 Wladimir Horowitz den Grundstein zu seiner Weltkarriere gelegt. Auch dies Haus stand in verruchter Gegend. Aber es war ein akustisches Wunder. Bei einem Konzert des Stross-Quartettes spürte ich auf meinem Schülerplatz die polyphonen Beunruhigungen im langsamen Satz von Beethovens op. 59, Nr. 1, als säße ich mit auf dem Podium, und manchmal wundere ich mich noch heute, warum sich mir just dies Detail so ins Gedächtnis geprägt hat. Mit der Erinnerung hat es so seine eigene Bewandtnis.

Als der Krieg kam, kamen auch die Bomben, kam das Aus für den Conventgarten. Das Holz, das dem Klang so wohltat, brannte lichterloh. Die Musikhalle blieb verschont und rückte nun ins Zentrum der Musikstadt Hamburg. Noch im März 1945 bot sie der Hamburgischen Staatsoper, deren Zuschauerraum ebenfalls Opfer der Bomben geworden war, großzügig Asyl. Man nutzte den festlichen Prunk des Podiums wie eine Barockbühne, spielte Händel, Gluck, auch den ›Don Giovanni‹ und nahm so, der Not gehorchend, voraus, was später als »Einheitsbühne« Signal für fortschrittliche Regiekonzepte wurde.

Als der Krieg zu Ende war und die Engländer kamen, beschlagnahmten sie die Musikhalle, machten sich das Haus zu eigen und installierten ihren Soldatensender BFN. Ausweiskontrolle war angesagt; doch ganz kapselten sich die Sieger nicht von den Besiegten ab. Die einheimischen Orchester durften spielen, erst die Philharmoniker, dann das Sinfonieorchester, das Hans Schmidt-Isserstedt für den damaligen NWDR aus den umliegenden Gefangenenlagern rekrutiert hatte.

Isserstedt tat etwas bitter Notwendiges: Er machte das Publikum mit der Musik bekannt, die bei den Nazis tabu gewesen war. Eben deshalb machte er mich neugierig. Ich wollte zu den Proben. Aber wie? Welcher Weg führte am uniformierten, englisch höflichen, aber strengen Pförtner vorbei? Da erfuhr ich, daß im Souterrain des Hauses ein ganz seltsamer Verein tagte, der sich Anglo German Swingclub nannte, einmal die Woche gemeinsam Platten hörte und so mit Hilfe des üppig sortierten BFN-Archivs auch untertage in den Genuß der Re-

Education kommen konnte. Vor allem aber: Man kriegte einen Haus-
paß.

So trat ich eher zögerlich bei, leckte aber bald Blut, und nun begegnete mir der fremdartige Klang der Moderne gleich in doppelter Gestalt. Oben im Saal hießen die neuen Götter Strawinsky und Bartók.
Isserstedt war ihnen Prophet und Anwalt. Er war genau der Richtige
für diesen Neubeginn nach soviel Chaos und faulem Zauber, kein vom
Irrationalen benebelter Pultmagier, sondern ein Mann der Aufklärung.
Er wurde gebraucht, und zwar ganz heftig.

Unten im Keller hießen die neuen Götter Charlie Parker und Dizzy
Gillespie. Sie anzubeten fiel gar nicht so leicht. Wir, die gerade Zwan-
zigjährigen, mußten ja erst einmal aufarbeiten, was der Jazz überhaupt
bedeutet, welche Instrumente, Musiker und Epochen bei ihm eine Rolle
spielten. Da war es schon eine Zumutung, daß zeitgleich mit unserem
Bemühen, den Jazz zu begreifen, jenseits des Großen Teiches eine Revolte losbrach, die alles Begreifliche als etwas Abgewetztes wegpusten
wollte und sich Bebop nannte. Ein solches Übermaß an Fortschritt kann
schwindlig machen, und ein bißchen schäme ich mich noch heute, weil
ich damals den guten Dizzy einen »Idioten mit Spezialbegabung« genannt habe.

Eine Art Jazz-Age blühte auf in den ersten Jahren nach dem Krieg.
In Hamburg traf man sich zum Plattenhören im Anglo German Swingclub, bald auch im britischen Kulturzentrum »Die Brücke« oder im
Amerikahaus. Die Sieger traten als Geburtshelfer in Erscheinung. Sie
wollten aus uns Demokraten machen und fanden eine Jugend, die einem
solchen Umerziehungsprozeß geradezu entgegenfieberte.

Als ich Louis Armstrong zum ersten Mal auf der Konzertbühne sah,
spielte er noch nicht in der traditionsreichen Musikhalle, sondern im
längst abgerissenen Schuppen der Ernst-Merck-Halle. Das war am
15. Oktober 1952. Ich weiß das so genau, weil meine Eltern an diesem
Tag ihre Silberne Hochzeit feierten und keineswegs darüber entsetzt
waren, daß ihr einziges Kind just an ihrem Ehrentag zu dieser sonder-
baren Musik wollte. Vielmehr gaben sie mir die Chance, mich klamm-
heimlich zu verdrücken, ohne daß die popelige Verwandtschaft, über
ihre Sahnetorte gebeugt, etwas merkte.

Das Konzert selbst war dann nicht so doll. Louis schien tournee-
müde, kann sein: auch etwas angesäuselt, und in der Erinnerung geblieben ist mir vor allem etwas rein Privates. Ich habe Armstrong in seiner Garderobe besucht, und das war schon was. Die erste Begegnung

eines 24jährigen ehemaligen Hitlerjungen und Luftwaffenhelfers mit einem Weltstar dunkler Hautfarbe. An Worte erinnere ich mich nicht mehr, nur noch an das Bild: der enge, muffige Raum, vollgestopft mit Medikamenten. Vor dem Spiegel, auf kleinen Glastischen, standen die Salben für die Lippen, die Pillen für die Verdauung, alle nur denkbaren Tuben und Flaschen für alles Mögliche. Im Spot ein Kraftprotz, *backstage* ein Hypochonder! Ich war wie verdattert und hab' was fürs Leben gelernt: Im Show-Business braucht auch schwarze Haut die belebende Schminke.

Was die Erinnerung jedoch zutage fördert, ohne sich anstrengen zu müssen, ist ein Gefühl der Dankbarkeit. Man darf nie vergessen, daß die erste Begegnung mit den aus der Ferne geliebten Stars ja auch einen politischen Aspekt hatte. Sie besuchten uns schon in den frühen Fünfzigern, also zu einer Zeit, in der es für viele Ausländer, Schwarze und Juden zumal, noch keineswegs wieder eine Selbstverständlichkeit war, deutschen Boden zu betreten. Soviel Noblesse beschämte uns, machte uns glücklich und stärkte unser Vertrauen in die Demokratie.

Ella & Louis, Oscar Peterson und Lionel Hampton ... sie kamen immer wieder, und ich glaube, sie kamen gerne. Sie lernten Deutschland kennen, soweit das für einen Musiker, der ständig von Stadt zu Stadt hetzt, überhaupt möglich ist. Immerhin: Als ich Oscar Peterson mal in Zürich traf und sagte, ich komme aus Hamburg, meinte er: »... Hamburg? Das ist doch die Stadt mit diesem großen Teich in der Mitte.« Und Ella mußte nicht höflich sein; sie konnte sachlich bleiben, wenn sie sich bei uns wie zu Hause fühlte. Auch Weltstars brauchen einen Hit, und Deutschland hatte ihr einen mit Mackie ans Messer geliefert.

Schnell wurden sie zu Idolen, die wie gerufen kamen in dieser Zeit des Wiederaufbaus, und als sie auch das Selbstbewußtsein wieder aufrichteten, biß der Jazz-Bazillus verschärft zu. Bald steckte er auch die jungen Musiker an. Die Rezeption dieser neuen Musik blieb nicht lange passiv. Sie verwandelte sich bei den Ausübenden in eine wie aufatmende Energie. Die Jazzbands schossen aus dem Boden.

Dabei ereignete sich etwas Merkwürdiges und Folgenreiches: Wieder kam die Politik ins Spiel; diesmal nicht als Faschismus, sondern als Folge dessen, was der Faschismus angerichtet und heraufbeschworen hatte. Als das immer noch nicht ganz geheure Deutschland in militärische Zonen aufgeteilt wurde, als im Einflußgebiet der Besatzungsmächte ganz unterschiedliche Kulturlandschaften heranwuchsen, da färbte auch im Jazz das Überregionale das jeweils Regionale.

Man kann sich das jazzmusikalische Nord-Süd-Gefälle in jenen Tagen – nur in jenen Tagen? – nicht kraß genug vorstellen, und wer ein bißchen Phantasie hat, sieht es vor sich. In München, vor allem aber in Frankfurt kamen die GIs abends aus ihren Kasernen, etwa aus Hanau, und wer da stationiert war, machte nach dem Zapfenstreich im Jazzkeller Station.

Vor allem die jungen Schwarzen stiegen ein. Manche waren, als sie eingezogen wurden, schon gestandene Musiker. Manche machten sich gerade auf ihren Weg, und gerade sie mit ihrem schönen Wahnsinn sind es gewesen, die den deutschen Nachwuchs beflügelten, ihm die artverwandte Sprache schenkten. Ohne die ständige Berührung mit den Vorbildern aus dem Ami-Land hätte sie nie entstehen können, die Frankfurter Szene mit Albert Mangelsdorff, Joki Freund und Heinz Sauer.

Hoch im Norden ging es etwas geruhsamer zu. Die Geschichte des Jazz etwa in Hamburg ist nicht die Geschichte künstlerischer Großtaten. Avantgardistische Gesinnung und hohläugigen Fanatismus wird man da vergeblich suchen. Die hanseatische Begeisterung gilt dem traditionellen Jazz und ist frei von Selbstzweifeln. Seite an Seite umflossen Mississippi und Elbe ein *land of dreams*, kreisten um New Orleans wie um einen Wallfahrtsort, der Authentizität verbürgt.

Eine solche Anbetung des einzig Wahren, weil einzig Echten wurde zum Gottesdienst. Vor allem die Briten folgten, man möchte sagen: heißblütig diesem konservativen Credo, und Hamburgs Jazzer entpuppten sich schon früh als wahlverwandte Naturen. Gern haben sie aus den Händen des ehemaligen Feindes die Botschaft entgegengenommen, daß man nicht in die Irre geht, wenn man der Tradition folgt.

Eine Zeitlang schien es, als habe der Jazz im Nachkriegsdeutschland sich friedlich eingenistet; von den einen mit offenen Armen begrüßt, von den anderen als das Unvermeidliche halb akzeptiert, halb gerade noch geduldet. Aber der Frieden war, was er auch sonst nur zu oft ist: trügerisch. Bald meldeten die Jazzgegner sich wieder zu Wort, und diesmal schossen sie ihre Pfeile aus zwei entgegengesetzten Lagern, aus einem altvertrauten und aus einem total überraschenden.

Zuerst meldeten sich die Unbelehrbaren, die nach 1945 ihren Kulturbegriff genauso behalten haben wie Chefärzte und Staatsanwälte ihre Positionen. Von artfremdem Niggergejiddel, von entarteter Kunst war bald die Rede, schrill und laut, und wieder einmal mußte ich an die drei Worte denken, die ich von keinem chinesischen Weisen, sondern vom Leben selbst gelernt habe: »Dummheit macht sicher.«

21

Da konnte man noch von Glück reden, wenn man auf einen Gegner traf, der zumindest den Versuch machte, zu argumentieren, und richtig dankbar war man schon für das längst ritualisierte Geständnis, daß da jemand mit einer Musik nichts anfangen kann, in der die Rhythmen siegen, das Melodische und das Harmonische jedoch veröden. Die Gebetsmühlen, ganz deutsche Wertarbeit, leiern ihre Litaneien auch noch nach einem halben Jahrhundert.

Doch kaum hatte man sich schon damit abgefunden, daß die braune Reaktion Bill Haley für einen dieser gefährlichen Jazzmusiker hielt, da blies der Gegenwind aus einer ganz anderen Ecke, nämlich aus der linken, und fatalerweise hat gerade dieser Vorstoß einer sachlichen Rezeption des Jazz mehr geschadet als das ganze Sturmgewitter aus alter Zeit.

Schon im Jahr 1953 erschien in der Zeitschrift ›Merkur‹ ein Essay mit dem Titel ›Zeitlose Mode – Zum Jazz‹, Autor: Theodor W. Adorno, der in seiner Frankfurter Schule nur der Zweiten Wiener Schule das Recht eingeräumt hatte, die Musik der Gegenwart produktiv zu lehren.

Für den Jazz hatte Adorno nur Verachtung. Er schrieb: »Ziel des Jazz ist eine Kastrationssymbolik, die zu bedeuten scheint: Gib den Anspruch deiner Männlichkeit auf, laß dich kastrieren, wie der eunuchenhafte Klang der Jazzband es verspottet und proklamiert, und du wirst in einen Männerbund aufgenommen, welcher das Geheimnis der Impotenz mit dir teilt.«

Man kann eine solche Polemik belächeln, darf bekennen, daß man aus einem balzenden Tenorsaxophonsolo Ben Websters nie Kastrationsängste herausgehört hat, und es macht auch keinerlei Mühe, dem Verfasser zu beweisen, daß er vom Jazz keinen Schimmer hat.

Aber darum geht es nicht. Fast alle Versuche, Adornos Thesen durch Fakten zu widerlegen, sind gescheitert. Der Kollege Joachim Ernst Berendt hat es immer wieder versucht. Aber es ist ihm nicht gelungen, weil es ihm gar nicht gelingen konnte.

Denn Adorno interessiert sich überhaupt nicht für den Jazz als Musik, greift ihn sich nur als einen weiteren Beweis dafür, wohin die Bewußtseinsindustrie die Gesellschaft führt, wie sie die Menschen gleichschaltet. Da wird auch der Jazz passend gemacht, wird ihm ein Platz zugeteilt im Koordinatensystem der philosophischen Negativität. Die Kritiker an Adornos Kritik haben eines vergessen: Ein Denker mit einiger Selbstachtung wird es nie erlauben, daß eine für richtig erkannte Theorie von der Wirklichkeit widerlegt wird.

22

Aber die Folgen dieses einen, gerade mal 17 Seiten langen Essays waren immens. Wie einst die Stammtischbrüder freuten sich nun die Bewohner des Elfenbeinturms über einen Wunschgegner, der von unten kam und auf den man mit ähnlich teutonischer Verbiesterung herabblicken konnte wie in den Zeiten von Kaiser und Führer. Die Verachtung der gebildeten Stände wirkt fort bis auf den heutigen Tag. Wenn ich, in den Tagen des »Onkel Pö«, die Oper vor der Premierefeier verließ, meinte die Dramaturgengattin: »Du willst wohl noch zu deinem Jazz.« Und es klang, als ob sie mir voll mütterlicher Huld einen Bordellbesuch verzeiht.

Der Meister selbst sah das im Alter entspannter. Viele Jahre später hielt er einen Vortrag im Hamburger Audimax. Anschließend saßen wir noch im Curiohaus zusammen, redeten über dies und das, über die Jahre im Exil, und so ganz allmählich brachte ich das Gespräch auf das Thema, das mich vor allem interessierte. Scheinheilig, aber auch wahrheitsgetreu meinte ich, daß ich die Stücke, in denen sich Strawinsky mit dem Ragtime, also mit dem Jazz, auseinandersetzt, für bravourös und zündend, aber auch für etwas überschätzt halte. Da erfuhr ich, was Adorno in Wahrheit über den Jazz dachte: »Ach, wissen Sie: Eigentlich beschäftige ich mich nur mit der seriösen Musik. Wenn ich mal etwas zur Entspannung brauche, dann höre ich nicht Jazz, sondern einen Tango.«

Süddeutsche Zeitung, 8./9. Juli 2000

Der Heilige Satchmo marschiert

Dem großen Musiker Louis Armstrong zum (fast) Hundertsten

> *Mein ganzes Leben bestand aus Glück. Trotz all meiner Mißgeschicke habe ich nichts geplant. Ich habe das Leben genommen, wie es war. Und was immer dabei herauskam, für mich war das Leben wunderschön, und ich liebe alle!*
> *(Louis Armstrong)*

Wenn die Legende zur Wahrheit wird – druck' die Legende«, lautet die Botschaft, die mit nach Hause nimmt, wer den Western ›The Man Who Shot Liberty Valance‹ gesehen hat. Da hilft es gar nichts, daß Louis Armstrong einen neuen Geburtstag, ein neues Geburtsjahr bekommen hat. Sicher, die Rechercheure haben längst das wahre Datum ermittelt, den 4. August 1901, und das ist kein Pappenstiel gewesen bei der Gleichgültigkeit, mit der man im Süden der Vereinigten Staaten die Taufregister der Schwarzen behandelt. Doch der swingende Teil der Welt läßt sich von pädagogischen Maßnahmen dieser Art nicht irritieren. Er bleibt beim vertrauten, bei dem von Mythen schweren 4. Juli 1900. Man kann Clint Eastwood auch deshalb lieben, weil er einmal angemerkt hat, daß der Jazz und der Western die einzigen ernstzunehmenden Beiträge Amerikas zur Weltkultur sind.

Im Grunde hat sich doch kaum etwas geändert. Wer ein solches Geburtstagskind feiert, steht als Spielverderber da, wenn er einem lächerlichen Zeitunterschied von ausgerechnet 13 Monaten irgendeine Bedeutung beimißt. Die große Fan-Gemeinde wird bewundern, verehren, lieben, was sie seit eh und je bewundert und geliebt hat: eine Jahrhundertgestalt, die am 4. Juli 1900, also am amerikanischen Unabhängigkeitstag und gleichzeitig zu Beginn des just vergangenen Jahrhunderts zur Welt gekommen ist. Es hat schon etwas Paradoxes: Durch diese fehlerhafte, aber längst in Richtung Wahrheit verinnerlichte Festschreibung ist Armstrong, obgleich das Pompöse und das Tiefsinnige nun wirklich nicht seine Sachen gewesen sind, zur Symbolfigur geworden; zu einer Gestalt, die nicht nur von Aufbruch erzählt, sondern selbst Aufbruch ist.

So ist nach der korrekten Neudatierung im Grunde alles beim alten geblieben. Das Körnchen Salz in die allgefällige Harmonie streut Laurence Bergreen. In seiner Armstrong-Biographie (›Ein extravagantes Leben‹, bei Haffmans herausgekommen) leuchtet er radikaler, rückhaltloser und besser dokumentiert in die frühen Finsternisse dieser Jugend hinein als alle Biographen zuvor.

Man hatte sich angewöhnt, von einer Art schwarzem Paradies zu reden und zu träumen, wenn man von New Orleans, der Geburtsstadt Louis Armstrongs sprach. Immer wieder war die Rede von einer Welt aus lauter Karnevalsumzügen, von Glück im Puff und Zoff in der Hafenkneipe, und aus diesem flirrenden, vielstimmigen Durcheinander erhob sich plötzlich dieser eine, unverwechselbare Trompetenton.

Doch diese Welt war kein Paradies, war vielleicht nicht gleich die Hölle, aber heil wird sie niemand nennen wollen. Es gab den Rassismus in einer ganz eigenen, ortsspezifischen Form. Die hellerhäutigen Kreolen blickten auf die tiefschwarzen Neger vom Land hinab. Nach einem streng festgelegten Kastenwesen noch aus den Tagen, als New Orleans unter französischer Herrschaft war, boten minimale Farbunterschiede, Farbabstufungen Anlaß zu Hochmut oder brutalem Aufbegehren. Das galt auch für den finsteren Winkel, in dem Louis Armstrong heranwuchs, ebenso wie für das grelle, weltberühmte Vergnügungsviertel am Ufer des Mississippi. In der Stadt wimmelte es von Musikern und Kriminellen. Die Übergänge waren manchmal fließend. Denn vom Trompetespielen allein oder nur vom Hämmern auf die nikotinvergilbten Tasten des Honky-Tonk-Pianos konnte niemand leben. Ein Tagesberuf mußte her, und da blieb, wenn man ehrlich bleiben wollte, kaum etwas anderes als einer dieser Niggerjobs: Kohlen austragen und Müll einsammeln. Die meisten jedoch wählten den lukrativeren, allerdings auch gefährlicheren Weg. Sie hatten Pferdchen laufen, manchmal auf der Rennbahn, häufiger auf den Amüsiermeilen. Sie trugen Tüten mit weißem Schnee durchs Viertel, wurden von den Hintermännern rivalisierender Drogenkartelle in blutige Bandenkriege und Straßenschlachten geschickt und knirschten nur so vor krimineller Energie.

Louis Armstrong

Die Zuhälter verprügelten ihre Huren, und die Huren verprügelten ihre Zuhälter. Eine vergleichsweise unreflektierte Gleichberechtigung herrschte, und im allgemeinen endete sowieso alles in einer – und sei's vorübergehend – wiederhergestellten Harmonie, die etwas mit der überlebensnotwendigen Solidarität im gesellschaftlichen Abseits zu tun hatte, manchmal auch mit Liebe.

Nur zweierlei war unbekannt in diesem Reich der Nacht: Sündenbewußtsein und Selbstmitleid. So waren Satchmos frühe Jahre umgeben, eingekreist von Zuhältern und Nutten, von Gestalten mit so schönen Namen wie Dirty Dog, Red Devil und Long Head Willie Logan, Mary Meat Market, Funky Stella, Cross-Eyed Louise und Mary Jack The Bear. Die war, das funkelnde Messer griffbereit, die Schlimmste beim Kampf um den Mann.

Armstrong verbrachte die ersten Lebensjahre in der Obhut seiner Großmutter, die noch tief eingeweiht war in die Riten und Gebräuche des Voodoo. Eine richtige Familie hatte er nicht, sollte er auch nie bekommen. Der Vater hatte sich früh in die Büsche geschlagen, wie ein Blues-Sänger, den es immer wieder in die magische Ferne zog. Dabei arbeitete er ein paar Blocks weiter, schürte für eine große Terpentingesellschaft in großen Öfen das Feuer. Die Mutter Mayann war jahrelang verschollen, hatte irgendwo bei Weißen gearbeitet, war auf den Strich gegangen, und als sie plötzlich wieder auftauchte, nahm sie ihren Sohn Louis in ihre klitzekleine Wohnung auf.

Da lernte er viele Stiefväter kennen, und noch etwas anderes machte tiefen, bleibenden Eindruck auf Klein-Louis: Mayanns fixe Idee, daß ein kräftiges Abführmittel, möglichst mehrmals täglich, die durchschlagendste Medizin gegen alle Krankheiten ist. (Noch in späten Jahren setzte er sich nacktärschig und werbewirksam für das Kräuter-Abführmittel »Swiss Kriss« aufs Klo.) Gern verteilte er die PR-Photos. Sein Humor war frei von Feinsinn.

Dabei war er, als er noch bei Mayann wohnte, scheu und schüchtern, löste sich beim Versuch, in die Halbwelt dieser ja nicht ganz ungefährlichen Frauen einzudringen, nur zögerlich von Mutters Schürzenband, und als er eines Tages sturzbesoffen vor der Haustür lag, sagte Mayann: »Sohn, du mußt dein eigenes Leben leben. Du mußt allein zurechtkommen. Ich sag dir was. Was hältst du davon, wenn wir mal eine Nacht alleine durch die Tonks ziehen. Dann zeig ich dir, wie man säuft.«

Und so zogen sie los, zunächst in Savarcos Tonk. Da gab es, wie Armstrong sich noch sehr viel später, in einer seiner Autobiographien erinnert, »unverdünnten Whiskey, pur, so stark wie ein Pferdekuß«. Dann ging's zu Matrangas Schuppen, wo sie mit knapper Not einer Schlägerei entkamen, schließlich zum jamaikanischen Ingwerschnaps, fünfzehn Cent die Flasche, im Segretta's, und Louis war am nächsten Vormittag stolz, weil er ein Mann war, murmelte aber: »Mutter, ich tu's nie wieder, solange ich schwarz bin.«

Ein junger Mann, der musikversessen ist, ständig zu Füßen der Trompetengötter Joe Oliver und Bunk Johnson hockt, aber selbst so arm ist, daß er kein Instrument und keine Chance bekommt – der wurde durch ein geradezu abenteuerliches Ereignis auf den richtigen Weg, an den Beginn der Musikerlaufbahn geschickt. Als er in der Silvesternacht 1913 eine alte Armeepistole auf der Straße abfeuerte, wurde er von der Polizei geschnappt, in ein Erziehungsheim für Knaben gesteckt – und hier gab ihm der für Musik verantwortliche Vollzugsbeamte, ein prophetisches Gemüt voller Einsicht, ein zerbeultes Kornett, erkannte früh die Begabung des Jungen und brachte ihm so viel bei, daß er bald zum Bandleader der Schulkapelle wurde. Als er nach anderthalb Jahren – wie wir jetzt wissen: noch nicht dreizehn – das Heim verließ, war er ein zumindest halb professioneller Musiker. Sehr viel mehr sollte er in den nächsten Jahren auch nicht werden. Für ein geregeltes Engagement war er noch zu jung, war die Konkurrenz zu groß. Er trug noch kurze Hosen, und Black Benny, ein wüst-wilder Schlagzeuger, Zuhälter, Raufbold, hatte ihn immer mit einem Taschentuch wie mit Handschellen an sich gebunden, damit er im Gedränge nicht verloren ging. Na schön, man ließ ihn mal einsteigen. Doch vor allem mußte er warten und mit den sattsam vertrauten miesen Jobs Geld verdienen: Kohlen ausfahren, kellnern, Schmiere stehen. Der Ausflug in den Kreis der Zuhälter blieb ein kurzes Gastspiel. Er hatte nur ein Mädchen laufen, und das war ein ganzes Stück rabiater als er.

Das Leben stockt. Die Karriere krebst, und höchstens gab es mal zwei kurze Sommer in einer piekfeinen Kapelle an Bord eines Mississippi-Ausflugdampfers. Dann aber war ganz plötzlich Schluß mit den Sonnenuntergängen über dem »Lazy River«, und weil es in jenen Tagen den Begriff »Swing« noch nicht gab, muß man wohl vom deutschen »Schwung« reden, der jetzt in die Sache kam.

Es war am 8. Juli 1922. Da traf ein etwas pummelig wirkender junger Mann aus dem Süden in der Großstadt Chicago ein. Er trug einen altmodischen braunen Anzug, einen Strohhut und helle Schuhe. Alle lächelten ein wenig über diesen Typ aus der Provinz. Aber Joe Oliver, der

29

große King Oliver, hatte ihn aus seiner Heimatstadt nachkommen las-sen, weil er einen zweiten Kornettisten für seine »Creole Jazzband« brauchte, und der King wußte ja immer, was er tat.

Louis Armstrong hatte sich auf den Weg gemacht, die Welt zu er-obern. Ein friedlicher Feldzug ist das gewesen, einer, der nicht Tod, son-dern Leben säte, und schon sein erstes Ziel, eben Chicago, erreichte er so glorios, als sei dies schon Sieg und Finale. Schon damals, als Louis der zweite Mann Olivers war und wie alle seine Kollegen nicht die schlanke Trompete, sondern das erdhaftere Kornett blies, kam er in doppelter Gestalt: als Eroberer und als Erneuerer.

Tommy Brookin, ein Zeitzeuge und Früh-Fan, erinnert sich. »Am jungen Louis gemessen, der damals schon ein Wunder war, schien uns der Stil Olivers plötzlich etwas altmodisch zu werden. Vielleicht sollte man besser sagen, Joes Stil war ein wenig rauher und nicht so geschlif-fen wie der seines jungen Rivalen.« Wie auch immer, ob Joe oder Louis: Das »Lincoln Gardens Cafe« wurde zum afroamerikanischen *Talk of the Town*, zum archaischen Mekka. Und alle, alle kamen, auch die jungen weißen Musiker; lauter Frischlinge. Sie machten große Augen, hatten große Ohren und einen noch größeren Durst. Wie Bix Beiderbecke.

Wo alles so früh begann, ließ auch Armstrongs erste Begegnung mit dem Phänomen Schallplatte nicht lange auf sich warten. Hellsichtig hatte er erkannt, wie wichtig das neue Medium gerade für den Jazz ist. Wo es keine Partitur gibt, alles auf das Nicht-Notierbare wie Aura, Sound und Improvisation angewiesen ist, kann allein die schwarze Rille transportieren, worauf's ankommt. Wo das für den Augenblick und in der Kneipe Musizierte wiederholbar, überprüfbar ist, steckt in jeder Chance auch eine Verantwortung.

Es war im April 1923, im Studio der eher entlegenen, auf sogenannte »Race Records« spezialisierten Firma Gennett, in Richmond, Indiana. ›Chimes Blues‹ heißt das Stück, in dem Chef Oliver seinem zweiten Mann zum ersten Mal die Erlaubnis zu glänzen gab. Und der nutzte sie. Das Solo, mit dem Louis Armstrong die schier unübersehbare Reihe sei-ner Soli auf der Schallplatte eröffnete, war interessanterweise keine wilde oder gar unordentliche Improvisation, sondern etwas genau Zu-rechtgelegtes, sorgfältig Ausbalanciertes.

30   Dies allererste Solo ist nicht nur schön. Es ist auch charakteristisch in seiner Mischung aus Inspiration und vollendeter Form. Armstrong hatte sich nicht nur, wie es das Vorurteil unter Jazzlaien immer wieder haben will, auf sein vom Chaos gespeistes Ingenium verlassen. Er wußte genau,

worum es ging. Er hatte sein Entree in die Jazzszene wohl überlegt, hatte sich früh klargemacht, daß man eine Melodie erst einmal vorstellen muß, ehe man sich improvisierend von ihr löst. Viel Zukunft weht durch diese 24 Takte. Wie ein Modell wirken sie, vom Musiker Armstrong nie aus Augen und Ohren verloren. Ökonomie und Zuverlässigkeit haben Armstrongs Genie Dauer verliehen.

Man weiß es aus Geschichtsbüchern, kann es sich aber nicht oft genug ins Bewußtsein zurückrufen: Als Louis Armstrong sich auf den Weg machte, folgte er der Route, die damals, und nicht nur damals, viele Schwarze gingen, die es vom ländlichen Süden in die Industriestaaten des Nordens zog. Weil man da bessere Arbeit fand und der Rassismus nicht ganz so mittelalterliche Züge trug. Die Musikanten hatten ihren eigenen Pfad, ihren eigenen Weg zu Glanz und Glamour gefunden. Und der führte von der Heimatstadt über die große Stadt in die Großstadt; von New Orleans über Chicago nach New York.

Der Ruf aus dem »Big Apple« kam 1924, als Armstrong zwei Jahre bei King Oliver gedient hatte. Fletcher Henderson, der berühmteste Big-Band-Chef in den Tagen vor Basie und Ellington, hatte ein Telegramm geschickt, wollte den jungen Mann, von dem man so viel Gutes hörte, unbedingt in seiner vor Stars nur so strotzenden Kapelle. Und als Armstrong dann, von Oliver großherzig freigegeben, zur ersten Probe im Roseland Ballroom erschien, machten die berühmten Kollegen erstmal auf reserviert. »Scheinen ganz nette Kerle zu sein. Scheinen sich aber auch verdammt gut zu finden«, hat Satchmo später seinen ersten Eindruck zusammengefaßt.

Der Hochmut, ein bißchen wohl auch wieder gegenüber diesem grauslich angezogenen Typen aus tiefster Provinz, wurde von Armstrong schnell in alle vier Winde gepustet, und als wir, ein NDR-Fernsehteam und ich, vor rund zwanzig Jahren den Spuren Satchmos folgten, Zeitzeugen besuchten, da trat Roy Eldridge, auch er ein Trompetenmonument der Jazzgeschichte, zu uns vor die Tür des Clubs in der damals noch swingenden 52nd Street und hatte immer noch ein ungläubiges Staunen im Gesicht, als er sich daran erinnerte, wie Armstrong damals in New York eingefallen war. »Ihr könnt euch das gar nicht vorstellen. Was er spielte, war so neu und eigen und so voller Kraft, daß es die ganze Szene verwandelte.«

Alle rissen sich um ihn. Er testete das Gelände. Seinen afro-amerikanischen Roots folgte er, als er im Januar 1925 mit Bessie Smith, der herrscherlichen, ins Studio ging und den ›St. Louis Blues‹ mit ihr auf-

31

nahm; keine Gesangsnummer mit Instrumentalbegleitung, sondern jeder Takt wie eine letzte Beschwörung des archaischen Spiels von Frage und Antwort. Gleichberechtigt reden sie miteinander: die Stimme der Frau, statuarisch, von mütterlicher Gewalt – und die sehr viel beweglichere Stimme des Kornetts, werbend und flehend.

Mit vielen berühmten Blues-Sängerinnen, mit Ma Rainey und Alberta Hunter, hat Louis in diesem Jahr Schallplatten eingespielt. Vielen Jam Sessions hat er mitternächtliches Leben eingehaucht. Doch so richtig wohlgefühlt hat er sich damals nicht in dieser Riesenstadt New York. Der Rassismus kam sehr viel leiser daher, war aber nicht minder intensiv. Im Roseland Ballroom, der prunkvoll im Herzen Manhattans lag, ging es nicht anders zu als im Cotton Club, Duke Ellingtons Heimat in Harlem: Nur Weiße hatten Zutritt; Schwarze durften lediglich als Musiker hinein, »solange sie sich in einem bestimmten Bereich aufhielten, außerhalb der Sichtweite der weißen Gäste« (Bergreen).

Auch die Gangster, allen voran der eisige Dutch Schultz, kontrollierten die Geschäfte wesentlich brutaler als die Chicago-Gangster um Al Capone. Die kannte man als spendierfreudige Stammgäste. Doch der Hauptgrund dafür, daß Armstrong New York schon 1925 wieder verließ, lag im Musikalischen. Er fühlte sich von den Zwängen einer Big Band eingeengt, sehnte sich zurück in das Heimelige der kleinen Besetzung mit New-Orleans-Flavour. Dabei ging er – ein wunderbares Rätsel – nicht zurück in die Vergangenheit, sondern öffnete eine Tür in die Zukunft.

Er führte, was er gefunden, endgültig hinaus aus der Welt der Südstaaten, aus dem auch musikalischen Ghetto. Was Armstrong in der zweiten Hälfte der zwanziger Jahre eingespielt hat, ist auch heute noch staubfrei und herrlich wie am ersten Tag, ist ganz Emanzipation. Stücke wie ›Muskrat Ramble‹ und ›Heebie Jeebies‹, ›Potato Head Blues‹ und ›West End Blues‹ lösen sich vom Typ der Gemeinschaftsmusik, vom Ideal des improvisierenden Kollektivs. Ein großer Einzelner steht vor seinen Leuten, einer, den sie neidlos »King of Jazz« nennen, weil er alles war: selbstherrlich und seelenvoll, feurig und unterhaltsam, in den Tiefen des Blues so zu Hause wie auf den Höhen swingender Virtuosität.

Schon 1932 kam eine erste Einladung aus England. Dann ging es, auf den Wolken des Ruhms, beflügelt von weithin erkennbaren Marihuana-Wolken, rund um den Globus und immer noch mal rund um den Globus; zuerst mit zusammengestoppelten Big Bands und dann, als nach dem Zweiten Weltkrieg durch die Renaissance der Alten Stile das Interesse an kleineren Besetzungen wieder wachgeküßt wurde, mit seinen All Stars ... mit Musik also, die Michael Naura mal »aufgeklärten Dixieland« genannt hat.

Da schob sich manchmal, wie beim Gastspiel 1952, eine Menge Routine vors Genie. Das weiß man, hat aber fast vergessen, daß es auch schon mal zu Katastrophen kam. 1955 in der Hansestadt Hamburg. Zerbrochenes Gestühl in der Ernst-Merck-Halle, Peterwagen, Feuerwehr und Wasserwerfer. Schlimm, sehr schlimm ist das gewesen, und man kann es heute kaum noch begreifen. Warfen da die Stones-Krawalle ihren Schatten voraus? Punkteten da die ersten Punk-Kapellen? Nein, der liebe Satchmo war's, und das kann im Nachhinein Empörung auslösen oder ein melancholisches Lächeln. Vor allem aber sollte es uns anregen, ein paar Fragen zu stellen.

Gibt es wirklich einen Kausalzusammenhang zwischen Charakter, Qualität eines Kunstvorgangs und der Reaktion des Publikums? Was geht in Menschen vor, die sich durch die Leuchtkraft eines Trompetensolos animiert fühlen, das Mobiliar zu zerdeppern? Ist es nicht vielleicht völlig schnurz, was da oben auf der Bühne oder da unten auf dem Fußballfeld die aufgestauten Frustrationen der Masse zur Explosion bringt? Gut möglich aber auch, daß damals, so kurz nach dem Ende des Krieges, ein schwarzer Mann im hellen Scheinwerferlicht Angst und Schrecken und Zorn hervorrief. Denn nicht jeder Deutsche schloß oder schließt sich der Bitte Hamlets an, den Fremden als einen Fremden willkommen zu heißen.

Lang, lang ist's her. Das Chaos suchte sich bald neue Ziele, und ich war dankbar, als ich im Februar 1961 nach einem Konzert, nun in der Musikhalle, anmerken konnte: »Nicht nur die alteingefahrenen Formeln hörte man von ihm, sondern überraschende, immer neue kleine Dinge in der Mittellage und im Hintergrund, wenn er begleitete.«

Dabei blieb er immer der Star, und das in gleich mehrfach doppeltem Sinn ... als Jazzmusiker und Entertainer, als Instrumentalist wie als Sänger. Mit seinem unverblümten Humor, mit dem knarzenden Seelenton seiner Raspelstimme sorgte er dafür, daß Lieder wie ›Mack The Knife‹ und ›Blueberry Hill‹, ›C'est si bon‹, ›La Vie en rose‹ und spät noch ›What A Wonderful World‹ zu Hits auch außerhalb der strengen Gemarkungen des Jazz wurden.

Die Puristen haben ihm das vorgeworfen. Das hat ihn, der sich mit Ella Fitzgerald in so wunderherrlich swingende Duette verwickeln konnte, der dem Film ›Hello Dolly‹ den letzten Kick gegeben hat, nie

33

verunsichert. Er wollte das tun, was die Großsiegelbewahrer und Korinthenkacker nie begreifen werden: Er wollte seinem Publikum Freude machen, und gerade das Unvergeßlichste findet sich oft da, wo man es überhaupt nicht vermutet; in ›Blueberry Hill‹ etwa, wenn Louis tröstend singt ›I'll Bring My Horn With Me‹, als brauchte er in Augenblicken der Sorge und des Kummers nur seine Trompete an den Mund zu setzen – und alles ist gut.

Als wir in New Orleans, Chicago und New York unser Louis Armstrong-Special drehten, und als uns langsam schwindlig wurde, weil wir immer nur Lobeshymnen und Jubelarien hörten, nie aber eine kritische Stimme, die wir auch aus dramaturgischen Gründen gebraucht hätten ... da fiel uns Dizzy Gillespie ein; hatte er doch als Bebop-Modernist Louis Armstrong einst, in den vierziger Jahren, den Amüsieronkel des weißen Mannes geschimpft.

In New York trat er uns als Bekehrter entgegen. »Louis ein Onkel Tom? Das war damals. Heute wissen wir alle, auch die jüngeren Kollegen, wieviel wir Louis zu verdanken haben. Ihm ist etwas Einmaliges gelungen. Er hat ein riesengroßes Publikum erreicht und ist dabei nie unter sein Niveau gegangen.«

Am 6. Juli 1971 ist Louis Armstrong gestorben. Friedlich. Im Schlaf.

Erste Jazzreise

Süddeutsche Zeitung, 17./18. August 1974

Zwei Oldtimer und eine Straßenparade

*Gespräche mit den Jazzmusikern Paul Barnes in New Orleans
und Ikey Robinson in Chicago*

S EHR AUFFÄLLIG UND WEITHIN SICHTBAR starre ich auf den Zettel mit der Adresse, denn mir ist doch ein bißchen mulmig. Wir haben die »Elysäischen Gefilde« verlassen; eine breite Prachtstraße, die, wie das in New Orleans so üblich ist, luxuriös in sich zusammenfällt, sind in die North-Roman-Street abgebogen, und hier ist es, als ob man die Dekoration zu dem Film ›Wer die Nachtigall stört‹ stehengelassen hat. Nur sind die Veranden der ehemals eleganten, jetzt verwitterten Holzhäuser nicht leer, sondern mit dunkelhäutigen Gestalten bevölkert. Lässig lungern sie in der Sonne, bleiben ganz ruhig, starren uns an, und da bin ich froh, daß ich mich in die Pantomime flüchte, immer abwechselnd auf mein Stück Papier und zum Vergleich auf die Hausnummern sehen kann. Das gibt mir einen Grund, hier zu sein, und ich spüre, den brauche ich. Den Zaungast, und habe er den lautersten Sinn, will hier niemand.

Man läßt uns ein in das Haus, dessen Räume sich überraschend tief nach hinten staffeln, von der guten Stube durch das Eß- und Schlafzimmer in die Küche führen. Kein Korridor, alles aus Holz. Ein wenig müssen wir warten, dann kommt der Hausherr, sehr würdig, bewußt europäisch gekleidet, von einem Spaziergang zurück und begrüßt uns in den distinguiertesten Umgangsformen.

Da sind wir also und besuchen Paul Barnes, einen der letzten Klarinettisten aus der Welt des alten New Orleans: einen Mann, dessen Lebensgeschichte schon in Stichworten dem Jazzfreund wie ein Märchen in den Ohren klingt. 1901 in New Orleans geboren, 1921 im Tuxedo-Orchester und bei Papa Celestin, 1927 bei King Oliver. Dann zwei Jahre bei Jelly Roll Morton. Anfang der dreißiger Jahre nach New York, in die Tanzpaläste und Orchestergräben der großen Shows; dann Weltwirt-

schaftskrise, Depression; zurück ins geliebte New Orleans; in der schweren, der jazzlosen Zeit nach Kalifornien; bitterer Broterwerb im Dis-
neyland; doch Mitte der sechziger Jahre wieder nach Hause. Und hier
spielt er nun in der ehrwürdigen Preservation Hall ein- oder zweimal in
der Woche oder sonst in all den vielen Clubs und Kneipen, die dem
Musikanten auch heute noch und heute wieder in der Mississippistadt
so reiche Arbeitsmöglichkeiten bescheren.

Alle Scheu fällt ab, als wir uns im Vorraum neben den Ventilator und
vor eine uralte, wie aus der Schellackzeit übriggebliebene Musiktruhe
setzen. Denn wir sind willkommen, und wir – das sind außer mir Gunther, der Waschbrettspieler, Wölfchen, der Pianist, Banjo-Peter samt
Gattin, alle von der Hamburger New-Orleans-Kapelle »Jazz Lips«.
Mit Musikern reisen, das öffnet Augen und Ohren. Unmöglich wird es
einem da, wie ein Pauschaltourist Städte zu besichtigen und sich langsam in die Atmosphäre fremder Länder und Leute hineinzuleben. Man
ist gleich auf der Szene. Man hat gleich Kontakte, denn die Musikanten
haben überall Freunde, kennen überall Adressen, und gerade die »Jazz
Lips«, die zu leben wissen, haben sich in Hamburg so oft und so rührend
um die alten farbigen Herren gekümmert, haben sie, die nach den Konzerten in der Hansestadt ja oft ein wenig hilflos und fröstelnd herum-
stehen, zum Essen eingeladen, sie in Clubs geführt: Da können sie die
Gegeneinladungen, die ehrlich ausgesprochenen, reinen Herzens annehmen, und ich kann davon profitieren, daß wir überall wie alte
Freunde aufgenommen werden.

Die erste Befangenheit legt sich schnell. Wölfchen hat sich heraus-
getraut und aus dem Eckladen ein paar Dosen Bier geholt. Paul Barnes
erzählt von früher: »King Oliver war ein sehr lustiger Mensch. Würdig,
aber heiter, und auch Jelly Roll Morton war ein Spaßvogel. Alle erzählen immer, er wäre überheblich, bösartig und schlecht zu seinen
Musikern gewesen, aber das stimmt nicht. Er hat das alles nur aus Spaß
gemacht, und wir haben viel bei ihm gelernt. Einmal spielte er Billard
mit Fletcher Henderson. Natürlich gewann er und sagte hinterher: ›Kein
Wunder, er spielt Billard, wie er Klavier spielt.‹ Das war nun mal so sein
Humor.«

Mir liegt die Frage auf der Zunge, ob dieser kleine Scherz nun wirklich so frei von Arroganz ist; aber was mich noch mehr wundert, was mir
hier zum erstenmal begegnet, und was mir dann in Gesprächen mit
Musikanten aus der alten Zeit immer wieder aufgefallen ist, das ist die
ständig wiederkehrende Frage: »Kennt ihr den?«

36

Da berichten die alten Herren von Oliver, Morton und Henderson, von Persönlichkeiten also, die den Olymp des Jazzfreundes bevölkern, und fragen nach jedem Namen, den sie nennen, nach jeder Legende, die sie heraufbeschwören: »Kennt ihr den?«, und sind erstaunt, gerührt und entzückt, wenn wir sagen: »Ja, den kennen wir.«

Inzwischen hat Frau Barnes im mittleren Zimmer den Tisch gedeckt, und wir genießen die Gastfreundschaft des Südens: Seafood, allerlei knusprig Überbackenes aus dem Golf von Mexiko; Erbsen, Kartoffelmus, dazu Unmengen Eiswasser und Limonade, danach Vanilleeis mit Früchten – »Brombeeren sind das«, sagt Frau Barnes und will wissen: »Wird so was bei euch, in eurem kalten Deutschland, überhaupt reif?« Wir beruhigen sie und greifen zu. Wir erfahren am eigenen Leibe: Die nicht rein afrikanischen, die kreolischen Mitglieder des Gemeinwesens New Orleans fühlen sich auch heute noch europäischer Lebensart verpflichtet, und so sitzt der Hausherr mit beinahe vorwurfsvoll guten Tischmanieren der Tafel vor. Auch ist sein Klarinettenlehrer ein Deutscher gewesen.

Nach Tisch gehen wir wieder ins Vorderzimmer, hören zusammen Platten. Paul Barnes führt uns entlegenere Fassungen der ›Bourbon Street Parade‹ vor, macht uns auf ein Traumsolo aufmerksam, das der Trommler Alex Bigard – mit dem Klarinettisten Barney Bigard übrigens weder verwandt noch verschwägert – im ›Sheik of Araby‹ schlägt; sehr souverän, aber auch sehr melodisch, auf die Melodie bezogen und meilenweit entfernt von der kiebig absahnenden Virtuosität späterer Zeitläufte. Aber wer kennt schon Alex Bigard? »Soft« nennt Barnes das, und als er dann auch etwas von sich selbst vorspielt, etwas zerbrechlich Zartes zum Thema ›Blueberry Hill‹, entschlüpft ihm ein sehr leises, auch gerührtes Eigenlob: »Nice clarinet work.« Ganz offensichtlich ist ihm daran gelegen, uns zu zeigen, wie sehr die Musik aus New Orleans eine Ensemblekunst ist und nicht eine Folge selbstherrlicher improvisatorischer Alleingänge. Deshalb wohl weist er uns immer wieder auf bestimmte Standard-Chorusse hin, erhebt, ganz väterlicher Pädagoge, mahnend den Zeigefinger bei den Breaks, die es seit Jahrzehnten gibt. Seit seiner Kindheit.

Schnell wird es dunkel: Ein Junge schmeißt, ohne vom Rad zu steigen, die Zeitung auf die Matte: weiße Mütze über schwarzem Gesicht. Photoalben werden hervorgekramt; Lebensdinge wie Paulchen im Kinderchor und Paul neben der Braut; aber auch Bilder der Bands, aus stürmischen Riverboat-Tagen und ein ganz kleines, sehr altes: Paul »Polo«

Barnes sitzt im Saxophonsatz und rechts außen, königlich und isoliert, steht »Papa Joe«, der große King Oliver. Anekdoten sprudeln. »Das war Anfang der vierziger Jahre«, hören wir, »ich sollte zu Bunk Johnson in die Band. Er verstand sich nämlich persönlich nicht so gut mit George Lewis, seinem Klarinettisten, und da wollte er mich haben. Aber er konnte mich nicht loskriegen bei der Army. Und da blieb George Lewis in der Band und wurde der Bekannteste von uns allen.« Wir hören es und fragen uns, ob die Jazzgeschichte wirklich von solchen Zufällen bestimmt wird.

Da muß ich – was kann man dagegen tun? – an die Thamar biblisch-libyscher Herkunft denken. Auch dieser Mann, der nie zu den ganz Großen gehört, aber immer mit den ganz Großen zusammengespielt hat, möchte sich nicht ausschalten lassen; kämpft um seinen Teil am Nachruhm, um einen Platz in der Jazzgeschichte. Liebenswürdig und leise, aber unbeirrbar tut er das. Denn er weiß: Viel Zeit bleibt ihm nicht mehr.

Wir verabschieden uns; nicht von einem, den sein Dämon treibt, sondern von einem gutbürgerlichen Patriarchen, der, obgleich weitgereist, innerlich seine Heimatstadt nie verlassen hat und sich nie lösen mochte aus dem engen, aber wohligen Kreis von Familie, den paar noch übriggebliebenen Kollegen von damals und dem halben Dutzend Kneipen, in denen man seinem Beruf mehr als seiner Berufung nachgeht. Auf der Veranda noch ein Gruppenbild mit Enkeln; dann wandern wir, inzwischen etwas beherzter, in Richtung Bourbon Street ab, während die Nachbarskinder, inzwischen etwas zutraulicher, scharenweise mit ihren Fäusten intrikateste Mischungen aus Rhythmen und Sounds auf die Karosserien der parkenden Riesenschlitten ballern.

Der Sonntag beginnt mit strömendem Regen, und wir fürchten schon, die ganze Angelegenheit würde ins Wasser fallen. Peter, unser Banjomann, hat nämlich von den ortsansässigen Musikanten erfahren, daß am Vormittag auf der anderen Seite des Mississippi, in Algiers, eine große Straßenparade der Negergemeinde stattfinden soll, die Jahresfeier der Sonntagsschulkinder, und meine erste Reaktion ist: Das gibt es also noch? In den ersten Büchern, die du über den Jazz aus New Orleans gelesen hast, ist schon von den Legenden und Mythen aus alter Zeit, ist von den Straßenumzügen und all den Leuten, die ihnen folgten, berichtet worden. Längst versunken habe ich sie geglaubt, die Tradition der Blaskapellen mit ihren europäischen Märschen und afrikanischen Trommelrhythmen, und nur – so hatte ich geargwöhnt – im historischen Teil eines Jazzfestivals oder vielleicht noch zur Karnevalszeit in New Orleans würde die alte Überlieferung kurzfristig noch einmal belebt. Aber in dieser Stadt reicht jede Vergangenheit bis in die Gegenwart. Die klassische Straßenparade zieht noch heute durch den Ort.

Narvin Kimball, jahrelang Postbote in der Canal Street und ein herrlicher Banjospieler, der auch Peter den Tip gegeben hat, holt uns ab und fährt uns in seinem geräumigen, transportgewohnten Musikerauto an den Ausgangspunkt der Straßenparade, einen großen Supermarkt in Algiers. Der Regen schüttet. Wir denken schon, wir sind am falschen Ort. Niemand, kein Musiker, kein Gast ist an diesem gottverlassenen Platz zu sehen. Wir wollen schon wieder umkehren. Doch als der Regen dann aufhört, sind plötzlich alle da; sie hatten eben nur gewartet, bis der Regen aufgehört hatte.

Vorn die Kapelle: drei Trompeter, zwei Saxophonisten, ein Klarinettist, ein Posaunist, einer mit der kleinen und einer mit der großen Trommel. Ihnen folgen all die kleinen Negerkinder, deren großer Tag gefeiert wird. Die amerikanische Flagge wird mitgeführt; die Fahne des örtlichen Clubs. Vier kleine Jungs halten die Zipfel eines Bettlakens. Vorübergehende werfen Münzen auf die weiße Fläche. Dahinter die Eltern, die in blumengeschmückten Autos Schritt fahren, und eingerahmt wird das Ganze durch Streifenwagen der Polizei, die vorn schrill tuten und hinten absichern. Manchmal stört die Sirene die Musik, doch im allgemeinen setzt die Kapelle sich durch, spielt die klassischen Marschmelodien ›Lord, Lord, Lord‹ und ›Just A Little While To Stay Here‹. Zwischen den einzelnen Stücken geht der Rhythmus der großen Trommel durch; Freunde der Kinder stürzen aus dem Haus, schließen sich an. Wir latschen eisschleckend am Rande mit.

Kaum ist der Zug ein paar Minuten durch die Straßen von Algiers marschiert, da hat sich schon die klassische, die berühmte *Second Line* gebildet. Eine zweite Parade findet rechts und links auf dem Gehsteig, neben der offiziellen statt, und während der eigentliche Festzug etwas sehr Sittsames und Gebändigtes hat, tobt sich rechts und links der wilde Übermut aus. In schrägsten Jive-Schritten tanzen die Mitläufer um die Sonntagsschüler herum. Regenschirme, schon seit einer Stunde nicht mehr nötig, werden aufgespannt und im Rhythmus auf- und abgestoßen. Einer mit einem braunen Hut kitzelt aus seiner Gang ein beträchtliches Maximum an Ekstase heraus. Er tut das mit heiseren Schreien, und der

39

kirchliche Herr, der vor den braven Kindern einhergeht, Festordner, Schuldirektor vielleicht, wirft ihnen böse Blicke zu.

Wir haben die Kirche erreicht. Die Eltern, die den Autos entsteigen, tragen Gewänder in leuchtenden Farben, die sehr seltsam vom grauschweren, gewitterschwülen Himmel abstechen, und während sie drinnen ihre Hymnen singen, sitzen wir draußen auf den Steinen; freundliche schwarze Polizisten lächeln uns zu, und im Hintergrund fahren die Autos über die riesengroße, viaduktähnliche Mississippi-Brücke, in deren Schatten sich der Ort Algiers an den Fluß schmiegt.

»Am besten ihr nehmt euch ein Taxi. Wenn ihr um Punkt vier vor meiner Haustür seid, stehe ich auf der Straße und warte auf euch.« Ikey Robinson, der Banjospieler und in Chicago so zuhause wie sein Altersgenosse Paul Barnes in New Orleans, weiß genau, warum er das empfiehlt. Die 49. Straße, in der er mit seiner Frau wohnt, liegt zwar noch nicht im Herzen der Southside, des Negerghettos von Chicago, aber brenzlig kann es auch hier am Rand schon werden. Vorsicht ist geboten.

»Ganz Chicago ist schlimm«, sagt er später. »Hier geht es noch. Da drüben, im Boohoo, haben sie erst neulich wieder eine Razzia gemacht, harte Drogen gefunden. Marihuana ist sowieso üblich. Früher war das hier noch eine gutbürgerliche Wohngegend, zwar für Farbige, aber durchaus noch am Rande der Slums. Jetzt hat auch hier die Brutalität zugenommen: Erst neulich hat mir ein Autofahrer das Vorderteil von meinem Wagen weggesäbelt, nur weil ich an der Kreuzung etwas über die Linie hinaus war, einfach wegen des Überblicks. Es ist also schlimmer geworden. Aber nach dreißig Jahren sind wir nicht mehr zu verpflanzen.«

Wirklich hatte er uns Punkt vier in der brütenden Großstadtsonne vor dem alten Mietshaus erwartet, froh über den Besuch und auch schon etwas klapprig; hatte, noch ehe die engen Stiegen zum ersten Stock hinter uns lagen, seine Frau entschuldigt, die bettlägerig wäre und sich den Gästen nicht zeigen mochte, war dann in den Salon vorausgegangen. Auch hier, wie bei der Familie Barnes in New Orleans, umweht den Besucher kein Hauch von Bohème oder gar Liederlichkeit. Auch hier ruft eine Idylle der guten alten Zeit ein »Verweile doch« zu. Nur ist alles etwas enger geraten, überladener mit Krimskrams. Vor der türkisfarbenen Wand wirbeln Propeller und bringen doch keine Luft in den stickigen Raum. Nur Glöckchen-Mobiles asiatischer Herkunft klingeln beständig. Vom Klavier grüßt die handgestickte Botschaft »Jesus is my Saviour« neben dem Bild des Blues-Kollegen Little Brother Montgomery und den Noten einer eigenen Robinson-Komposition: ›I Love To Dream‹, ein Ohrwurm in F-Dur und »Slow, with expression« zu spielen. Photos und Nippes auf jedem Sims. Viele kleine Sessel, vor die, kaum sind wir da, genauso viele kleine blecherne Vorsatztischchen mit abenteuerlichen Blumenmustern gerückt werden. Hier gab es keinen Fisch, sondern leckere Hühnchen, doch ein ähnliches Gefühl der Behaglichkeit stellte sich ein: Man wollte dem Gast etwas Gutes tun. Imponieren wollte man ihm nicht.

»Das hier hat mich sehr gewundert«, sagt später der Hausherr und schlägt einen Wälzer auf. »Im neuen Who's Who wird zwar berichtet, wie ich damals mit Jelly Roll Morton von Chicago nach New York gereist bin. Aber meine Zeit bei Jabbo Smith wird überhaupt nicht erwähnt. Das war 1929. Jabbo hing damals völlig pleite in Chicago rum. Seine Band war geplatzt, weil der Hintermann mit dem Geld, der Gangster Arnold Rubinstein, von irgendwelchen Feinden aus der Unterwelt ausgepustet worden war. Da wollten die Brunswickleute Jabbo als Konkurrenz zum Okeh-Star Louis Armstrong aufbauen, denn Jabbo war damals der einzige Trompeter, der Louis das Wasser reichen konnte. Nun komme ich ins Spiel, denn Jabbo vertraute mir die Zusammenstellung der Band an, weil ich ja in Chicago zu Hause war und die Szene kannte. Zwanzig Seiten haben wir im Studio gemacht, herrliche Musik, aber Louis blieb auf dem Thron. In der schlimmen Zeit, in den Jahren nach 1930, bin ich dann wie so viele nach Norden gefahren, bin auf Güterwagen gesprungen, habe in Bahnhöfen übernachtet: In Davenport in Iowa habe ich Bix Beiderbecke und seine Eltern besucht.«

Er hat also Bix gekannt, der eigentlich Bismarck hieß, den Sproß einer gutsituierten Familie deutscher Herkunft, der damals zur Verblüffung seiner Kollegen Proust las, Debussy hörte und dem jungen Jazz einen eigenen Ton widerborstiger Sensibilität hinzufügte. Der Plattenfreund sinnt: So kommen also die Ganztonleitern ins frühe Negerbanjo. »50 Dollar waren damals wie heute 250. Wenn du zehn Dollar hattest, konntest du die Sachen aus dem Laden nicht mit nach Hause kriegen. Wenn du heute 50 hast, kommst du mit einer Hosentasche aus.«

Peter hat als Gastgeschenk ein nagelneues Banjo mitgebracht. Die beiden gehen nach nebenan und probieren das Instrument aus. Für den Rest von uns, Gaby, Gunther und mich, werden Photoalben hervorgekramt: Lebensdinge, wie ein Dankschreiben von höchster militärischer

Stelle für erfolgreiche Truppenbetreuung in Vietnam, aber auch Bilder der Bands ... einnehmende Posen mit dem Banjo und mit dem stolzen Zusatz »Recording Artist«, (also »bekannt von Film, Funk und Fernsehen«), ein vergilbter, kaum noch leserlicher Zeitungsausschnitt aus dem Jahre 1932: Die Revue ›Darktown Scandals‹ im Sunset Cafe in Chicago, daneben aus späterer, jazzarmer Zeit die Interieurs der piekfeinen Freßlokale, in denen der »Banjo King« sein ›Danny Boy‹ für die irischen Gäste am Tresen tremolierte.

Der Name Tressie Mitchell taucht auf. Ein bildschönes, blutjunges Wesen lächelt uns – auch mit den Hüften – an; zunächst als Tänzerin des Duke-Ellington-Orchesters, dann als Partnerin unseres Gastgebers. Nun liegt sie zwei Zimmer weiter kränkelnd im Bett, empfängt uns im abgedunkelten Raum nur ganz kurz, aber mit der Allüre der Marschallin.

Aus dem Schlafzimmer des Hausherrn dringen Duette von Banjo und Gitarre. Wir schleichen uns dazu, setzen uns auf den Boden vor das Mahagonibett, hören die schöne Swingmusik der dreißiger Jahre, ›Moonglow‹ und ›Moten Swing‹. Listig unterlegt Meister Robinson in Mittelteilen komplizierte Harmonie-Abfolgen, und es ist wie in alten Zeiten: Der Novize wird getestet. Dann allerdings: »And how are you on Blues?« Die Frage: »Wie hast du's mit dem Blues?« ... Gretchen könnte sie nicht ernsthafter forschend stellen. Doch Peter, wenn auch leicht befangen und infolgedessen zu viele Töne spielend, besteht, erhält zur Belohnung Einblick in Werkstattgeheimnisse, kriegt ein paar besonders klangschön gelegte Akkorde gezeigt.

Es ist dunkel geworden. Ikey Robinson läßt es sich nicht nehmen, uns mit seinem Wagen zurückzufahren, erklärt uns die Gegend. »Da drüben, in der Kirche, hat Mahalia Jackson immer gesungen, und da ganz hinten, in dem halbverfallenen Haus, haben sich damals im dritten Stock die Gangster Al Capones versteckt gehalten. Es war ein luxuriöser Unterschlupf, mit viel Zerstreuung. Whisky und Mädchen wurden ihnen raufgeschickt, und natürlich Musik. Für drei Nächte Spielen habe ich da mal 400 Dollar gekriegt.« Und dann, wir sind schon fast beim Hotel: »Da kommen nun Freunde von weit über den Ozean, sind so viel jünger und kennen jeden Ton, den man gespielt hat. Und hier um die Ecke nimmt keiner Notiz vom andern.«

DIE DREI LADIES

Die Welt, 12. August 1961

Gesänge zum Ruhme Gottes

Die Sängerin Mahalia Jackson begann ihre Europa-Tournee

GOTT MACHT DAS UNMÖGLICHE MÖGLICH, er bewegt Berge und Flüsse« – so lauteten die Worte eines Liedes, das Mahalia Jackson, siegreichen Triumph in der Stimme, sang. Es war das erste Konzert, das diese größte aller Gospel-Sängerinnen auf dem Kontinent gab. Farbige und Weiße saßen nebeneinander in der Frankfurter Kongreßhalle und ließen sich von einem Ereignis verzaubern, das aus der nun bald nicht mehr zu bewältigenden Flut der Jazzveranstaltungen wie eine Insel des Friedens herausragte. Daß diese Verzauberung gelang, war ein Wunder, denn die Frankfurter Kongreßhalle ist ein kahler und kalter Raum, und die Photographen degradierten durch taktloses Blitzen die Künstlerin zu einem Wundertier.

Bei einer solchen Frau, die nur in ihrem Glauben und für ihre Kunst lebt, verliert sich beglückenderweise das Privatleben ins Anonyme. Mahalia Jackson ist ein schlichter, bescheidener Mensch. Vor dem Konzert spricht sie wenig, dämpft die Worte zu einem kaum noch hörbaren Wispern.

Doch dann, wenn sie abends auf der Bühne steht, löst sie sich vom Mikrophon, und ihre volle, dunkelleuchtende Stimme durchdringt und erwärmt den ganzen Saal, wie ein Bluesklang aus archaischen Tagen.

Hier jedoch finden die Ähnlichkeiten ein Ende, denn Mahalia Jackson hat nie in ihrem Leben Blues gesungen. Sie will ihrer Musik, dem religiösen Lied, treu bleiben. Man muß diese Einstellung respektieren, doch tut man es nicht ganz leichten Herzens. Denn wer ihr zuhört, spürt nach den ersten Takten, daß sie eine der größten Jazzsängerinnen unserer Zeit hätte werden können; kein Ton, den sie singt, ist ohne die lange Tradition des Jazz denkbar.

Und vor allem: Auch in dieser geistlichen Musik triumphiert nicht selten das »Wie« über das »Was«, denn, mit aller Vorsicht sei es angemerkt, im Repertoire Mahalia Jacksons finden sich auch Songs, für deren Text und Musik die Kennzeichnung »schlicht und ergreifend« auch in dem populären, etwas abschätzigen Sinne zutreffen würde. Doch die Kunst der Interpretation adelt hier alles.

Auch das naive Raffinement, das wir im Werk der großen Jazzmusiker bewundern und genießen, findet sich hier im geistlichen Bereich, denn nichts wäre falscher, als anzunehmen, die überwältigende religiöse Ekstatik dieser Musik vollzöge sich in unkontrolliertem Rausch. Überall waltet Ökonomie.

Das sieht man schon am Programmaufbau, in dem auf langsame Gesänge im rhapsodisch freien Tempo mittelschnell bouncende folgen. Daran schließt sich dann meist ein schnelles Stück an, jubelnd wie das gemeinschaftliche Singen einer amerikanischen Erweckungsversammlung. Die einzelnen Songs steigern sich nach fast gehauchtem Beginn, der jedoch alle Kraftreserven ahnen läßt, zu Schlüssen, die in tiefer mütterlicher Altlage oder leuchtenden Kopftönen dieselbe Überzeugungskraft ausstrahlen und fast vergessen lassen, wie virtuos die Stimmtechnik eingesetzt wird.

Fast immer singt Mahalia Jackson von Freude und Zuversicht. Nur gelegentlich, vor allem bei den Balladen aus dem Themenkreis des Alten Testaments, erklingt ein Ton düsterer Verzückung, der an Barbarisches und Exotisches erinnert. Im allgemeinen jedoch dienen die vielen Blue Notes nicht dazu, Schmerz und Verlassenheit auszudrücken, sondern die Inbrunst noch inbrünstiger erscheinen zu lassen. Die ›Nobody Knows The Trouble I've Seen‹-Atmosphäre, die in den geistlichen Gesängen der Neger aus früherer Zeit, in den Spirituals eine so wichtige Rolle spielten, fehlt fast ganz.

Nur selten erlebt man einen Menschen auf dem Podium, der sich so mit dem von ihm Dargebotenen identifiziert wie diese Frau. Auch hier kommt ihr die angeborene Spielfreude ihrer Leute zugute, die Liebe zur plastischen und sehr dramatischen Vergegenwärtigung.

Wenn sie in dem bekannten Lied ›Joshua Fit The Battle of Jericho‹ die Verse »... and the walls came tumblin' down« – singt, hört man nicht nur diese altbekannte Zeile, man sieht jeden Stein einzeln fallen. Mahalia Jackson hebt beide Arme, und es ist Tag. Sie senkt die Arme, und es wird Nacht, und man spürt den unendlichen Regen der Sintflut.

In dieser mythischen Welt wird alles zur Gegenwart. Und wenn es heißt: »Ich habe ein Telephon in meinem Herzen, damit Gott mich jederzeit erreichen kann«, hat diese saloppe Zeile nichts Blasphemisches, sondern zeigt nur einmal wieder, wie alle Dinge des täglichen Lebens ohne Bruch mit der Welt Gottes in Verbindung gebracht werden können.

Vielleicht, hoffentlich wird man in anderen Städten und in würdigerer Umgebung das Außergewöhnliche dieses Ereignisses noch dankbarer quittieren, als es in Frankfurt geschah.

Wenn sich das Konzert dem Ende entgegenneigt, wenn Mahalia Jackson uns mit segnender Gebärde entläßt, spüren wir – und manche werden es sogar gegen ihren Willen spüren –, daß es nicht nur das rein Musikalische war, was uns so in seinen Bann zog, sondern auch eine Religiosität, in der amerikanisches Christentum und afrikanisches Heidentum zusammenklingt.

Die drei Ladies

Süddeutsche Zeitung, 17. Juni 1996

Sie kam, sang und siegte

Zum Tode des Jazzsängerin Ella Fitzgerald

Ella Fitzgerald ist tot. Am Samstag ist die Jazzsängerin 78jährig in ihrem Haus in Beverly Hills gestorben.

Ella ist tot. Man sagt das leise. Der Ausbruch der jähen Trauer will nicht recht gelingen. Lange ist sie krank gewesen. Viele Schatten und Verzagtheiten haben sie in ihren letzten Jahren umgeben. Dabei ist sie jedem, nicht nur der Gemeinde der Jazzanhänger, als die Große, die herzerwärmend und raumgreifend Strahlende in der Erinnerung.

Ella Fitzgerald ist die einzige noch Überlebende aus der Reihe der klassischen Jazzsängerinnen gewesen, ein letzter Diamant aus dem Urgestein. Klarheit war um sie. Sie schien eine swingende Sphinx ohne Geheimnis zu sein – und wie die seltsamen Gesetze des Showbusiness nun einmal funktionieren: Gerade das war ihr tiefstes Geheimnis. Jeder kannte, jeder liebte sie, doch ihr Privates trat nie ins Rampenlicht, an eine tratschsüchtige Öffentlichkeit. Während Billie Holiday, ihr großer Widerpart, nicht nur durch ihre Lieder, sondern auch durch die nachtschwarzen Verstörungen ihrer Biographie im Bewußtsein ihres Publikums lebte, gab es bei Ella offenbar nur dies: Sie kam, war da und sang. Sie kam, sang und siegte.

Wenn alle glauben, sie sei doch viel älter gewesen, als sie starb, dann hat das so einen einfachen wie schönen Grund: Sie hat früh angefangen. Am 25. April 1918 in Newport News im Staate Virginia geboren, gewann sie schon als gerade 16jährige auf der mörderischen Kampfbahn des Apollo-Theaters in Harlem den ersten Preis. Sofort wurde sie Star und Aushängeschild in der Kapelle des Schlagzeugers Chick Webb, denn das

waren die Tage der Big Bands. Ihr Ruhm schnellte ins Internationale, als sie ihren ersten Hit landete: ›A-Tisket, A-Tasket‹, – ein mit irreführender Naivität angeswingtes Kinderlied und heute noch ein Klassiker.

A Star Was Born – und vorbei waren die Tage, in denen es einer Künstlerin dieses Formats noch behagte, Refrain-Sängerin einer Big Band zu sein. Sie wagte es, sich auf die eigenen Füße zu stellen, und natürlich gelang das Wagnis. Sie ging auf die großen Tourneen und war jahrelang im weltweit vagabundierenden »Jazz At The Philharmonic«-Zirkus der lebhaft ruhende Pol.

Menschen, die sie schon damals erleben durften, erinnern sich an dies Doppelgefühl von Bewunderung und Dankbarkeit. Bewundert haben wir in den frühen fünfziger Jahren diese virtuos überkandidelten *Scat-Vocals*, in denen kein Wort fiel, doch jeder wußte, was gemeint war, und die mit langem Atem ausgesponnenen Balladen, deren Innigkeit irgendwie keusch blieb. Das Gefühl der Dankbarkeit, vor einem halben Jahrhundert von einem *Dirty Dozen* der Jazz-Elite entzündet, wird sich wie ein Rondo-Thema durch diese Erinnerungen ziehen. Die Musiker kamen ins noch Verminte, noch Verseuchte und vermittelten einen ersten, schwarzleuchtenden Abglanz von dem uns noch Unbekannten, das sich Demokratie nennt.

Dabei ist sie nie eine typische Blues-Sängerin gewesen. Ihre Heimat war das *Great American Songbook,* und aus dessen Seiten hat sie mit enzyklopädischer Gründlichkeit die leckersten Lesefrüchte herausgeblättert. Langspielplatten in mehreren Folgen, in dicken, reich bebilderten Alben dokumentieren neben der Livekünstlerin den Studiogast. Sie taucht ein in Gershwins Broadway-Welt. Wenn es darum geht, Duke Ellingtons ›Satin Doll‹ zum bouncenden Leben zu erwecken, knurrt und balzt sie mit dem Tenorsaxophon Ben Websters um die Wette.

Doch den ganzen Reichtum ihrer stimmlichen, längst auch charakterisierenden Möglichkeiten entfaltet sie, wenn es um Cole Porter und seine bittersüßen Großstadtgeheimnisse geht. Nur vom Oscar-Peterson-Trio begleitet, spürt sie in ›Let's Do It‹ den erotischen Möglichkeiten der Tier- und Menschenwelt nach, im heute noch vor Swing nur so knisternden ›Too Darn Hot‹ läßt sie sich von Harry Edisons gestopfter Trompete noch zusätzlich einheizen, und für die finster-triumphierende Hurenballade ›Love For Sale‹ entdeckt sie ganz neue Töne des Heimsucherischen.

Sie ist immer neugierig geblieben, ob sie nun in den letzten Jahren, nur vom Gitarristen Joe Pass begleitet und ein bißchen wohl auch altersbedingt, die linde Überredungskraft der Ballade neu entdeckte, oder ob sie sich, selbst Star, mit einem Star im schönen Wettbewerb verband und auf ihre fast bauernschlaue Weise die Siegerin blieb – bei dem berühmten »Ella & Louis«-Projekt zum Beispiel. In ›A Foggy Day in London Town‹ teilt Armstrong uns mit, daß Nebel über London liegt. Wenn Ella dann einsteigt, erzählt sie von den unentrinnbaren Verschleierungen der Seele, führt uns mit derselben Melodie in eine ganz andere Welt.

GROSS IST DIE VERSUCHUNG, dem Nachruf noch ein Postskriptum folgen zu lassen, dem jazzgeschichtlichen Monument durch persönlich Erlebtes Würde, Fremdheit und Ferne zu rauben. Gern gebe ich dieser Versuchung nach, krame ein paar Erinnerungssplitter aus Jahren, Jahrzehnten hervor.

Hamburg, 13. Februar 1961
Nur zwei Namen lockten. Aber sie lauteten Ella Fitzgerald und Oscar Peterson.

Wahlverwandte Naturen sind sich da begegnet und machen ohne laute Effekte und Mätzchen ganz einfach ihre Musik. Doch zögert man heftig, angesichts dieser beiden Künstler von »kammermusikalischer« Intimität zu sprechen, so frei von falscher Vergeistigung sind bei ihnen Gesang und Spiel. Auch wenn sie in ihrer Art des Jazz der Konversation mehr Raum geben als dem Schrei, gibt es nichts Zaghaftes. Überall waltet beherzter Swing und schalkhafter Humor, ohne daß zärtliche Versunkenheit oder der große Ausbruch der Leidenschaft zu kurz kämen.

›That Old Black Magic Called Love‹ war Ellas erstes Lied. Von der Liebe sang sie. Die Liebe der Hamburger umhüllte sie. Viel Neues hatte sie in ihr Repertoire aufgenommen, darunter eine ins Humane gerettete Version der gespenstischen Thelonious-Monk-Ballade ›Round About Midnight‹, und viel Unverwelktes, nun neu Erblühendes von der großen Wiese der Evergreeens.

20. April 1964
Ein Steak mit Sauerkraut hatte Ella Fitzgerald am Nachmittag gegessen, und schon fügte sie in ihren bewegten Abschiedsblues eine improvisierte Verszeile über »The Food In The Atlantic Hotel« ein. Doch auch wer nichts von diesen kulinarischen Details wußte, war einmal wieder fas-

sungslos erstaunt schon über das rein physische Stehvermögen, das ja genauso beeindruckt wie all das andere Oftgepriesene, Hochbesungene ihrer liebenswerten Gestalt.

Jünger ist sie geworden und, wie mir schien, auch schlanker. Sie verharrt nicht mehr singend vor dem Standmikro, sondern tänzelt quer über die Bühne, flirtet vorn an der Rampe mit einigen Auserwählten, in der einen Hand das Mikrophon, in der anderen die lange Schnur, wie in einem Nightclub. Das war nur konsequent. Die Hamburger stehen mit ihr ohnehin auf du und du.

Ihrer Begleitcombo hat sich der Trompeter Roy »Little Jazz« Eldridge hinzugesellt, so wurde aus der üblichen Folie, von der sich der Star vorteilhaft abhebt, ein beherzt eingreifender Gesprächspartner, viel Basie-Stücke! Eine swingende Wonne alles!

März 1965

... sang sie plötzlich das ›It's A Hard Day's Night‹ der Beatles als kohlpechrabenschwarze Rhythm-and-Blues-Nummer, holte aus der Hitparaden-Schale den rauhen Liverpool-Kern hervor und brachte so das Stück auf den Punkt. Durch jeden Takt schien sie dem jüngeren Teil des Publikums mitteilen zu wollen: »So, liebe Kinder, nun will Mama euch mal zeigen, was man aus dem Ding so alles machen kann.«

NEIN, ELLA IST KEINE RÄTSELFIGUR GEWESEN, und doch hat sie sich mir, fast schon paradox, als Figur auch deshalb so unauslöschlich ins Gedächtnis geprägt, weil ein kluger Künstler etwas Kluges über sie gesagt hat.

Und das ging so: 1957 hatten die Festspiele zu Donaueschingen das Modern Jazz Quartet eingeladen, und etwas ganz Unerwartetes geschah. Alle Welt war gekommen, um ›Agon‹ zu hören, Igor Strawinskys ersten Gehversuch auf dem Felde der Zwölftonmusik. Aber die vier schwarzen Herren im schwarzen Tuch stahlen dem Russen die Show. Eine große Wohltat; für mich nur noch übertroffen durch ein kleines Intermezzo am Nachmittag danach.

Herbstsonne über Donaueschingen. Man saß so rum. John Lewis erzählte aus der Zeit, als er mit Ella auf Tournee war, und plötzlich meinte einer dieser neunmalschlauen Fans herablassend, daß es für einen Modernisten doch eine Qual gewesen muß, so eine Swinglady am Klavier zu begleiten. »Die muß doch auch sehr schlechte Abende gehabt haben.« Da machte John Lewis ein höflich erstauntes, Loriot-nahes Gesicht. Dann sagte er leise, und es war wie ein Dolchstoß: »Ich habe sie nie schlecht gehört.«

du, April 1992

Lady Day of the Night

Billie Holiday und der Preis der Kunst

Es gibt Buchanfänge, die sind wie Kraken. Sie saugen, und es gibt kein Entrinnen. »Nennt mich Ismael«, fordert der Erzähler und nimmt uns mit auf die Reise, Moby Dick, den Weißen Wal, zu jagen. »Tief ist der Brunnen der Vergangenheit«, raunt es und lockt uns in eine Welt, in der ›Josef und seine Brüder‹ ihre Spiele mit den Mythen treiben. Billie Holidays Autobiographie ›Lady Sings The Blues‹ beginnt mit den Sätzen: »Mam und Dad waren noch Kinder, als sie heirateten. Er war achtzehn, sie war sechzehn, und ich war drei.«

Das ist keine Einstimmung auf den epischen, sich manchmal dramatisch kräuselnden Fluß einer Geschichte. Das ist ein Einstieg, rabiat, schockierend und von einem Humor, der das Bittere und keine Illusionen mehr kennt. Man staunt auch heute noch über die provozierende, für die Angehörigen der gebildeten Stände fast unerlaubte Direktheit, mit der hier das geschriebene, also gesprochene Wort eine Brücke baut zu der Unverwechselbarkeit, zum Wesen des Gesangs.

Man scheut zurück vor dem Übermaß an Kausalität, das sich der Deutung anbietet. Alles wirkt ja wie aus dem Bilderbuch: In der Kunst spiegeln sich die Schatten, die das Leben wirft. Eine vom Rassenwahn zerfressene Umwelt, Rauschgift-Katastrophen und immer wieder die falschen, ausbeuterischen Männer ... das formt und prägt den Gesang, gibt den Liedern eine Ausdrucksmacht, die sich der Selbstpreisgabe nähert. Natürlich wird mancher, mit einer solchen Einbahnstraße von der Ursache zur Wirkung konfrontiert, aufbegehren, weil er dem allzu Einleuchtenden, allzu Plausiblen in der Kunst mißtraut, mißtrauen sollte. Aber er wird nicht leugnen wollen, daß diese öffentlich vorgelebte, gierig an die Öffentlichkeit gezerrte Identität von Leben und Werk dazu beigetragen hat, aus der Jazzsängerin Billie Holiday auch ein Kultobjekt zu machen, eine Ikone, die dunkel leuchtet in den schlaflosen Stunden nach Mitternacht. Eine Identifikationsfigur für Desperados und Depressionen, für die echte Verzweiflung wie für die schicke Melancholie.

Manchmal ist die Aura so stark, daß sie inzwischen fast einen Nebel wirft und man kaum noch erkennen kann, daß im Zentrum ja eine große Künstlerin steht, eine Jazzsängerin, die für sich und ihre Musik ganz neue Wege eröffnet, Welten erschlossen hat. Ihr und ihrer Leistung wollen wir uns zuwenden. Denn Mythen erfordern Wachsamkeit. Man kann auch hineinplumpsen in den Brunnen der Vergangenheit.

Doch auch wer sachlich bleiben will, muß konstatieren: Mit einiger Phantasie kann man es sich sogar heute noch ausmalen, welchen Einschnitt in der Jazzhistorie, ja in der Geschichte der populären Musik ganz allgemein das Emportauchen Billie Holidays in den dreißiger Jahren signalisiert hat.

»Du mußt sie dir anhören, diese Billie Holiday mit der weißen Gardenie im Haar«, flüsterten die Snobs, die nach Harlem kamen, einander zu. »Du hast noch nie jemanden so langsam und so träge singen hören. Der Blues ist es nicht. Ich weiß nicht, was es ist. Aber du mußt sie dir anhören.«

Und man hörte ihr zu. Man war verzaubert und in den Bann geschlagen. Häufiger noch war man vor den Kopf gestoßen, weil man sich mit einem Paradox konfrontiert fand: Jemand macht dadurch Furore, daß er ganz leise bleibt. Wieder leierten die Sprüche aus den Gebetsmühlen der Orthodoxie. »Sicher, die Frau sieht verdammt gut aus und hat sogar eine angenehme Stimme«, mußte man einräumen und schlug dann zu: »Doch ihr Charme ist der einer Diseuse, und was sie singt, ist maniert, überzüchtet und dekadent.«

Wer so spricht, hat recht; allerdings nur dann, wenn man das Gesagte nicht als Tadel meint, sondern als Charakterisierung begreift. Denn es stimmt schon: Gemessen an der Kunst der archaischen Blues- und der klassischen Jazzsängerinnen, an Ma Rainey, Bessie Smith und selbst Ella Fitzgerald, hat die abgefeimte Kindlichkeit im Gesang der Holiday wirklich etwas Dekadentes. Beim ersten Hinhören vermißt man das spontan Überwältigende und die ungebrochene Kraft früherer Epochen. Es entsteht der Eindruck des Späten, Mondänen und Großstädtischen.

Dieser Eindruck entsteht zu Recht. Man kann sich den Gegensatz zwischen dem alten, traditionsgebundenen Jazz und der heraufdäm-

53

mernden Swing-Ära nicht kraß, nicht markant genug vorstellen. New Orleans und Chicago waren große Städte gewesen. Erst New York, der »Big Apple«, war eine Großstadt, und ein großstädtisches, ein verwöhnter gewordenes Publikum mußte erobert werden.

Billie Holiday ist die erste und bedeutendste Jazzsängerin gewesen, die aus dieser Situation Konsequenzen gezogen hat: die künstlerischen und auch die – wie man heute sagen würde – technologischen. Bessie Smith, die noch mit den Zelt-Shows des schwarzen Vaudeville über Land gefahren ist, hat verächtlich jedes Mikrophon beiseite gehauen. Ihre Röhre begeisterte die zur Begeisterung wild Entschlossenen. Billie Holiday, vor das gelangweilte Publikum eines oft halbseidenen Clubs gestellt, mußte zum Mikrophon greifen, wenn sie sich durchsetzen wollte.

Da konnte man nicht einfach so weitersingen wie bisher. Da wurde man von der Technik, von einer noch sehr frühen, aber schon sehr fordernden Elektrifizierung gezwungen, an Nuancen zu feilen, Phrasierungen neu zu überdenken, und Billie Holidays Größe bestand darin, daß sie den Schritt vom Direkten zum Indirekten, von der Vehemenz zur Intimität tat, ohne den Jazz am Wegesrand liegenzulassen.

Sie sang in Nachtclubs und wurde doch nicht dieser übliche Nachtclub-Star, der die großen Gefühle anknipst und die große Leere hinterläßt, wenn er abtritt. Sie blieb eine Jazzsängerin. Das Gefühl für *timing* und Rhythmus war ihr genauso angeboren wie die Fähigkeit, sich jede Melodie für ihren höchst persönlichen Stil zurechtzusingen.

Voll von Widersprüchen und Rätseln erscheint dieser Stil, wie das Leben der Frau, die sich ihn schuf. Der Klang der Stimme ist zunächst hell, das Timbre mädchenhaft. Schon die Zwanzigjährige singt mit dem Ausdruck einer reifen, durch manche Höhen und Tiefen des Lebens gegangenen Frau. Doch bleibt jeder Anflug von Sentimentalität vor der Haustür. Die großen Leidenschaften und Gefühle sind zurückgenommen, wie eingedämmt, und gerade dieses Understatement, diese trügerische Politur der Oberfläche geben der Stimme das – auch heute noch – Beunruhigende. Man ahnt, daß hier die inneren Spannungen gefährlicher, bedrohlicher sind als alle Trauer, die sich im älteren Jazz noch ungehemmt verströmen konnte.

Billie Holiday hat immer wieder behauptet, daß sie ihre Stimme wie ein Instrument führt und einsetzt, daß sie sich vor allem als Musikerin begreift. Und wirklich: Sie improvisiert ganz wie eine Instrumentalistin. Aber sie tut das ohne aufdringliches Pochen auf Originalität und ganz im Geiste des von ihr so geschätzten Louis Armstrong: Sie mobilisiert die Kräfte ihrer Phantasie. Aber sie bleibt ökonomisch. Sie kommt auf den Punkt.

Oft ändert sie an einem Lied nur drei oder vier Töne, und schon atmet es unverkennbare Bluesstimmung, auch wenn es der Form nach gar kein Blues ist. Manchmal singt sie die Melodie eine Zeitlang notengetreu; so, wie der Komponist sie geschrieben hat. Doch dann genügt ihr ein fast unmerklich verzögerter Einsatz, ein kaum zu spürender Schluchzer oder Kiekser, ein beinahe unhörbarer Bruch in der Phrasierung, und aus dem Tagesschlager ist ein klassisches Jazzstück geworden.

Als Musikerin hat sie sich gefühlt, als *prima inter pares*. Das klingt bescheiden und spricht doch von einem schönen Selbstbewußtsein, wenn man sich vergegenwärtigt, wer da so alles bei den Schallplattenaufnahmen, den Studiosessions zwischen 1933 und 1942 mitgemacht hat – keine Begleitsklaven dienen dem Star. Alle sind Partner, kommen aus der Basie-Band, dem Ellington-Orchester, und wirken mit an dem haltbaren Filigran dieser Wunder; dem flüchtigsten Augenblick abgetrotzt und nicht selten abhängig vom Zufall. Wer hat gerade Zeit und paßt ins musikalische Bild? Welchen Star, dessen Big Band gerade in der Stadt gastiert, können wir uns greifen und nach Feierabend ins Studio locken? Wenn man darüber nachdenkt, wird das Wunder nur noch größer: So machte man damals Musik. So konnte man damals Musik machen.

Wer allerdings einen etwas genaueren Blick auf dies Stimmengeflecht wirft, entdeckt neben dem Zusammengewürfelten, Buntscheckigen auch ein paar Fäden, ein paar Linien, die immer deutlicher werden und aus dem Gewebe hervortreten. Billie Holidays Lieblingsmusiker zeichnen sich ab, sind – was denn sonst?! – lauter wahlverwandte Naturen. Auch unter den Instrumentalisten setzte sich die jüngere Generation der Swing-Ära von der dramatisch-exhibitionistischen Gebärde aus alten Tagen ab, wandte sich dem Differenzierteren, den leiseren Mitteln zu. Der Trompeter Buck Clayton machte nicht mehr den Strahlemann, sprach lieber durch den Dämpfer. Teddy Wilson haute nicht in die Tasten, sondern bestach durch Eleganz, durch unfehlbaren Geschmack.

Und dann waren da Lester Young und sein Tenorsaxophon. Er spielte und war cool, als es das Wort in der Musikwelt noch gar nicht gab. So kühl, trocken und treffend wie seine Phrasen war auch sein Witz. Spitznamen, die er gab, hielten für immer und ewig. Billie Holiday nannte er, ganz Kavalier der alten Südstaatenschule, »Lady Day«. Sie gab ihm dafür den Namen »Prez«, weil er für sie der erste Mann im Staate war, eben der Präsident.

Gerade das, was die Traditionalisten damals als kläglich anprangerten: sein schlanker, fast etwas brüchiger Ton ... zog Billie Holiday an. Sie ahnte das Feuer und die Intensität hinter der scheinbaren Kühle und Lässigkeit. Es wurde eine ideale Partnerschaft. Oft genügten vier Takte Instrumentaleinleitung, und Lester hatte die Stimmung des Songs vorbereitet. Seine berühmten Obligati, etwa in ›I'll Never Be The Same‹ und vor allem ›Me, Myself And I‹, feuern die Sängerin an, umwerben sie und bleiben doch immer ein Muster an Zurückhaltung. Und dann ist da noch dieser Chorus in ›The Man I Love‹, in seiner Mischung aus Logik und Phantasie, Kalkül und Verletzlichkeit ein Spiegel der Sängerin, ein Modellsolo für Scharen von Saxophonisten danach, und nur mit einem einzigen Fehler behaftet: Für die einsame Insel ist es denn doch zu kurz.

Die Lady und ihr Präsident hatten sich gesucht, gefunden und dann in den vierziger Jahren aus den Augen verloren. Für sie ging es zunächst bergauf. Ihr Ruhm begann auch außerhalb der hermetischen Jazzwelt zu leuchten und drang ins Internationale. In Paris nannte eine junge Autorin mit Namen Françoise Sagan ihren Romanerstling ›Bonjour, Tristesse‹ nach einem Billie-Holiday-Song, dem heimsucherischen ›Good Morning Heartache‹. Doch immer dunkler wurden die Schatten, die nun auf ihr Leben und bald auch auf ihre Kunst fielen.

»Ich verbrachte das Ende des Krieges auf der 52. Straße und ein paar anderen Straßen. Ich trug die weißen Abendkleider und die weißen Schuhe, und jeden Abend brachten sie mir die weißen Gardenien und den weißen Schnee«, schreibt sie in ihrer Autobiographie. Man erwischte sie, sperrte sie ein und quälte sie. Auch wer mit Schuldzuweisungen vorsichtig umgeht, als Deutscher das Wort »Rassismus« nicht gern selbstgerecht in alle Welt brüllt, kommt nicht daran vorbei: Man wollte sie, die erfolgreiche Schwarze, weinen sehen. Sie war gezeichnet. Es folgte ein Jahrzehnt, in dem Zusammenbruch und Comeback, Rückfall und Rückkehr einander abwechselten.

Im bitterkalten Januar 1954 kam sie zu uns. Die Tournee nannte sich »Jazz Club USA« und war wohl als intimer Gegenentwurf zu den hitzigen Materialschlachten von »Jazz At The Philharmonic« gedacht. Sie präsentierte eine Musik der Zwischentöne, erlaubte Billie Holiday mithin das Heimspiel.

Die Erinnerung an das Hamburger Konzert verschwimmt ein wenig. Ich spüre noch Kälte und die Unwirtlichkeit in der viel zu großen, längst abgerissenen Ernst-Merck-Halle. Und vor mir sehe ich immer noch die Frau in einem silbrig schimmernden Abendkleid, das irgendwie zu schwer für sie wirkte, unter dem sie sich ducken mußte. Das Gesicht war nicht das Gesicht einer Neununddreißigjährigen, sondern schien einer Fünfzigjährigen zu gehören. Auch das kunstvoll und reichlich aufgelegte Make-up konnte die Spuren des Lebens nicht aus diesem Gesicht wischen; etwas unsicher und torkelig der Schritt, ob vom Alkohol oder von anderen Sachen ... das mag entscheiden, wer entscheiden will, sich als Richter fühlt.

Sie sang die Stücke, auf die sich ihr Repertoire inzwischen verengt hatte: ›Blue Moon‹, ›All Of Me‹, ›Them There Eyes‹ und natürlich ›I Cover The Waterfront‹ waren darunter. Doch wie das nach so vielen Jahren so geht: Stärker als solche Einzelheiten sind mir zwei allgemeine Eindrücke und Reaktionen im Gedächtnis geblieben. Ich spüre noch, wie ich um die Sängerin bangte und diesen »Hoffentlich schafft sie es heute«-Druck im Magen hatte. Vor allem jedoch: Die Umrisse dieser ganz konkreten Person Billie Holiday verschwammen, wurden durchlässig und boten zumindest der Phantasie einen freien Spielraum. Den nutzte ich und stellte noch zwei andere Sängerinnen auf die Bühne; zwei Frauen, die nicht vom Jazz, sondern aus der Welt des Showbusiness kamen und von der Persönlichkeit her eine so große Ähnlichkeit mit Lady Day hatten. Auch Judy Garland und Edith Piaf gaben stets ihr Letztes, taumelten am Rande der Selbstvernichtung entlang und konnten sich nicht trennen von der Kerze, die an beiden Enden brannte.

Der Jam-Session-Blues, der das Konzert beschloß, ist für Billie Holiday wahrscheinlich nur Pflichtfach gewesen. Sie, die ihrer Autobiographie den Titel ›Lady Sings The Blues‹ gegeben hat, ist dem eigentlichen, dem astreinen Zwölfer eher aus dem Wege gegangen. Näher gelegen haben ihr Songs, die aus einem veränderten Bewußtsein kommen, die vom Blues wohl den Geist bewahren, aber nicht an seiner Form kleben.

Eins dieser Lieder hat sie berühmt gemacht. Als Billie Holiday noch im hocheleganten Cafe Society engagiert war, brachte der Lyriker Lewis Allen eines Abends ein Gedicht mit. Das hieß und ging so ...

STRANGE FRUIT

Southern trees bear a strange fruit,
Blood on the leaves and blood at the root,
Black bodies swinging in the southern breeze,
Strange fruit hanging from the poplar trees.

57

Pastoral scenes of the gallant south,
The bulgin' eyes and the twisted mouth.
Scent of magnolia, sweet and fresh,
Then the sudden smell of burning flesh.

Here is a fruit for the crows to pluck,
For the rains to gather, for the winds to suck,
For the sun to rot, for the trees to drop.
Here is a strange and bitter crop.

Im Jahre 1939 hat Billie Holiday diese drei Strophen zum ersten Mal gesungen und sich ganz zu eigen gemacht. Sie sind bis auf den heutigen Tag geblieben, was sie schon damals waren: ein unvergeßliches Lied und die Mahnung, nie zu vergessen.

Die drei Ladies

Süddeutsche Zeitung, 19./20. September 1992

Epilog: Eartha Kitt

Eartha Kitt ... and all that Jazz – Hamburg-Debüt einer radikalen Diseuse

Eine Diva, die experimentiert ... das klingt wie ein Paradox. Doch die Sängerin Eartha Kitt, im Bewußtsein einer gereiften Öffentlichkeit doch Star der eleganten, nicht zuletzt einschlägigen Nachtclubs, scheut kein Risiko und stellt sich der Herausforderung. Sie konzertiert in der Hamburger Musikhalle mit dem Jazzpianisten Joachim Kühn und weiß natürlich, daß ein Musikant dieses Kalibers alles andere ist als ein sammetpfötiger Nur-Begleiter. »Thinking Jazz« nennen sie ihr Projekt. Das läßt sich zwar schwer übersetzen, deutet aber darauf hin, daß der Abend frei sein wird von unreflektiertem Entertainment.

Die schöne Provokation eines solchen Weges von der ›C'est si bon‹-Welt des Show-Business in die unwirtlicheren Zonen des modernen Jazz hat ja in der Tat etwas Verblüffendes. Hamburger, die mit Eartha Kitt das Geburtsjahr 1928 teilen, erinnern sich noch an einen Abend vor etwa vierzig Jahren im längst abgerissenen Besenbinderhof-Theater. Orson Welles, mal wieder pleite zwischen ›Macbeth‹ und ›Othello‹, tingelte mit dem, was man heute ein ›Faust‹-Projekt nennen würde. Wie er selbst, ganz Barockfürst auf Bädertournee, die Marlowe-Monologe sprach, auch mal ins Publikum ging und Spielkarten hinter den Ohren hervorzauberte ... das blieb mir seltsam fremd.

Meine volle Aufmerksamkeit hatte diese Frau, mal Gretchen, mal Helena, vor allem aber Sängerin. Dunkelhäutig war sie, aber nicht schwarz. Fast noch mehr als die Stimme, die mit Jazzgesang nur am Rande zu tun hatte, fesselte die Körpersprache, deren Geschmeidigkeit sich bald zum Slogan »fauchende Wildkatze« verfestigen sollte. Schließlich kam sie vom Tanz, hatte sich während einer Tournee mit Catherine Dunhams Truppe in Paris selbständig gemacht und das afro-amerika-

59

nisch Direkte gebändigt zu einer kosmopolitischen, damals dem Zeitgeist sehr nahen *Négritude*.

1992 wird erst einmal Jazz pur gereicht, vom Joachim-Kühn-Quar-
tett als rein instrumentale Einstimmung benutzt. Die ›Autumn Leaves‹
entfalten sich modal, verfärben sich aber bald durch Cluster ins Bizarre.
Aufregend und hinreißend ist das. Doch hat ein so selbstherrlich prun-
kendes Präludium fast etwas Ungalantes. Das denkt man und irrt gleich
zweimal. Denn wenn die Sängerin auftritt, nimmt der Pianist sich zurück und die Sängerin kennt keinerlei Furcht.

Eartha Kitt kommt ganz in Schwarz und in einer Abendrobe von ge-
heuchelter Sittsamkeit. Der Schlitz am Kleid wird erst sichtbar, wenn sie
sich auf den Barhocker in die Beuge des Flügels setzt und das immer
noch wohlgeformte Bein in den Saal winkelt. Kein Schmuck glitzert. Es
erfolgt keine Begrüßung voller Freude darüber, wieder in Hamburg zu
sein. Kein Stück wird angesagt, die Künstlerin signalisiert, was ins Haus
steht: ein Workshop von strenger Eleganz.

Sie mischt Standards mit Stücken, bei denen sie die Texte geschrieben, Joachim Kühn die Musik konzipiert hat. Von der Sehnsucht nach
Nähe, von leeren Häusern und vergammelten Hotels ist die Rede. Es
wird fast nie gesungen, fast immer nur rhythmisch gesprochen. Da denkt
man weniger an den ›Talking Blues‹ als an die Melodram-ähnlichen Momente eines engagierten Chansons.

Eartha Kitt bewegt sich kaum, hat während der instrumentalen
Zwischenspiele mal voller Wohlwollen die Musiker im Auge, kaum je das
Publikum, und manchmal, wenn sie nur so vor sich hinblickt, wirkt sie
ganz fremd und fern wie eine Frau, die schon alles kennt und noch mehr
erlebt hat. Wenn sie dann wirklich singt, mit passionierter, tragender, das
Kratzbürstig-Kokette von einst nur noch zitierender Stimme, bevorzugt
sie Evergreens wie ›Smoke Gets In Your Eyes‹, ›My Funny Valentine‹
und ›Night And Day‹, also den ewigen Vorrat aus dem *Great American
Songbook*.

Ein Porträt auszuformen, dessen Konturen Cole Porter vorgegeben
hat, ist ihr wichtiger als ein schwarzes Erbe so zu hüten, wie es dem weißen Mann gefällt. Radikal, selbstbewußt und überzeugend verkündet
sie: Roots kommen mir nicht ins Haus, und wenn sie ›Summertime‹
singt, senkt sich nicht Nostalgie aufs Baumwollfeld. Ungerührt metal-

lisch verfremdend singt sie die Strophen, konzentriert sich dann, während der Sopransaxophonist Jerry Bergonzi seine Soli bläst, auf den Jazz von heute. So verkündet Eartha Kitt stolz ihre Botschaft: »Eine Gershwin-Melodie von 1935 kann heute nur noch Material sein. Ich baue keine Brücke, denn ich will, daß diese Zeiten vorbei sind.«

Doch zu Billie Holiday, zu deren Ballade ›God Bless the Child‹, führt ein Weg. Denn an kein Zeitalter gebunden sind die Worte: »Reiche Verwandte bieten dir Brotkrumen an. Doch nimm nicht zu viel.« Mut gehört dazu, das »Lady Day« nachsingen zu wollen. Doch Eartha Kitt meisterte auch diese Herausforderung. God bless you.

Süddeutsche Zeitung, 1./2. Dezember 1990

Mr. Swing

Oscar Peterson im Jahre seines 65. Geburtstags

Und hier, meine Damen und Herren, ist der Musiker, mit dem ich 1949 zum erstenmal zusammengespielt habe«, sagt Oscar Peterson am 15. November 1990 im Münchner Kulturzentrum Gasteig und deutet grinsend auf den Bassisten Ray Brown. Seinen Gitarristen Herb Ellis kennt er noch nicht ganz so lange. Der hat erst 1953 die dritte Stimme im Trio des Pianisten übernommen. Auf den Tourneen von »Jazz At The Philharmonic« hatten sie sich Weltruhm erspielt. Nun feierten sie in der Münchner Philharmonie ein Klassentreffen.

Jahrzehntelang waren sie ihre eigenen Wege gegangen, hatten sich einst wohlweislich getrennt, ehe das Leben *on the road* ihre Freundschaft gefährdete. Peterson, dem Sinn für Höheres nie fremd war, konzentrierte sich immer mal wieder ganz auf seine Solokonzerte. Brown und Ellis waren reisemüde in Hollywood oder sonstwo lukrativster Studioarbeit nachgegangen. Doch weil alte Hasen das Hoppeln nicht lassen können und den heißen Scheinwerfer im Gesicht genauso brauchen wie den Kontakt zum Publikum, haben sie sich wieder vor die Tür locken lassen.

Die späte Wiedervereinigung macht einen Heidenspaß; dem Publikum sowieso, aber auch den Musikern. Denn der Weg führt vom ersten Abtasten nach all der Zeit über das erstaunte Wiedererkennen auch schon mal zu kleinen Hahnenkämpfen, wie sie unter Weltstars passieren können. Sie merken es selbst. Da müssen sie lachen, und alles mündet in jene Integration, die jedes jazzgeschichtliche Lehrbuch preist. Aus dem erinnerten Miteinander wird das jetzt gelebte Miteinander. Der Wille zum Swing macht's möglich.

Das Publikum jubelt wie eh und je. Doch etwas Seltsames läßt sich beobachten. Nicht nur die Oldtimer sind da. Auch die Jugend ist

63

gekommen. Denn mit Oscar Peterson hat es so seine eigene Bewandtnis.

Es gibt Jazzmusiker, die von einer Aura der Verlorenheit umgeben
sind, deren Biographie neben den leuchtenden, oft nur allzu kurz be-
messenen Höhepunkten auch die langanhaltende Depression, ja die
Katastrophe kennt. Der Altsaxophonist Charlie Parker und der Trompeter Chet Baker sind vielleicht die bekanntesten Beispiele.

Doch kennt die Jazzgeschichte nicht nur den Künstler, der, von Kri-
sen geschüttelt, gerade noch den kleinen Kreis der Insider erreicht. Es
existieren Gegenbilder. Es gibt die Persönlichkeiten, die ein breites Publikum erobern, die aus der Geheimwissenschaft ein öffentliches und po-
puläres Vergnügen machen. Louis Armstrong und Ella Fitzgerald,
Benny Goodman und Erroll Garner gehören oder gehörten dazu. Alles
in allem sind es wohl nicht mehr als eine Handvoll gewesen, und auf dieser Hand findet, wenn alle ein wenig zusammenrücken, auch der Pianist Peterson Platz. Wie eine Barocknatur hat er in den fünfziger Jahren
die Szene betreten.

Am 15. August 1925, also vor 65 Jahren, wurde er geboren, und zwar
in Kanada.

Denn der Pianist kommt ja nicht aus Harlem oder New Orleans, aus
dem windigen Chicago oder dem blues-satten Kansas City, sondern aus
Montreal. Da leben im Schwarzenviertel St-Antoine vor allem die
Nachkommen westindischer Sklaven. Ihre Traditionen unterscheiden
sich von denen der Schwestern und Brüder im Süden der Vereinigten
Staaten. Die Berufschancen ähneln einander. Den Männern stehen drei
Wege offen: Tänzer, Zuhälter – oder die Eisenbahn.

Oscar Petersons Vater war Schlafwagenschaffner und ein ernster
Mann. Niemand hat ihn je lächeln sehen. Wer Tag für Tag, Nacht
für Nacht zu den Passagieren freundlich sein muß, weil er jeden Cent
Trinkgeld für die Ernährung der Familie braucht, der mag nach Feierabend nicht mehr lächeln. Weil er viel weg war, übertrieb er die Strenge,
wenn er da war. Ihm saß der Ledergürtel locker, wenn er nach Hause
kam und der Junge nicht richtig geübt hatte. Der hatte als Fünfjähriger
mit dem Klavierspielen angefangen. Denn der Vater wollte, daß aus dem
Jungen was Besseres wird und – man kennt das – wollte es auch wieder
nicht. Er tyrannisierte den Sohn. Aber er ließ ihn bei zwei Lehrern lernen.

Der erste, Lou Hooper, hatte als Pianist die zwanziger Jahre in Harlem miterlebt, hatte im Bühnenorchester des Lafayette-Theaters ge-

spielt, als Bessie Smith dort auftrat. Seine großen Vorbilder waren Fats Waller und James P. Johnson – Pianisten also, deren zupackende linke Hand jede Rhythmusgruppe überflüssig machte. Hooper ging mit schwarzen Musicals auf Tournee, ließ sich 1932 in Kanada nieder und gab Klavierstunden.

Petersons zweiter Lehrer Paul Alexander de Marky kam aus Ungarn. Er hatte in Budapest bei Stefan Thomán studiert, und der war noch Schüler von Liszt. Der gefeierte Konzertpianist und Lehrer am McGill-Konservatorium erinnerte sich 1982, als er 85 Jahre alt war: »Ich gab Oscar Chopin-Etüden auf. Als ich herausfand, daß er den melodischen Balladenstil so gut beherrschte, machte ich ihn mit der Idee breit gelegter Akkorde vertraut, wie man sie bei Debussy findet.« Darüber hinaus ließ de Marky seinen jungen Schüler Scarlatti wegen der Fingersätze und Bach wegen des Kontrapunkts üben, gab ihm Selbstbewußtsein und Selbstvertrauen.

Fats Waller und Franz Liszt, *roots* und *Wurzeln* finden zueinander. Oscar Petersons Klavierstil wächst aus dem Harlem der »Roaring Twenties« und fängt gleichzeitig ein letztes, mehrfach vermitteltes Echo aus den europäischen Salons des 19. Jahrhunderts ein. Er ist also kein autodidaktisches Naturtalent, wie es der Mythos so gerne erzählt. Noch vor wenigen Tagen, unmittelbar nach dem Münchner Konzert, kam eine Dame auf mich zu und jubelte enthusiasmiert: »War er nicht wunderbar? Und dabei kann er keine Noten lesen!« Sie merkte gar nicht, daß ihr Staunen ja keineswegs nur Bewunderung ausdrückte, sondern auch uneingestandenen Rassismus verriet. Denn – nicht wahr? – das weiß doch jeder: So sind sie nun mal, diese Schwarzen: ungebildet, aber irgendwie genial.

Mit vierzehn wurde Oscar Peterson Sieger in einem Amateurwettbewerb, und die Weichen waren gestellt. Sofort erhielt er im Rundfunk eine Chance. Man gab ihm einmal in der Woche eine Viertelstunden-Show, und bald arbeitete er als Profi-Musiker in der Johnny-Holmes-Big-Band, mußte da vor allem Boogie-Woogie – in jenen Jahren der letzte Schrei! – in die Tasten donnern. Da konnte er Virtuosität zeigen und machte Furore, profilierte sich bald mit einem eigenen Trio in kleineren Clubs. 1949 holte der Impresario Norman Granz ihn nach New York, und zwar gleich in die Carnegie Hall.

Gern erzählt Norman Granz die Geschichte, wie er eines Tages von Montreal nach New York zurückwollte und schon auf dem Weg zum Flughafen war. »Im Taxi spielte Musik, und ich nahm an, daß es eine

65

Schallplatte war, die irgendein Disc-Jockey aufgelegt hatte. Ich fragte den Fahrer, ob er den Sender kenne. Ich wollte dort anrufen und fragte deshalb den Mann, wer denn der Pianist des Trios sei. Der Fahrer antwortete: ›Nein, das ist keine Platte, das ist eine Live-Übertragung aus einem Club, der Alberta-Lounge. Der Pianist heißt Oscar Peterson.‹ Ich sagte: ›Vergessen Sie den Flughafen, drehen Sie um und fahren Sie mich zu dem Club.‹«

Nun ist bei Augenzeugen aus der Welt des Show-Business ja immer etwas Vorsicht angebracht, weil deren Geschichten durch lustvolles Wiederholen immer mehr Ecken und Kanten verlieren, schließlich an den Fakten vorbeirollen. Es kann also durchaus sein, daß dem stets Talente suchenden Granz schon vorher ein Musiker gesagt hat: »Wir haben da oben in Kanada einen Pianisten gehört; der spielt wie ein Wahnsinniger.« Doch wie dem auch sei: Die Lokalgröße blieb kein Geheimtip. Der New Yorker Einstieg wurde zum Riesenerfolg, beim Publikum und bei den Kollegen. Vor allem die Pianisten lernten das Staunen, manche auch das Fürchten.

Duke Ellington, 1899 geboren und damit 26 Jahre älter als Oscar Peterson, war ja nicht nur ein genialer Musiker, sondern auch ein fintenreicher Fabulierer. Er tischte zum Beispiel einem Reporter einmal folgende Geschichte auf: »Als ich ein kleiner Junge in Washington und gerade sieben Jahre alt war, hatte ich eine Musiklehrerin, die Missis Clinkscale hieß. Ich werde das nie vergessen: Am Ende der ersten Stunde lehrte sie mich das Allerwichtigste, was ein Pianist lernen kann. Sie sagte: ›Edward, was auch immer du tust: Setze dich nie an ein Klavier, wenn unmittelbar vor dir Oscar Peterson gespielt hat.‹« Wie gesagt: Ellington wurde sieben im Jahre 1906. Und Peterson wurde 1925 geboren.

In diesem kleinen Märchen steckt jedoch eine große Portion Wahrheit. Und natürlich ist es auch nicht frei von Bosheit. Denn keineswegs als Originalgenie überrumpelte Peterson Anfang der fünfziger Jahre die Welt, sondern als ein Mann der Bravour, dessen wieselflinke Finger nie ins Stolpern gerieten, der aber seinen *künstlerischen* Weg noch suchte.

Ein Eklektiker wurde er genannt. Man zählte seine Vorbilder auf und tat das so kenntnisreich, pedantisch und schadenfroh, wie das nur die Klugscheißer unter den Jazzfans können. Der ausladend rhapsodische, 67 an Girlanden und Arabesken reiche Art Tatum war eins der Vorbilder, doch auch Nat »King« Cole, der eben nicht nur Schlager sang, sondern den alle Musiker auch wegen seines ausgeschlafenen, lakonischen Blues-Pianos liebten.

Es spricht für den Wagemut wie für den Geschmack Petersons, daß er seinen eigenen Ton im Spannungsfeld zwischen diesen beiden Antipoden fand, zwischen der Allüre und dem Understatement. Schon in den späten fünfziger Jahren hat er sein Ziel erreicht, und das gleich in mehrfacher Hinsicht. Aus dem Eklektiker ist ein Musiker geworden, der die Vergangenheit wohl nutzt, ihr aber die eigene Vitalität entgegensetzt. Machtvoll nimmt auch die Karriere Fahrt auf. Es beginnen die Jahre, die Jahrzehnte *on the road*.

Triumphreisen waren es. Doch gab es auch dunkle Schlaglöcher. Gene Lees, der kundige Biograph, erzählt: »Als er (Peterson) mit Ray Brown durch den Süden der USA reiste, erfuhr er am eigenen Leib den Unterschied zwischen dem leisen Rassismus in Kanada und der sehr viel brutaleren amerikanischen Variante. Oscar fuhr Rays Wagen, einen Cadillac. Ray schlief. Als er Zigaretten brauchte, hielt Oscar an einem Restaurant neben der Straße. Ein Polizeiwagen parkte davor. Oscar ging hinein und bat den Mann hinter der Theke um seine Zigarettenmarke. Zugleich holte er eine 20-Dollar-Note hervor; die kleinste, die er bei sich hatte.

›Woher hast du die 20 Dollar, Boy?‹, fragte der Barmann. Als er merkte, wie gefährlich die Situation wurde, antwortete Oscar, er habe das Geld ganz rechtmäßig verdient. Der Mann gab ihm die Zigaretten und warf das Wechselgeld auf den Boden.

›Heb das auf, Boy!‹, sagte einer der Polizisten und hatte dabei seine Hand in der Nähe der Pistole. Das war eines der wenigen Male, daß Oscar klein beigab. Er bückte sich, hob das Geld auf und verließ das Lokal.«

Das ist vierzig Jahre her und spielte in der Provinz. Der Rest der Welt jedoch hatte schon damals die Ohren gespitzt und spontan einen Mann umarmt, der so viel kann und dem es auch noch Spaß macht, eben dieses Können zu zeigen. Nie ist Peterson der große Einsame gewesen, sondern immer ein Genie auch der Kommunikation. Auch er kam als einer der ersten nach dem schrecklichen Krieg zu uns, kam wie gerufen in dieser Zeit des Wiederaufbaus, richtete auch das Selbstbewußtsein wieder auf und beantwortete die Frage: »Wo bleibt das Positive?« mit dem freundlichen: »Hier ist es schon.«

Jahr für Jahr besuchte Oscar Peterson die Bundesrepublik; mal mit seinem Trio, aber auch als Begleiter von Ella Fitzgerald. Als unvergleichlicher, unvergeßlicher Begleiter! Wie sich da der abendfüllende Solist zurückhielt und darauf beschränkte, seine Kollegin auf Händen zu tragen, war schon erstaunlich. Möglich wurde es nur, weil der herrscherliche Norman Granz seine Künstler so exklusiv an sich gebunden hatte, also ausnutzen konnte. So kam es, daß Oscar Peterson viele Jahre lang der »Mann am Klavier« für alles und fast bei jeder Plattenaufnahmesitzung dabei war. Ganz gleich, ob nun Dizzy Gillespie oder Stan Getz bliesen, ob Lionel Hampton klöppelte – Oscar mußte ran. Fast immer zog er sich mit Anstand aus der Affäre. Manchmal reizte ihn die Herausforderung, und er übertraf sich.

Daß er sich auf seine Mitmusiker einläßt, ohne sich aufzugeben, gehört zum Komödiantischen einer Natur, die so reich angelegt ist wie kaum eine andere, die so viele Gesichter und Möglichkeiten hat. Manchmal, wie bei den berühmten Ella-&-Louis-Duetten, macht es ihm ein diebisches Vergnügen, während ein und desselben Songs den Ton zu wechseln, bei Louis knochentrockene Akkorde zu unterlegen, bei Ella irisierende Farben aufleuchten zu lassen.

Natürlich unterliefen auch müde und magere Jahre: »Ich kann Flughäfen nicht mehr ausstehen, und ich habe genug von Hotel-Lobbies.«

Manchmal gab er seinen Gegnern recht, ließ, »ein Gefangener des Fließbands«, nur die Finger laufen, und es klang wie »ein Pudding aus den Überresten von Art Tatum, Nat King Cole und Teddy Wilson«. Dann wieder gab er dem Wort *timing* eine kulinarische Bedeutung. Seine Konzerte, einschließlich präzise geplanter Zugabe, hörten genau dann auf, wenn die vorher im Hotel bestellte Ente knusprig zu werden begann. Auch der Ehrgeiz, ganz klassischer Virtuose zu sein, stellte ihm hin und wieder ein Bein. Als er 1972 im glutheißen New Yorker Sommer einen Soloabend gab und in der Carnegie Hall ein imponierendes Gewölk von Arpeggien aufsteigen ließ, seufzte ein Hamburger neben mir: »Heute ist es ja alles sehr viel künstlerischer. Aber früher ging es mehr los.«

Doch das waren Durchhänger, nach denen sich Oscar Peterson immer wieder fing. In München war das zu hören, zu genießen. Noch immer serviert er Harlem-Rhythmen mit der linken und halsbrecherische Oktaven mit der rechten Hand; zeigt er, verschmitzt und durch nichts mehr zu erschüttern, seinen Sinn für Humor.

69

Den braucht er auch. Nach all den Poll-Siegen, Ehrendoktor-Würden und Medaillen, nach dem Verdienstorden der Stadt Toronto und dem Olympischen Schlüssel der Stadt Montreal fragte ihn noch Anfang der achtziger Jahre im Fernsehstudio ein eifriger Photograph: »Und, Mr. Peterson, wo werden Sie stehen, wenn Sie Ihre Trompete spielen?«

Süddeutsche Zeitung, 4. August 2000

Bang und bänger

Oscar Peterson ist wieder auf Geburtstags-Tournee

IN GENAU ÜBERDACHTER REIHENFOLGE kommen sie auf die Bühne der Lübecker Musik- und Kongreßhalle. Zuerst setzt sich Martin Drew hinters Schlagzeug und gibt einen lateinamerikanischen Beat vor. Zu ihm gesellt sich Niels-Henning Ørsted Pedersen aus Dänemark, vom Wunderkind am Baß längst zu einem so wetterfesten wie hochsensiblen Wikinger geworden. Er zupft gleich Baßlinien, die auch schon melodische Konturen ins Spiel bringen. Ulf Wakenius, Guitarrero aus dem Schwedischen mit international bewegter Vergangenheit in der Nähe von Herbie Hancock und Ray Brown, ist der nächste. Kurze, professionell getimte Spannungspause, und dann kommt *er*.

Oscar Peterson, der große, der hinreißende Jazzpianist, berührt auf einer knappen Europa-Tournee Lübeck und das in diesem Jahr besonders amerikafreundliche Schleswig-Holstein-Musik-Festival. Festlich ist auch der Anlaß dieser Fahrt ins so wohlvertraute Old Europe: Am 15. August feiert Peterson seinen 75. Geburtstag. Da will er es noch einmal wissen. Dem Publikum geht es ebenso. Denn in die Vorfreude auf ein glanzvolles Konzert mischen sich Bedenken ganz anderer Art. Von Schlaganfällen hat man gehört, von schlimmen, für einen Pianisten nachgerade tragischen Lähmungen im manuellen Bereich. Aber auch davon war die Rede, daß der Unverwüstliche, vom künstlerischen Überlebenswillen getrieben, zäh daran gearbeitet hat, wieder auftreten zu können: Nun war er da. Und man bangte um ihn.

In festlichem Schwarz mit Fliege, ganz Gentleman der alten Schule, betrat er die Bühne. Und tat sich schwer beim Gang zum Flügel, tappte ganz langsam heran. Aber als er das Instrument erreicht und das vertraute Doppelglück, die schwarz-weißen Tasten und das Publikum, vor Augen hatte, lächelte er breit und herzlich wie eh und je.

Das Konzert rief dann sehr gemischte Gefühle hervor. Schon beim ersten, mittelschnellen Bounce-Blues stieg Peterson so aggressiv ein, als wollte sich da einer mit Elan, ja mit Übereifer zurückmelden und so tun, als sei er beim Ausschütten der pianistischen Kaskaden immer noch der alte. Durch dies, quasi auf der Haut spürbare Beweisen-Wollen, verwandelte sich, was einst ansteckende Virtuosität war, in leer laufende Hektik, und weil die linke Hand offenbar noch keineswegs wieder in Ordnung ist, mußte die Rechte alles machen. Das war zu viel, und auch die dichtbesetzte, als Stützkorsett erprobte Rhythmusgruppe konnte nicht davon ablenken, daß der Meister schon mal böse daneben haute.

Doch wenn es zu den Balladen kam und Drews Becken nicht mehr so krawallig dazwischendröhnten, stellte sich der alte Zauber ein, hatte zu dem versonnen schlendernden *Easy Going* gefunden, das man dem ganzen Abend gewünscht hätte. Manchmal wurden wir Zeugen einer neuen Bescheidenheit. Wenn der Gitarrist mit seinen Höhenflügen imponieren will, spielt der Mann am Klavier dazu nichts als die Melodie ... einfach und zärtlich.

Süddeutsche Zeitung, Anfang 1973

Ben meets Oscar – ein schönes Fest

Webster & Peterson beim NDR Jazz-Workshop in Hannover

WAHRSCHEINLICH WIRD MAN ES ERST in ein paar Jahren richtig einzuschätzen wissen; aber was wir da heute aufgenommen haben, ist ein Dokument.« Michael Naura sagte das, der Jazz-Mann vom Hamburger NDR, und er hatte nicht übertrieben. Er war wieder einmal aushäusig gewesen, hatte seine Jazz-Werkstatt von der Elbe an die Leine verlegt und im kleinen Sendesaal des Hannoveraner Funkhauses – er war überfüllt von verständig begeisterten Liebhabern – ein Konzert mit dem Pianisten Oscar Peterson und dem Tenorsaxophonisten Ben Webster auf das Arbeitsprogramm gesetzt.

Ben meets Oscar, Oscar meets Ben – ein solches Gipfeltreffen begnadeter Musikanten weckt Erinnerungen an einige der schönsten Schallplatten-Sessions der fünfziger Jahre, an jenes beherzt entspannte Musizieren von Leuten, die ihre Sprache gefunden haben, die ihrer Worte mächtig sind, die dem Hörer nichts mehr zu beweisen brauchen. Dialoge zwischen dem Bläser und dem Pianisten waren damals entstanden, die im verdunkelten Studio aufgenommen erschienen, die am besten vielleicht auch im abgedunkelten Raum gehört werden sollten.

So weit, so wunderschön, doch mischte sich auch etwas Bangen in die Vorfreude, den beiden leibhaftig und so sehr viel später im Konzert zu begegnen. Ben Webster, Jahrgang 1909 und keinen Tag jünger wirkend, hatte seine erste große Glanzzeit 1940, als die röhrende und knurrende, dann wieder samtig balzende Stimme seines Tenorsaxophons dem damals gerade von Leerlauf und Überdruß bedrohten Orchester Duke Ellingtons auf die Beine half. Kaum drei Jahre hatte er es beim Duke ausgehalten, und von den Meistersoli, die er damals blies, vom ›Cotton Tail‹, ›In A Mellotone‹ und ›I Got It Bad‹ zehrt sein Repertoire auch heute noch.

73

Dann zog es ihn heim in den Mittleren Westen, und er war fast zehn Jahre lang der König von Kansas City. Ein Gefährdeter wie Lester Young, dem Bourbon so ergeben wie dem Blues, genoß er noch die fruchtbar erfüllten fünfziger Jahre in den Schallplattenstudios: Dann verschlug es ihn nach Europa, geriet er in halbe Vergessenheit.

Bei den Berliner Jazz-Tagen im November 1965 wurde er zum weltweit und genüßlich publizierten Skandal, weil der alte Herr vor lauter Wiedersehensfreude mit all den Kollegen von damals in der Garderobe der Philharmonie ein paar Schluck Whisky zu viel gekippt hatte und dann sein Saxophon wie einen lästigen Regenmantel hinter sich auf die Bühne zog. Die Tournee im Frühherbst des vergangenen Jahres zeigte einen Gebrochenen, der am Stock ging und nur noch im Sitzen spielen konnte.

Sorgen mußte man sich also schon, ob es den beiden Künstlern gelingen würde, ihn in Hannover wiederzufinden, den gemeinsamen Heimatort der Seele, ›Soulville‹, nach dem sie ihre schönste Blues-Aufnahme benannt haben. Doch es wurde keine peinliche Begegnung von Selbstherrlichkeit und Verfall. Es wurde ein Fest, dem sich die beiden in so verschwenderischer Spiellaune, in so vorzüglicher Verfassung hingaben, als wüßten sie, was die Stunde geschlagen hat, als wären sie beherrscht von dem Gefühl für etwas ganz Altmodisches: für Verantwortung.

Peterson, der den ersten Teil allein bestritt, brillierte nicht mit dem leeren Geklingel aus einer Welt der aufgeweichten Romantik. Er führte spielend vor, daß auch beim Jazz »zur großen Klaviermusik die technisch virtuose Dimension, die bravouröse Komponente gehört« (Joachim Kaiser). Dankenswerterweise verzichtet er auf alle Zitate aus der Klassik, die ja in solchen Fällen meist nichts anderes als die Semi-Klassik ist.

Da gibt es: Tonwiederholungen über melodiös schreitenden Vierteln, Abwandlungen des Boogie-Basses mit zuerst Akkorden, dann Sechzehnteln in der rechten Hand. Es gelingt sogar eine Art Charakter-Variation: der Versuch, rasende Zweiunddreißigstel so fließend zu spielen, daß sie den Eindruck von Ruhe und Abgeklärtheit erwecken. Ich höre das schnellste ›Sweet Georgia Brown‹ meines Lebens, und auch die liebe alte Schnulze ›Do You Know What It Means To Miss New

BEN WEBSTER

Orleans‹, sonst so oft mit schwerem Magnolienduft serviert, wird in so brillantem Tempo hingerast, daß man spürt, wie weit der Weg ist, den der Jazz zurückgelegt hat von den Ragtime-Pianisten, die in den Bordellen von New Orleans hinter dem Paravent spielten, während im Saal ihre Mädchen arbeiteten, bis hin zu Oscar Peterson.

Als Ben Webster dazugetreten war, spielte sich Peterson zunächst auf den Ton hinhorchender Hilfsbereitschaft zurück, doch da Webster in vorzüglicher Verfassung war, gewannen auch Petersons pianistische Einwürfe an Glanz und Beredsamkeit, und Big Ben zog alle Register vom fauchenden Bounce-Blues bis zur mürben, wie über Sandpapier gehauchten Ballade, gewann die Hörer durch all seine musikalischen Gebärden des Streichelns, durch alle Tonfälle des Zuspruchs, die nichts zu tun haben mit geistlichem Trost, sondern mit sinnlichem Trösten. Am schönsten, am sichersten gelingen die Ellingtonia und hier wiederum die langsamen Stücke: ›I Got It Bad‹ und die Spiritual-Melodie ›Come Sunday‹.

Sie sterben uns weg, die großen alten Musikanten der Swing-Ära, die mit ihrem Instrument verwachsen sind. Wie beglückend, einen so großen Musiker wie Ben Webster noch einmal in einem so würdigen Raum, in einem so seiner selbst würdigen Konzert zu erleben: Ja, von einem Dokument darf man da sprechen.

Süddeutsche Zeitung, 2. Juni 1971

Der listig swingende Kobold

Erroll Garner in der Berliner Philharmonie

Er ist schon über fünfzig, und seit vielen Jahren schwankt sein Charakterbild nicht mehr in der Jazzgeschichte. Wenn Erroll Garner auftritt, weiß jeder Piano-Narr, was ihn erwartet. Auch in der Berliner Philharmonie liegt auf dem Klavierschemel der weltberühmte Adreßbuchwälzer von Manhattan oder – wie aus anderen Quellen verlautet – Philadelphia. Der Künstler, so heißt es, könne kein Konzert geben ohne dies grundlegende Werk zu benutzen. Es gibt ihm, dem koboldkleinen, gerade die richtige Höhe vor der Tastatur.

Eine Pointe noch vor dem ersten Takt, und jeder im noblen Saal weiß: Es wird geswingt, und es darf geschmunzelt werden.

Auch dieses Konzert wird zu einem kleinen Fest des Einverständnisses zwischen Oben und Unten, und das liegt nicht zuletzt daran, daß der Meister sich rar macht. Vielleicht ist er selbst ein so cleverer Regisseur seiner Auftritte. Vielleicht können ihn sich die Veranstalter auch nicht häufiger leisten. Denn Erroll Garner verfügt ja nicht nur über das durchtriebene Grienen, sondern auch über den Geschäftssinn eines levantinischen Teppichhändlers.

Aber sein Geld ist er wert, immer noch. Denn er kann Klavier spielen, und er hat Sinn für Humor. Ich wüßte außer Oscar Peterson niemanden im heutigen Jazz, der das Klavier so vollmundig vom Pianistischen her nimmt, der es so wenig als Perkussions-Instrument mißhandelt oder auf Funktionen, etwa die der Begleitung, der Klangfarbe oder der reinen Linearität von Stimme und Gegenstimme reduziert. Und weil dem so ist, driftet immer dieser unüberhörbare Anteil vom 19. Jahrhundert im Strom seiner Improvisationen mit. Selten ist halb gesunkenes Kulturgut so souverän verwertet worden.

Besonders bei den berühmten Einleitungen fällt das auf. Die sind

seine Spezialität, und was das Verwunderlichste ist: Die kleinen Scherze zünden immer noch. Man kennt das seit Jahrzehnten. Da wird zunächst ein geraumes Weilchen rhapsodisch und scheinbar ziellos arpeggiert. Da zeigt der Meister, daß er seinen Ravel und seinen Chopin kennt. Alle impressionistischen Wasserspiele und Gnomenporträts sind ihm vertraut. Alle virtuosen Funde von op. 10 und op. 25 hat er verarbeitet und schön wieder verschlampen lassen. Aus den Tasten dröhnt es titanisch, bis dann plötzlich die drei Rhythmussklaven an Bongo, Baß und Schlagzeug aufatmend, denn sie wissen wohl nie, was der Alte vorhat, in den bouncenden Rhythmus segeln.

Das überrascht. Da wird gelacht, und Garner braucht das Lachen. Seine besten Schallplatten sind Konzertmitschnitte. Nur wenn Leute dabei sind, lohnt es sich wirklich, ihnen mit den Fingern die Zunge herauszustrecken.

All dies war in Berlin zu genießen, und erfreulicherweise noch einiges mehr. Novitäten bereicherten das Repertoire. Sonderzüge zeichneten sich ab. Als sich aus einer tosenden ›Wolga Wolga‹-Einleitung die immergrünen ›Autumn Leaves‹ lösten, fiel mir auf, daß mir noch nie aufgefallen war, wieviel slawischer Salon in diesem Stück mit dem charakteristischen deutschen Titel ›Der Schleier fiel‹ steckt. Aber auch noch anderes läßt sich aus der Melodie herausholen. Sie schreit nämlich geradezu nach jazzgerechten Beantwortungen zwischen der rechten und der linken Hand, und so etwas läßt sich ein Fuchs wie Garner natürlich nie entgehen. Ständig träufelt er Blues-Säfte in die Milch auch der frömmsten Schlagerart. Dann wieder glättet er, alle Taktiken der Überrumpelung erprobend, einen Ragtime zur idyllisch hingetupften ›One Note Samba‹, und der Ragtime, ohne Rhythmusgruppe gespielt und mit manchen Sekundreibungen verschärft, erinnert an zweierlei: an alte Klavierwalzen aus dem amerikanischen Süden mit Musik von Scott Joplin und an Strawinskys Faszination durch die Rag-Musik.

Als großes Finale gab es – so was gibt es! – eine Art Blues-Rondo. Ein einfacher Riff-Gedanke wird vorgestellt, irgend etwas aus der Kansas-City-Ecke, aber mondäner als die Musik Count Basies. Und dann schweigt jedesmal die Rhythmusgruppe. Garner gönnt sich freie Zwischenspiele über folgende Themen: Etwas Polyphones, Bachs C-Dur-Invention nachempfunden, von Chopin den cis-moll-Walzer, die

79

ERROLL GARNER

›Geschichten aus dem Wiener Wald‹; das Prélude von Rachmaninow und die Wilhelm-Tell-Ouvertüre. Immer wenn das Klassische, oder was eben ein amerikanischer Jazzmusiker interessanterweise für das Klassische hält, sich seinem Höhepunkt nähert, setzt mit der Rhythmusgruppe auch der simple Blues-Gedanke wieder ein, als wollte er fragen: »War was?«

Ehrlich ... einen scheinheiligeren Musiker als Erroll Garner habe ich noch nie erlebt. Er hatte nichts Faustisches an sich. Eher hatte er es faustdick hinter den Ohren.

D AVON VERSPÜRTE ICH EINEN HAUCH, als er mir irgendwann einmal bei einer Pressekonferenz am Stammtisch gegenübersaß, den Krug mit Bier in der Hand, die Nürnberger Bratwürste auf dem Zinnteller vor sich. Wenn er bei tiefschürfenden Reporterfragen sehr gesammelt und höflich zuhört, kann keiner so recht entscheiden, was da Ernst ist und was mal wieder diese Scheinheiligkeit. Was er denn von den ganz neuen Strömungen hält, fragt jemand, und der Meister meint, daß er leider, leider viel zu wenig Zeit habe, daß er vollkommen damit ausgelastet sei, unausgesetzt an sich selbst zu arbeiten, daß jedes Konzert für ihn eine neues Abenteuer sei. »Doch sicher«, räumt Erroll Garner ein, »ist alles hochinteressant, was diese jungen Menschen spielen.« Glatt kommt ihm das über die Lippe – und glauben tut es keiner.

Doch plötzlich geschieht etwas Überraschendes. Aus einer entfernten Ecke des Lokals tritt ein wildfremder Herr mittleren Alters an den Tisch. Er hat von seiner Ecke aus den Künstler gesehen und sich ein Herz gefaßt. Nun überwindet er seine Scheu und sagt: »Mr. Garner, Sie kennen mich natürlich nicht, aber ich muß Ihnen danken.«

Garner blinzelt erstaunt; er hatte doch noch keinen Ton gespielt. Der Herr erklärt: »Ich war einer der wenigen Glücklichen, die gleich nach dem Kriege einige Ihrer Platten besaßen. Da war ich eine große Attraktion, und nicht selten kamen die Mädchen nur deshalb mich besuchen, weil sie bei mir Ihre Musik hören wollten.«

Da grinste Garner und war nicht mehr nur höflich. Er war ganz bei der Sache und fragte: »Mensch, Alter, hast du noch das Buch mit den Adressen?«

Süddeutsche Zeitung, 16. Juni 1986

Benny Goodman nachgerufen

EIN MENSCH MIT BRÜCHEN, ein großer Schwieriger, ist er schon gewesen, dieser Herrscher auf dem Thron des Swing. Wohl konnte er die bedeutenden Musiker in seine Band holen. Lange halten konnte er sie nicht so oft, konnte sich – vielleicht absichtlich zerstreut – nie ihre Namen merken. Und allüberall gefürchtet war der sogenannte »Goodman Glare«. Mit eiskaltem, lähmendem Blick starrte der dann schon während des Konzertes durch seine Brillengläser den Musiker an, der zu schlecht, gelegentlich wohl auch zu gut gespielt hatte. Der konnte, noch während er spielte, im Geiste bereits die Koffer packen.

Vor dem Freiluft-Festival in Bad Segeberg – ist es drei, ist es vier Jahre her? – hatte mich der Schlagzeuger, immerhin Mel Lewis, gewarnt: »Du bist doch der Ansager. Stell auf keinen Fall die Musiker vor! Dann geht Benny sofort ab.« Den Rat konnte ich leicht befolgen. Dann allerdings machte ich einen Fehler. Ich hatte mich, ganz scheue Ehrfurcht und für das Publikum garantiert unsichtbar, auf die Bühne geschlichen, mir den finstersten Winkel ausgesucht. Da traf mich Goodmans Blick. Er machte überhaupt nichts. Er setzte nur die Klarinette ab und sah mich an. Ich rannte. Ein böser alter Mann hatte mich in die Flucht geschlagen.

Doch blasen konnte er noch ganz wunderschön, vor allem die lyrischen Balladen. ›Memories Of You‹ wurde zu einem anrührenden Moment von Rückschau, von Eingedenken. Doch fast noch mehr bewegt hat mich ein Lied, das eben nicht aus dem Jazz-Kästlein stammt, sondern aus der versinkenden Welt von Zirkus und jüdischem Vaudeville. Skurril, traurig und bei allem Selbstmitleid sehr tapfer ist dieser Song. Er heißt: ›Send In The Clowns‹.

Süddeutsche Zeitung, 15. Dezember 2001

Hexenmeister aus Harlem

Lionel Hampton – der Mann, der dem Vibraphon seinen Stammplatz im Jazz eroberte

MAN HAT IHN DEN LETZTEN HEXENMEISTER aus der alten Harlem-Kneipe genannt und darüber fast vergessen, daß Hexerei einem auch dann die Sinne vernebelt, wenn man Genaueres über die Anfänge dieses Jahrhundert-Lebens erfahren möchte. Vor Jahrzehnten ist Lionel Hampton der Erste gewesen, der ein Instrument namens »Vibraphon« in die Welt des Jazz eingemeindet hat. Das wissen die Geschichtsbücher. Seit Jahrzehnten lädt er seine Zuhörer zum kochenden ›Flyin' Home‹ mit derselben Überredungsmacht ein wie zu zarten Balladen wie ›Stardust‹. Das weiß die Erinnerung.

Nur: Wann genau ist dieser Musikant aller Musikanten auf unsere Welt gekommen? Die größte Chance hat der 12. April 1913. Auf ihn legen sich drei Verlage fest: Rororo, Mosaik und Knaur. Doch Reclam spricht von 1909, und dasselbe Jahr ist auch im Guinness Book ›Jazz A–Z‹ angegeben. Bleibt als Quelle das Munzinger Archiv. Da finden wir ein etwas heimtückisches Resümee. »1999 trug H. selbst zur Klärung bei und nannte 1914 als korrektes Datum.« Also, ich weiß nicht recht. Da will der gerade Sechzehnjährige 1930 im Plattenstudio von den ›Memories Of You‹ geträumt haben? Ich glaube lieber an das Datum, das Kritiker-Guru Mike Zwerin in der International Herald Tribune festlegt: 10. April 1908.

Eins ist jedenfalls gewiß: Hamptons Geburtsort ist Louisville im Staate Kentucky. Der Vater, der vor dem Ersten Weltkrieg als Entertainer sein Brot verdient hatte, ist schon sehr bald auf Nimmerwiedersehen verschwunden. Auch Mutter und Sohn machten sich bald auf die Reise, machten erst in Birmingham, dann in Chicago Station, wo der Junge bei den Großeltern aufwuchs.

Daß er Musiker werden wollte, ahnte er früh. Daß sein Instrument das Schlagzeug sein müßte, wußte er bald. Und so nahm er Unterricht, erlernte das Trommeln in Major N. Clark Smith's »Chicago Defender Newsboys Band«. Erste Erfolge in den Bands rund um Chicago ermutigten ihn, nach Kalifornien überzusiedeln. Da tummelte er sich in Gruppen mit so abenteuerlichen Namen wie »The Spikes' Brothers« oder »Paul Howards Quality Serenaders«. Doch bald schon wurde man auf ihn aufmerksam, ließ sich überwältigen von seinem Können, entwaffnen von so viel Temperament und Herzlichkeit. Das hatte Folgen: Schon Ende der zwanziger Jahre arbeitete er im renommierten Les-Hite-Orchester als Schlagzeuger, genauer: als Perkussionist. Aber das Vibraphon war immer dabei, stand damals allerdings noch etwas verloren zwischen Becken und Trommeln herum.

Und da geschah es. Hier, an der Westküste, begann Lionel Hamptons Karriere. Hier schrieb er sich zum ersten Mal in das Buch der Jazzgeschichte ein. Denn als der schon hochberühmte Louis Armstrong 1930 in Los Angeles gastierte und, wie überall, sofort ins Schallplattenstudio ging, ermunterte er den Trommler der Begleitkapelle, bei ›Memories Of You‹ doch mal Vibraphon zu spielen. So eroberte Hampton dem Instrument, bis dato eher im Zirkus und beim Varieté gebräuchlich, seinen Platz in der Jazz-Band. Und es gelang ihm per Handstreich, mit den ersten Schlägen des Schlegels.

Hampton selbst hat sehr viel später gesagt, dieser Wechsel vom Schlagzeug zum Vibraphon sei ganz generell »das Eingangstor zum elektronischen Zeitalter« gewesen. Sicher, in diesem Satz steckt ein gerüttelt Maß verschmitzter Selbstüberschätzung. So ganz an der Sache vorbei geht er aber nicht. Der Klang des Vibraphons hat das Instrumentarium des Jazz um einen Sound bereichert, hat das Miteinander von Bläsern und Rhythmusgruppe in eine ganz neue Farbe gehüllt, Mischungen zwischen dem Impressionistischen und dem Kantigen ermöglicht und Komponisten wie Arrangeure in die Finessen, die Abenteuer des Kammermusikalischen gelockt. Was da aus den Metallscheiben hervorgezaubert, herausgehauen wird, kann tröpfeln und stechen, cool beschwichtigen oder heiß in Rage bringen.

Hampton war gleich Feuer und Flamme für dieses »Schlaginstrument von zartem Glockenklang« (Knaurs Lexikon, 1972) und erkundete so enthusiasmiert wie pedantisch sofort die Möglichkeiten des neuen Klangkörpers. Er wurde fündig, und auf geheimnisvolle Weise fand er ohne Umwege gleich zu sich, zu einem Stil, der ganz sein eigen war und an dem er kaum etwas änderte. Noch im April 1971, bei einem Konzert in der Hamburger Musikhalle, konnte ich mich darüber freuen, »daß Hamptons Vibraphonsoli genauso stark und eigentlich auch immer noch durch dieselben Mittel wirken. Sie zündet auch heute, diese Mischung des Mathematischen und des Passionierten, mit der er die Bewegungsabläufe zu flirrenden Zweiunddreißigsteln beschleunigt. Sie schafft auch heute noch Spannung, diese Taktik, etüdenhafte Läufe, arabeskenhaft und streng diatonisch, plötzlich in leidenschaftliche Blue-Notes und körnige Kurzmotive münden zu lassen.«

So unverdrossen, so unverbraucht musizierte einer, der schon drei Jahrzehnte zuvor an einem der wichtigsten Kapitel der Jazzgeschichte mitgeschrieben hatte – und das handelte nicht nur von Musik. Es war auch ein positiver Beitrag zum nicht immer so schönen Thema Schwarz-Weiß. Denn als das Jahr 1936 kam, wurde aus dem Musiker-Geheimtip Hampton ein Weltstar. Benny Goodman hatte innerhalb seiner Big Band eine kleine Gruppe ins Leben gerufen ... ein Trio, eine dieser *bands within the band*. Eine riskante Sache ist das damals gewesen. Denn Goodman ließ an seiner Seite den weißen Schlagzeuger Gene Krupa und den schwarzen Pianisten Teddy Wilson spielen. 1936 erweiterte er dieses kochende, von seiner Klarinette angeführte Trio zum Quartett, holte Hampton dazu und konfrontiert das Publikum mit einer für die damaligen Zeiten ungeheuerlichen Provokation. Aber die Musik in Schwarz-Weiß überwand alle Rassenschranken.

Aber nicht sofort und nicht überall. Davon, daß sich bei aller Toleranz innerhalb der Kapelle immer auch Gruppen und Grüppchen bildeten, erzählt Johnny Guarnieri, ein weißer Swing-Pianist mit Vorfahren, die einst auf dem Kontinent Geigen bauten: »Ich bin wahrscheinlich besser als jeder andere in der Lage, Ihnen etwas über die Tage des Swing zu erzählen; denn ich bin wahrscheinlich der einzige, der je nüchtern war. Benny Goodman sagte mir, ich sei der schlechteste Pianist, den er je gehabt hätte. Aber dann kam immer Lionel Hampton zu mir und sagte: ›Laß dich nicht von Benny einschüchtern. Du bist gut, und du swingst.‹ Er war der einzige, der mit mir sprach, als ich in die Band kam.«

Na schön, das waren Interna. Schlimmer wurde es jedoch, wenn man *on the road* war, weil die Tourneen ja oft auch durch den Süden führten. Lionel Hampton war dabei nie so menschenverachtenden Entwürdi-

Lionel Hampton

gungen ausgesetzt wie Billie Holiday in ebendiesen Dreißigerjahren. Doch irgendwo brodelte es immer. Benny Goodman erinnert sich: »Es war im Sommer 1937. Wir hatten den Film ›Hollywood Hotel‹ abgedreht und wollten vor unserer Heimreise in den Osten noch einen kleinen, aber einträglichen Abstecher in den Süden machen. Irgendwo im Südwesten war ein Jahrmarkt oder eine Messe. Es geschah am dritten Abend. Wir hatten gerade eine Serie mit dem Quartett beendet, und einer der Gäste dachte seine Anerkennung dadurch auszudrücken, daß er Lionel Champagner nach hinten in die Garderobe bringen ließ. Als der Kellner beim Bühneneingang ankam, hielt ihn einer von diesen Polizisten an und sagte: ›Für wen ist das?‹ Der Kellner antwortete: ›Für Mister Hampton.‹ Da brüllte dieser Typ: ›Halt's Maul, verdammt noch mal, und quatsch nicht so kariert‹, streckte seinen Arm aus und schlug dem Kellner das Tablett mit den Gläsern, dem Eis und dem Champagner aus der Hand.«

Goodman griff sofort ein, hatte als »King of Swing« längst die Macht wie die Möglichkeit, für Ordnung, für Gerechtigkeit zu sorgen ... und als er im Jahr darauf den Zenit seiner Karriere erklommen, als Finsterling aus der Unterwelt des Jazz im noblen Ambiente der Carnegie Hall musizieren durfte, war auch »Hamp« mit von der glamourösen Partie. Wieder spielte er die Evergreens aus jenen Tagen, ›Moonglow‹ und ›Dinah‹, ›The Man I Love‹ und ›Avalon‹, nicht zu vergessen das tumultuöse ›Stompin' At The Savoy‹. Doch irgendwie ging an diesem Abend, an diesem 16. Januar 1938, auch etwas zu Ende. Vom Riesenerfolg in der Carnegie Hall war es für Hampton nur ein winziger Schritt in die Selbständigkeit. Er löste sich von König Goodman und wurde sein eigener Herr.

Er hat nicht gekleckert. Er hat gleich geklotzt, hochbegabte und spielwütige Nachwuchstalente angeheuert und mit dieser – vor Vitalität nur so krachenden – Big Band schon 1941 eine Hit-Rakete in den Saal geschickt. ›Flyin' Home‹ hieß das Stück, brachte der Kapelle die erste Einladung ins Weiße Haus ein und ist ein Dauerbrenner im Repertoire geblieben – und das lag nicht nur an Hampton selbst. Mitverantwortlich ist auch dieser heiß-heisere Einstieg des Tenorsaxophonisten Illinois Jacquet, der längst zum Topos geworden ist, wie im traditionellen Jazz der befreit aufjubelnde Beginn des Klarinettensolos in ›High Society‹.

Gelegentlich ging Lionel Hampton nochmal mit kleineren Gruppen ins Studio, präsentierte sich an der Seite Nat King Coles im ›Central Avenue Breakdown‹ als Zweifingerpianist von klirrender Präsenz und

hatte auch keine Angst vor der heraufdämmernden Moderne, als er in
›Hot Mallets‹ an der Seite Dizzy Gillespies die Schlegel schwang.

Das Studio blieb sein zweiter, dem Intimen vorbehaltener Wohnsitz.
Seine eigentliche Wirkungsstätte wurden dann allerdings bald Säle, Hal-
len, Arenen. Hier blieb er bei einem genau kalkulierten Wechsel von
Ruhe und Sturm, von Balladen wie dem stets neu überdachten ›Stardust‹ und Fetzern wie ›Air Mail Special‹ und ›Hamp's Boogie Woogie‹.
Vom Publikum immer wieder gern genommen wurde auch ›Hey-Ba-Ba-
Rebop‹, eine Mitsing- und Mitklatsch-Nummer aus dem schwarzen
Musikantenstadl. Die Silbe »Bop« im Titel des Songs zeigt, daß Hampton bei aller Konsequenz, mit der er seinen Weg ging, nie der Anwalt
irgendeiner »guten alten Zeit«, sondern immer ein Mann seiner Gegenwart gewesen ist.

Als ihm und dem jüngeren Teil seines Publikums der traditionelle
Swing-Sound etwas zu fad wurde, wandte er sich den afro-amerikanischen »Roots« seiner Musik zu, dem verschärft groovenden, entschieden
Carnegie-Hall-fernen »Rhythm And Blues«. Nun konnte Hampton all
seine Talente als Entertainer, will sagen: als rabenschwarzer Hexenmeister, entfalten. Er zog mit der Kapelle durch den Saal und sprang in Momenten der Ekstase gern auf die höchste aller erreichbaren Trommeln
(die allerdings im Laufe der Zeit von Jahr zu Jahr ein wenig niedriger
wurde). Mit diesen feurig festen Ritualen reiste er rund um den Globus,
und als die Truppe in den Fünfzigerjahren zu uns nach Deutschland
kam, gab es Tumulte und berstendes Gestühl wie später bei Bill Haley.

Lang, lang ist's her. Lieber denke ich an Eutin, an ein Hampton-Kon-
zert in der ›Freischütz‹-Freilichtbühne am See. Der Meister kam 1979 mit
einer kleineren, durch die Posaunisten Curtis Fuller und Kai Winding
allerdings hochkarätig besetzten Gruppe. Das waren die Tage, als Mo-
deratoren noch Ansager hießen, und als ich fragte, mit welchen Worten
ich ihn denn ankündigen sollte, meinte Hampton: »Sag, was du willst.
Hauptsache, du bringst die Worte ›Ambassador of Jazz‹ unter.«

Ein paar Minuten später nahm mich Knut Kiesewetter, damals
Nordfrieslands Ray Charles, beiseite und schärfte mir ein: »Paß ja auf,
daß du seinen Namen erst zum Schluß deiner Ansage aussprichst. Wenn
er ›Lionel Hampton‹ hört, stürzt er sofort auf die Bühne, und du kannst
den Rest deines schlauen Textes vergessen.«

Alles klappte. Nach den Konzert war im Festzelt noch eine Jam Session anberaumt. Man kennt das. Lionel Hampton hatte aus Höflichkeit
zwei Stücke einer Kieler Oldtime-Kapelle mitgetrommelt. Er war müde,

87

war schon halb im Aufbruch. Da drehte er sich plötzlich zur Bühne, scheuchte mit einer Handbewegung die Autogrammjäger beiseite und riß weit die Augen auf. Axel Zwingenberger aus Hamburg hatte sich nämlich inzwischen auf die verwaiste Bühne und ans Klavier gesetzt. Der ›Honky Tonk Train Blues‹ von Meade Lux Lewis klang auf. Nur ein paar Takte, und Lionel Hampton hielt es nicht länger an seinem Tisch. Er stürzte aufs Podium, griff sich zwei Trommelstöcke, und die heißeste Boogie-Woogie-Session war im Gange.

Es war nicht die Carnegie Hall 1938, sondern Eutin 1979. Doch immer noch fiel es leicht, eine so ungezwungene Begegnung von Schwarz und Weiß, Alt und Jung als Botschaft zu verstehen. Kein bißchen Staub auf dem Stardust.

Süddeutsche Zeitung, 21. September 1984

Große Musik als Konterbande

Nicht mehr nur swingender Weltmann: Gedanken zu Duke Ellington, zehn Jahre nach seinem Tod

THINGS AIN'T WHAT THEY USED TO BE nennt sich ein immer noch heiß bouncender Blues aus dem Jahre 1941, und jeder Swingfreund, der ihn hört, kann nicht anders: Er muß an den Namen des Mannes denken, der in diesem Jahr zehn Jahre tot ist; an Duke Ellington.

»Nichts ist mehr so, wie es früher mal war« ... dieser Stoßseufzer gilt nicht nur für die Epoche, in der Duke Ellington großgeworden ist und die ihn geformt hat; für die Tage des Cotton Clubs in Harlem, als in den zwanziger Jahren schwarze Musiker den weißen Touristen eine ach so aparte *négritude* auftischten. Die Worte beschreiben auch nicht mehr etwas nur Nostalgisches, weil sie doch auf eine unwiederbringliche Zeit deuten, in der Jazz und populäre Musik noch bruchlos miteinander identisch waren. Nein, verändert hat sich nun, im nachhinein, auch das Bild des Meisters selbst. Die glatte Fassade des Weltmanns hat Risse bekommen. Das Gesicht eines Schwierigen ist zu erkennen. Die swingende Eleganz und souveräne Beherrschung des Metiers sind nur die eine Seite Duke Ellingtons gewesen. Das wird jetzt, zehn Jahre nach seinem Tod, immer deutlicher, und vor allem deshalb ist nichts mehr, was und wie es mal gewesen ist.

Voll von Abgründen und Rätseln steckt der Mann, und fast so aufregend wie seine musikalische Leistung mutet uns inzwischen die Konsequenz an, mit der er die dunkleren Seiten seines Wesens verborgen hielt, um vom Moloch Show-Business nicht verschlungen zu werden. Na schön, er war eitel und bekannt dafür, daß er sich nach der Pause umzog, in atemberaubende Kreationen hüllte. Aber diese Selbststilisierung – halb Genie, halb Friseur – war auch Teil einer Politik. Sie ermöglichte es ihm, zu überleben, sein *famous orchestra* über Jahrzehnte,

über Weltwirtschaftskrise, die Alleinherrschaft der Avantgarde, über Twist und was dann kam, zusammenzuhalten, vor allem jedoch: immer wieder große Musik als Konterbande in den Saal zu schmuggeln.

Ein bildverliebter Geschichtenerzähler ist er gewesen; das, was man im nobleren, stets kreolisch angehauchten Teil der Jazzwelt einen *raconteur* zu nennen pflegte. Dabei hat er es faustdick hinter den Ohren. Trockenen Tons erzählt er Anfang der vierziger Jahre, wie sich seine Band ein neues Stück erarbeitet. »Oft entstehen die Stücke in Gemeinschaftsarbeit. Vielleicht kommt einer aus der Band mit einer Idee. Schließlich kommen noch die Saxophone geschlossen angerückt und möchten ein paar Jaul-Effekte für ihren Satz haben.«

In derselben kollektiven Arbeitsweise sollen ja auch in den Anfangstagen der Basie-Band die Stücke entstanden sein, und wie anders klingt doch das Ergebnis. Da stimmt etwas nicht. Natürlich hat Ellington wohl kaum bewußt gelogen. So ähnlich wird es schon gewesen sein. Aber der Meister hat seinen Löwenanteil verschleiert und gewissermaßen ins Demokratische herunterstilisiert, hat untertrieben, um nur ja in dieser Welt von Talmi und Glamour niemanden merken zu lassen, wie bewußt und reflektierend er arbeitet.

Sich von den Saxophonen etwas vorspielen zu lassen und das dann abzusegnen ... solche Harmlosigkeiten sind wohl kaum die Sache eines Mannes, der nie nur so Stücke schreibt, sondern immer genau konturierte Porträts entwirft. Auch das Vage nimmt Gestalt an. In ›Misty Morning‹ von 1928 wallt wirklich der Nebel.

1928 ... so früh also schon ist alles da, gibt es die gebrochenen Farben, das Malerische nicht nur im Sinne impressionistischer Weichzeichnung, sondern eben auch als konkretes Konterfei von Menschen und Orten. Oft schon ist festgestellt worden und darf doch nicht vergessen werden: Duke Ellington ist der erste Musiker des Jazz gewesen, in dessen Werk der Name einer Komposition nicht Schall und Rauch ist, statt nach dieser Kneipe genausogut nach jener Straße hätte betitelt werden können. Kein Stück heißt da wie bei Count Basie ›One O'Clock Jump‹, nur weil im Studio der Uhrzeiger auf die Eins losging und weil man für die Live-Übertragung im Rundfunk schnell noch einen Titel brauchte. Solche Zufälle und läßlichen Beliebigkeiten scheidet Ellington aus. Eine ganz bestimmte Farbe ist bei ihm gemeint, nicht einfach nur Blau, son-

dern Indigo, und wird schon durch die Benennung sprachmächtig
heraufbeschworen, ehe sie dann in Klang umgesetzt, zu ›Mood Indigo‹
wird.

Zu seinem swingenden Stimmungsbild ›Harlem Air Shaft‹ meint
Ellington: »Es passiert ja so viel in einem Luftschacht in Harlem. Man
hat das ganze Aroma von Harlem zusammen ... voll von Düften und voll
von Klängen. Man hört Leute, die sich prügeln. Man hört Leute, die sich
lieben. Irgendwo hopsen Jitterbug-Tänzer quer durchs Zimmer. Immer
über einem, nie unter einem. Das ist das Komische an Leuten, die
Jitterbug tanzen: Sie tun das immer über dir.«

»Voll von Düften und voll von Klängen«, da benennt einer nicht nur
die spezifische Aura dieses einen Dreiminutenstücks. Da bringt einer
scheinbar spielerisch und fabulierend auf den Begriff, was ihm wichtig
ist: Düfte, Farben, auch Bilder, ... nicht zuletzt die, die man sich von ihm
macht.

Noch sehe ich ihn vor mir, diesen Herzog im Reiche des Jazz, wie er
in den fünfziger, sechziger Jahren hinter das Mikrophon trat und einen
kleinen Scherz machte, den er gern wiederholte, den er jahrzehntelang
wiederholte. Mit unnachahmlicher Grandezza zeigte er auf den leeren
Klaviersessel und sagte: »Und jetzt, meine Damen und Herren, möchte
ich Ihnen den Pianisten der Kapelle vorstellen.« Ein paar Takte Rhythmus, ein paar wiegende Schritte an der Rampe entlang zum Flügel, und
schon lernten wir ihn kennen, den Pianisten des Orchesters Duke
Ellington.

Jahrelang hatte man diesen Pianisten unterschätzt, und er selbst war
schuld daran. Allzu oft hatte er das schöne Bonmot wiederholt: »Mein
Instrument ist nicht das Klavier. Ich spiele Orchester.« Eine brillante
Formulierung ist das gewesen; natürlich auch keine ganz falsche. Aber
sie hat doch vom Können, von der Bedeutung des Mannes am Klavier
abgelenkt. Der war in den letzten Jahren seines Lebens, einer Art zwei-
tem Klavier-Frühling, noch einmal richtig abenteuerlustig geworden.

Ende der fünfziger, Anfang der sechziger Jahre enthüllte er plötzlich
pianistische Dimensionen, die man vorher kaum ahnen konnte. Plötzlich war da ein Ingrimm, der keine Spur von Konzilianz oder Liebenswürdigkeit kennt. Ein Salonlöwe zeigt überraschend die Krallen, die
Pranke. Man will ja nichts dämonisieren. Doch eines lehrt der Blick zurück nach zehn Jahren: Als Pianist zeigt der alte Ellington sein wahres
Gesicht oder doch eins seiner wahren Gesichter.

Es ist, als habe er alle Masken des Show-Business abgestreift und in die Ecke gefeuert. Einsamkeiten, auch Grausamkeiten werden spürbar. So viel Zorn steckt in dem, wie man glaubt, Prototyp des geschleckten Gentleman, daß er sich 1962 mit den zornigsten, selbstbewußtesten Vertretern der schwarzen Avantgarde verbündete: mit dem Bassisten Charles Mingus und dem Trommler Max Roach. Als er sich an der Seite dieser damals jungen Wilden in den ›Money Jungle‹ vorwagte, fiel alle Eleganz wie Schminke von diesem Antlitz. Wir erleben den Augenblick der Wahrheit in all seinen Agonien, Depressionen und einem Zorn, der nur noch um sich schlägt. In diesem rabiat polyphonen Trio-Konzept bereitet Ellington das Konzept einer militanten Gleichberechtigung aller Instrumente keine Schwierigkeiten. Er webt mit am bösen Muster dieser Musik, als habe er nie etwas anderes getan.

Haltbar ist dieses Muster. Doch die Farben changieren im Laufe der Jahre. Heute ist hier nicht mehr so sehr die Wut zu erkennen, sondern viel mehr noch der Durst nach Freiheit, die Kraft und der Stolz eines Mannes, der hier, in diesen Augenblicken vor den schwarzen und weißen Tasten, auf jede Anpassung pfeift.

Süddeutsche Zeitung, 29. April 1999

Der ganze Duke ist Bühne

Wie der Zauberer Ellington dem Magier Shakespeare huldigte

E S IST NOCH GAR NICHT LANGE HER, da fuhr ich mit Freunden von Florida aus die amerikanische Ostküste hoch, und als wir irgendwo zwischen Charleston und den Outer Banks nobel Fisch essen wollten, bediente uns ein Kellner, der sehr jung war, sehr schwarz, und man erkannte schnell die ungebrochen afrikanischen Gesichtszüge des Südens. Daß seine ausgepichte Höflichkeit, gekleidet in vorbildliche Manieren, etwas mit Stolz, ja Ironie, sogar Verachtung zu tun haben könnte, witterte ich schnell. Er merkte noch schneller, daß ich es gemerkt hatte. Wir lächelten beide.

Auch nach dem Verlassen von Onkel Toms Hütte muß der Schwarze dem weißen Mann noch etwas vormachen, die Rolle des immer noch Unterwürfigen, Beflissenen spielen, und auch Duke Ellington, am 29. April 1899 in Washington geboren, war nicht nur der geniale Musiker, der unser Jahrhundert eröffnete und prägte. Er ist zeitlebens auch ein Mensch mit vielen Masken gewesen ... mußte es werden, weil das Show Business gnadenlos den bestraft, der ein selbstgeschaffenes Image mutwillig lädiert.

So erinnern sich die, die ihn noch im Konzert erlebt haben, an ein vom Dasein gezeichnetes Knautschgesicht, an den Dandy, der – altes Entertainment-Gesetz! – nach der Pause in noch eleganteren Glitzerklamotten auf die Bühne zurückkehrte, und an die gurrende Präsenz der Stimme, die das »I love you madly«, immer wieder ans Publikum gerichtet, zu einem Ritual von urbaner Magie machte. Da war er ganz Glätte und Oberfläche und ließ nur gelegentlich ahnen, daß er mit der Suite ›Black, Brown and Beige‹ ja eine erste, rigorose Aufarbeitung der afro-amerikanischen Musik geleistet hat. In Ellington lebten vielerlei Gestalten, wie Shakespeare beinahe gesagt hätte: Er ganze Duke ist Bühne.

Wenn im ›Sommernachtstraum‹ die Liebenden wieder zu sich kommen, ist die Hofgesellschaft im Wald erschienen, blasen die Jagdhörner und die Fürstin meint: »Nie habe ich eine so wohlklingende Dissonanz gehört, so süßen Donner.«

Und genauso, nämlich ›Such Sweet Thunder‹, hat Ellington seine Huldigung an Shakespeare genannt: eine Suite in zwölf Sätzen, die zu den originellsten Schöpfungen des Duke gehört, aber in Vergessenheit geraten, weil aus dem Verkehr gezogen war. Jahrelang streiften die Besitzer der alten LP durch die Randgebiete von Boston und New Orleans, in der Hoffnung, eine waghalsige Firma in Japan hätte endlich die CD gepreßt. Nun ist aus dem Nichtsein wieder Sein geworden. Zum Hundertsten darf der süße Donner von der Silberscheibe klingen.

Alles begann, wie so oft, nicht mit der Inspiration, sondern mit einem Auftrag. Dieser kam aus dem Ort Stratford, der in unserem Fall nicht in England und am Avon liegt, sondern in Kanada und in der Provinz Ontario. Auch da gibt es ein Shakespeare-Theater, und 1957 bat die rührige Direktion Ellington, ihr etwas Passendes, Festliches zu schreiben. Der Duke in seiner Autobiographie: »Alle gaben uns sofort das Gefühl, dazuzugehören, und die begeisterte Aufnahme durch das Publikum ließ uns allen warm ums Herz werden. Doch am meisten waren es die Dramen von Shakespeare selbst, die Billy Strayhorn und mich inspirierten.«

Man kann das begreifen. Denn die Jazzleute fanden in Shakespeare keinen fernen Klassiker, sondern einen Seelenverwandten, der uns im ›Kaufmann von Venedig‹ schon mal mitgeteilt hat, daß er keinem Menschen über den Weg traut, »der nicht Musik hat in sich selbst« .

Natürlich erobert sich Ellington den Kosmos Shakespeares nicht auf dem Wege des Historischen. Er nähert sich den Bühnenfiguren als der bildende Künstler, der er ja auch war. Er zeichnet Porträts, wie er es schon immer getan hat. Häufig schon hatte er die Mitglieder seiner Band skizziert. Nun sind eben die Geschöpfe Shakespeares an der Reihe. Das Verfahren bleibt sich gleich, ob nun Cootie Williams 1940 das ›Concerto For Cootie‹ bläst oder ob Cat Anderson 1957 als Hamlet nach den höchsten Sternen greift ... in beiden Fällen entsteht das Porträt eines Trompeters, herrisch, heiß und ein bißchen überkandidelt.

Einmal ist Ellington bei der Klassikerlektüre auf eine Art fündig geworden, die Shakespeare ganz konkret zum *soul brother* macht. Er hat im Waldboden des ›Sommernachtstraums‹ gegraben und afro-amerikanische Wurzeln gefunden. Wenn wir den Lehrbüchern glauben dürfen – und das tun wir in diesem Falle gern – gewinnt afro-amerikanische Musik ihre Eigenart ja durch das Ineinander des Vokalen und des Instrumentalen.

Da ist nun Puck, der Poltergeist, bei Nacht unterwegs, folgt den Liebenden, »Up and Down, Up and Down« durch das Gestrüpp der Sträucher und der Seelen. und kommt zu dem Ergebnis »Oh, what fools these mortals are«. Und wenn Clark Terry mit seiner Trompete einsteigt, glaubt man genau diese Worte zu hören ... nur ein Break aus sieben Silben, aber eine clownesk verknautschte Weisheit von Shakespeares Gnaden.

Kein Zweifel: Den Kobold konnte der Duke eins zu eins besetzen. Wer eine so unendliche Anzahl von Jahren mit ein und derselben Mannschaft *on the road* ist, fühlt sich eines Tages wie ein Intendant. Er kennt seine Pappenheimer: die Primadonnen wie den Altsaxophonisten Johnny Hodges, die Kurwenal-treuen Ensemble-Mitglieder wie den Baritonsaxophonisten Harry Carney und die Publikumsknaller hinter den Trommeln.

Der Pianist Ellington sah sich in der Rolle der Lady Macbeth. Er widmet ihr einen sehr ausgeschlafenen Soul-Walzer. Der hat es in sich.

Ein doppeltes Gesicht wird da gezeichnet, rätselhaft und aufschlußreich; rätselhaft, weil schwer auszumachen ist, welche zerstörerischen Kräfte hinter der Fassade einer Frau von Welt wohnen, aufschlußreich, weil sich Ellington nur hier dem nähert, was er sich in dem Kontext sonst verbietet: dem kaum verschlüsselten Selbstporträt.

Mit spitzen Fingern porträtiert der Klavierspieler die mordlustige Dame. Schließlich weiß er von ihr: »There was a little ragtime in her soul.«

Süddeutsche Zeitung, 4. September 2000

Der Hauch des Lebens swingt nicht mit

Musikfest Bremen: Jessye Norman singt zur Eröffnung
geistliche Lieder von Duke Ellington

E IN KONZERT BRAUCHT EINEN SAAL. Ein Event braucht eine Lo-
cation. Das »Musikfest Bremen 2000« öffnete seine Türen weit
außerhalb der Stadt. Genaugenommen waren es Tore. Denn die Gala-
Premiere fand statt auf dem Gelände der ASL-Werft, und wer die Ab-
kürzung als »Aircraft Services Lemwerder« entschlüsselt hat, weiß, daß
es sich hier nicht um Schiffe, sondern um Flugzeuge geht.

Eine Vier-Propeller-Maschine steht auf dem Platz vor den Riesenhallen, in denen viel Metall, reparaturbedürftig oder im Werden, versucht, diese so heiß geliebte Poesie des spätindustriellen Zeitalters her-
beizuzaubern. Unten fließt die Weser vorbei. Viele kommen mit der
Fähre. Denn Lemwerder liegt an der Grenze von Bremen und Nieder-
sachsen. So verdoppelt sich die Prominenz aus Politik, Wirtschaft und
Kultur. Sie alle sind gekommen, um zu erleben, um dabeizusein, wenn
Jessye Norman, die schwarze Diva, geistliche Lieder des Jazzmenschen
Duke Ellington singt.

Doch erst einmal müssen alle warten, und man findet die Muße, über
Duke Ellington nachzusinnen, der ja schon 1943, für ein Konzert in der
Carnegie Hall, die Suite ›Black, Brown & Beige‹ geschrieben hat; ein
großangelegtes Werk, in dem sich, musikalisch wie gesellschaftlich, afro-
amerikanische Entwicklungen spiegeln, und das im langsamen ›Come
Sunday‹ eine spiritualähnliche Melodie umfaßt.

An den altersweisen, auch schon etwas altersmürben Duke muß ich
denken, der 1965 in San Francisco das erste seiner »Sacred Concerts«
aufführte. Doch als nach einer halben Stunde verkündet wird, wir müß-
ten noch die Ankunft von zwei Fähren abwarten, werden meine Gedanken etwas weltlicher. Mir fällt die Berlinerin ein, die mir kürzlich eine
Geschichte aus den Anfangstagen der damals schon recht stattlichen

97

Jessye Norman erzählte: Wie sie als Figaro-Gräfin neben der Susanne von Edith Mathis im vierten Akt fast von der Bühne gelacht worden wäre, weil kein Park so nächtlich, kein Graf so besoffen sein kann, daß man die beiden verwechselt.

Es zog sich. Warum nicht das begleitende Jazz-Ensemble, gewissermaßen als werkimmanente Vorgruppe, auf die Bühne schicken? ›Take The A-Train‹ würde gut passen. Auch, als Vorgeschmack auf die Sängerin, ›Satin Doll‹.

Endlich wurde es dunkel. Auf der Bühne versammelte sich eine zehnköpfige Jazztruppe mit dem Schlagzeuger Grady Tate, dem Bassisten Ira Coleman und dem Trompeter Mike Lovat hoch achtbar besetzt. Dazu kam das Glinka-Streichquartett aus Rußland und der »London Adventist Gospel Choir«, bestehend aus einem Dutzend Sängern: Frauen und Männer in kirchlichem, aber auch fließendem Gewand.

Und dann kam sie. Nicht gleich *in persona*, sondern zunächst verheißungsvoll aus dem Off. Vom tanzenden David war da in wohllautenden Melismen die Rede. Doch da sollte es sich vorerst um leere Versprechungen handeln. Kein swingender Lebenshauch beflügelte die Andacht. Alles blieb leise, trat auf der Stelle und wurde dadurch etwas lahm. Es dauerte eine geraume Weile, bis ich herausfand, warum ich so ungeduldig wurde.

Daß Jessye Norman keine Jazzsängerin ist, weiß die Welt. Auf den geistlichen Gefilden der schwarzen Musik kann man sie sich schon eher vorstellen. Daß aber die Gospelmusik, in Phrasierung und Intonation nur zwei, drei Häuserblocks entfernt vom Sound aus der Jazzkneipe, sie, die klassisch ausgebildete Sängerin, mit großen Problemen des Eintauchens, der Anverwandlung konfrontieren würde, muß sie gemerkt haben.

Also mogelte sie. Sie tat das hoheitsvoll, mit bühnenfüllender Würde und ganz das Ebenbild einer dunklen Göttin. Aber sie mogelte. Ernsthaft und großbögig ausgesungen, vokal gestaltet hat sie nur die lyrisch introvertierten Stücke, bei denen sie sich vom Solo-Klavier, vom Streichquartett, manchmal auch vom Chor begleiten ließ, also von den Klanggruppen, die dem klassisch grundierten Timbre, der garantiert swingfreien Auffassung von Rhythmus nichts anhaben konnten. Da war sie auf sicherem Terrain. Die kleine Bigband saß über weite Strecken auf der Bühne rum wie Falschgeld … Arbeitslose im TV-Scheinwerferlicht.

Dabei hatte die Norman ganz wunderschön lyrische, manchmal fast private Momente, wenn sie die ersten sechs Töne von ›In The Beginning

God‹ zu einer glaubensgewissen Hymne steigerte. Da eroberte sie durch Magie die Halle, siegte ihr Charisma. Dann aber ließ sie sich nur von Mark Markham, ihrem Hauspianisten, begleiten, und die Katastrophe war da. Wo Ellington mit sperrigen Akkorden, spitzfingrigen Zersplitterungen des Materials der Gospelwelt das vielleicht allzu Heile und Helle nahm, auch die Melodielinie vor der Sentimentalität schützte, drückt Markham nur schlappe Akkorde in die Tasten, watet durch schwammige Arpeggien. Dabei swingt er wie die sehr späte Elly Ney.

Plötzlich spielt die Kapelle den ›C-Jam Blues‹ von Ellington, und alle vergessen den Hall in der Halle. Auch Jessye Norman, die bei so manchem Stück heiter und – vor allem – still vor einer der Gruppen gesessen hat, ist nun ganz bei der Sache, und auf den beiden Riesenleinwänden links und rechts von der Bühne – Gospel ist Pop! – sieht man, wie bei dem Wort »God« im Mund der Künstlerin das Zäpfchen wackelt. Jubel! Zugaben!

Dann war da noch eine Tänzerin. Nun aber schnell auf die Fähre.

Süddeutsche Zeitung, Juli/August 1973

Route 66 – Straße mit Variationen

*If you ever plan
to motor west,
travel my way
take the highway
that's the best.
Get your kicks
on Route 66.
(Nat King Cole, auch Mick Jagger)*

TONIGHT: THE SIEGEL-SCHWALL-BLUES-BAND: Diese Mitteilung auf dem Pappschild hatte etwas Ermutigendes, und ein wenig Mut hatten wir auch nötig, zu Beginn dieser Reise quer durch den Kontinent und nach einer zweistündigen Odyssee quer durch Chicago.

Am Abend vorher waren wir angekommen, gleich am Flughafen in den schon zuhause georderten Mietwagen gefallen, und als wir etwas herumtelephoniert hatten, wußten wir, daß am Mittwoch wohl nur im »Quiet Knight« musikalisch was los sein würde. »About 900 West on Belmont« hatte man uns gesagt, und damit läßt sich am ersten Tag ja noch nicht viel anfangen. Die Gegend wurde öder. Ein verfallener U-Bahnhof. Schmuddelkneipen; dann – wir sind dreimal dran vorbeigefahren – die schmale Sperrholztür ohne Neonlicht, sogar ohne Namensschild.

Die erste Überraschung: Es ging nicht hinab, sondern hinauf und zwar keine enge Stiege, sondern eine Treppe, die sich zu einem Vorplatz erweiterte. Reste bürgerlicher Pracht hatten sich erhalten, als wären einem einst feudalen Club die Mittel ausgegangen. Ein kleiner Raum für die Bar: Wer in den großen Raum will, muß einen Verzehrbon kaufen. Doch der ist billig und gut für zwei Gläser Bier. An den Tischen sitzen Leute, die man zu kennen scheint, so ähnlich sind sie dem Publikum, das auch in Hamburg in solchen Lokalen solche Musik hört. Schnell fühlen wir uns zu Hause, und das liegt am Laden, das liegt aber auch an der Musik.

Denn auf der letzten Schallplatte, die ich mir in Deutschland aufgelegt hatte, spielten Siegel und Schwall ihre Blues-Musik. Das erste, was ich nun live in Chicago hörte, war Blues-Musik von Siegel und Schwall. Wer vorhat, fünf Wochen lang mit dem Auto einen Kontinent zu durchqueren, kann aus diesem Zusammentreffen schon einigen tröstlichen Honig saugen.

Die Jungs sind Experten; haben ja in ihrer Heimatstadt die Botschaft direkt von den alten Barden wie Muddy Waters und Howling Wolf empfangen. Fast zehn Jahre ist das her, und so gehören sie inzwischen schon zur ersten Generation der bluesversessenen Weißen, die sich die Sprache der schwarzen Musik zu eigen gemacht haben und wie selbstverständlich über ihre Syntax verfügen. Mit Corky Siegel, dem Mundharmonikaspieler und Kontaktmann der Gruppe, kommt man leicht ins Gespräch. Ach, aus Hamburg, staunt er glaubwürdig interessiert und weiß dann sehr genau, auf welchem Schallplattenetikett und wann seine letzte LP in Deutschland erschienen ist. Sehr leise, sehr artikuliert äußert er sich, und man merkt einmal wieder, wie viele dieser Blues-Musikanten weißer Hautfarbe aus gutbürgerlichen, oft jüdischen Familien stammen, wie sehr sie wohl auch den Kontrast zwischen ihrer wohlerzogenen Bescheidenheit und dem rabiaten Duktus ihrer Musik genießen. Denn die Gruppe heizt ein; kann auch auf ein Publikum zählen, das kenntnisreich Feuer fängt. Hier klatscht keiner mit teutonischer Dickhäutigkeit auf die schweren Taktteile 1 und 3 ein. Hier wird der Rhythmus auf 2 und 4 geliftet. Hier haben die Hände Pause bei den Breaks, hier kommt das anfeuernde »yeah« genau an der richtigen Stelle.

Und hier habe ich zum erstenmal – und das selbst bei einem so ungezwungen kameradschaftlichen Verhältnis zwischen oben und unten wie in diesem Laden – Gelegenheit, die Professionalität amerikanischer Profis zu bewundern. Wie Corky die einzelnen Serien aufbaut, weiß, wann er den Leuten einen traurigen, langsamen Blues zumuten kann, wann wieder was Lebhafteres fällig ist. Wie er auf Wünsche eingeht und wie sicher er sie auf die nächste Serie vertagt, wenn sie nicht in die Stimmung passen – Hut ab, da kann man nur lernen.

Während er das Lied von der Bienenkönigin, einen Blues von schöner Eindeutigkeit in den erotischen Anspielungen und daher sehr stür-

101

misch von einer Gruppe vorn rechts immer wieder gefordert, in den Raum balzt, sehe ich mir die Vorankündigungen an den Wänden an. Mary Clayton, Larry Coryell, Kris Kristoffersen und natürlich all die schwarzen Blues-Musiker aus Chicago sind ständige Gäste im Quiet Knight. Da läßt sich's gut sein.

»Jetzt heißt es hier King Street«, sagt mir am nächsten Tag Studs Terkel, Big-City-Chronist, Bluesfreund und Chicagoer aus Leidenschaft, als er uns durch die Southside führt, und seine Frau fügt hinzu: »Früher war es der South Parkway. In den vierziger Jahren waren wir hier oft, vor allem im Grand Terrace Cafe. Da spielte Earl Hines und vor allem: Da sang Billie Holiday. Sie haben jetzt ja gerade einen Film über ihr Leben gemacht. Diana Ross singt und spielt die Hauptrolle. Gut und schön, aber ich habe sie noch selbst erlebt. Unvergeßlich ist ja nicht nur ihr Gesang, sondern auch die delikate Sinnlichkeit, mit der sie sich bewegt, das Spiel der Hände, die weiße Gardenie im Haar.«

Wir haben das Universitätsviertel hinter uns gelassen, die eindrucksvollen, architektonisch so wegweisenden Gebäude, die großen Gärten mit den Bäumen, und da ist es auf einmal.

Ich sehe nichts Neues, ich sehe es nur zum erstenmal mit eigenen Augen: Die leergebrannten Häuser, die endlosen Reihen der schon nicht mehr ganz neuen *housing projects*, plötzlich das Rumpelpflaster hinter der Straße, die wie eine Grenze die Stadt zerschneidet. Und nicht die Tatsache, daß ich plötzlich nur noch schwarze Menschen sehe, macht auf mich einen so beängstigenden Eindruck, sondern daß es so viele sind, daß man Kilometer um Kilometer, Block um Block fährt, und immer noch sitzen sie auf den Stufen, immer noch trainieren die Kinder hinter hohen Gittern Baseball; halb noch aus Spieltrieb, halb schon mit dem Ehrgeiz, es auf diesem Feld eines Tages zu schaffen.

Straßenbanden wie die Blackstone Rangers haben durch Wandinschriften die Grenzen ihrer Machtbereiche markiert.

Verloren stehen die kleinen Kirchen, oft nur wie in Harlem die umgebauten Vorderzimmer wackeliger alter Ladengeschäfte, vorn am Straßenrand, während dahinter Betonklötze genauso trist darüber Auskunft geben, wie schwierig es ist, bei der Sanierung von Slums auch das Menschenwürdige zu tun. Mein Lieblingszitat aus den Joseph-Romanen fällt mir ein: »Die Geschichte kennen kann jeder. Dabei gewesen zu sein ... das ist's.« Nicht zum letzten Mal fällt es mir ein während der Reise.

Wir fahren zurück. Wieder nach Norden. »Das ist die State Street.

Kennst du den alten Schlager aus den zwanziger Jahren ›Chicago‹? Da gibt es einen Vers, der heißt ›State Street, that great street‹. Ausgerechnet!« knurrt Studs Terkel mit grimmiger Ironie.

Ihm verdanken wir dann auch den Abend bei Mr. Kelly's; ihm und seinem unabgestumpft wachen Sinn für Soziales, für die Probleme von Minderheiten. Hier, in dieser reichlich auf mondän getrimmten und etwas gelackten Bar, sollen wir Dick Gregory kennenlernen. »Das ist kein Sänger, sondern eine Art engagierter Humorist, Clown und Schauspieler zugleich. Na, ihr werdet ja sehen.« Zunächst hörten wir, und zwar ein Bartrio für Touristen, das sich routiniert durch die Standards lömmerte, eine weiße Sängerin, die sich mit blondem Amisex und Shirley-Bassey-Röhre grauslich anstrengte, aber nicht über die Rampe kam. All die Schwarzen im Raum hatten schon nach vier Takten 'raus, wie *phony* die Dame war, warteten außerdem auf ihren Dick Gregory.

Der Mann ist ein Phänomen, rückt sich einen Barhocker in die Flügelbeuge, setzt sich und redet eine Stunde. Natürlich eröffnet er mit Watergate, jener Katastrophe, die während der Reise das Bewußtsein der Nation so sehr okkupiert, daß sie der fernsehenden Hausfrau in den Vormittagsstunden zum Perry-Mason-Ersatz wird, daß Kolumnisten für den nächsten Herbst den ›Song of Watergate‹ prophezeien, daß sogar der Dompteur noch Wochen später im kalifornischen San Diego den Killerwal Shamu durch das heikle »Watergate« hereinschwimmen läßt und mit der Ansage die großen Lacher kassiert.

Das Publikum, sein Publikum, frißt Dick Gregory aus der Hand, fragt auch mal, will wissen, was der Meister macht, wenn sein Engagement in Chicago abgelaufen ist. »Früher hätte ich mich ja nicht zu antworten getraut; da hieß es immer: ›Die faulen Nigger liegen den ganzen Tag unter dem Baum und pennen und dösen.‹ Aber seit die Weißen das Meditation nennen, kann ich es ja sagen: Ich mache Urlaub.«

> *... from Chicago to L. A.*
> *More than 2000 miles all the way.*
> *Get your kicks on Route 66.*

Ja, es ist die klassische Route, die Straße nach Westen, nur befahren wir sie nicht mit dem Pferdewagen, sondern mit dem Mustang der Firma Ford, luftgekühlt und von der Firma Hertz geheuert. Außerdem folgen wir ihr nicht pedantisch, wollen den tiefen Süden nicht missen. Der ersten Aufforderung »Go to St. Louis« leisten wir selbstverständlich Folge.

»Jazz gibt es hier überhaupt nicht mehr«, sagt uns der alte Hotelportier, »nur noch Rock und Jive, also gar nichts. Ja früher, da hatte es noch den Gaslight District gegeben, ein riesiges Vergnügungsviertel, aber das ist kriminell geworden. Kein Tourist traute sich mehr hin, da haben sie es geschlossen. Wenn ihr Musik hören wollt, geht doch in die Hotelbar.«

So leicht wollten wir es uns nicht machen. Aber die Stadt, in den zwanziger und dreißiger Jahren ein Zentrum der Jazz-Entwicklung und das Ziel vieler Dampfer-Exkursionen, die in New Orleans ihren Ausgang nahmen und sich ihren Weg den Mississippi hinaufschaufelten – diese einst so musikversessene Stadt stirbt dahin. Seit sie als Eisenbahnknotenpunkt ihre beherrschende Rolle ausgespielt hat, erzählen rostige Gleise, leere Güterwagen und verfallene Lagerhäuser Betrübliches. Die Zeiten der Dampflokomotive, als St. Louis das Tor zu den Legenden des Westens war, sind vorüber. Wo alles dahinsiecht, kann auch die Musik nicht mehr blühen.

Bei Moes spielen sie zum viertenmal am Abend ›Proud Mary‹. Wo der Mississippi rauscht, bekommt das Lied, wenn es so immer wieder abgenudelt wird, eine fatale Ähnlichkeit mit dem Hinweis, daß in München ein Hofbräuhaus steht, oder mit der Frage, warum es am Rhein so schön ist. Diesen Schuppen, im wörtlichsten Sinne ein umgebautes Lagerhaus, also am Flußufer, hatte man uns empfohlen, weil hier noch unverfälschte Country and Western Music gespielt würde. Aber was heißt schon unverfälscht? Ein Herr aus Nashville namens Jimmy Griggs plärrte routiniert seine Liedchen, verschenkte zwischendurch seine Platten; von ländlicher Musizierlust keine Spur. Im Halbdunkel breitet sich die Öde eines kleinbürgerlichen Vorstadtschwoofs aus.

Wir sind die einzigen Fremden, stoßen zum ersten und zum letzten Mal während dieser Reise auf die Xenophobie der schweigenden Mehrheit, versuchen, uns den Laden schönzutrinken; aber das mißlingt. Wir fliehen.

Der Hotelportier hatte recht. In der Kellerbar des Hotels ist die Hölle los. Daß sie völlig zu Recht »Tumble In« heißt, sollte sich schnell herausstellen. Vor Mitternacht schleppt sich das Musikalische so dahin. Ein Altsaxophonist, Neger, klar, stolpert durch ›Summertime‹. Ein Baßgitarrist, ein Trommler und ein Bongomann sorgen für den Rhythmus. Alles, auch die Soul-Schlager, klingt ein wenig dünn. Aber der Wirt ist nicht geizig. Er denkt nur ökonomisch, denn er weiß, daß er mit Einsteigern rechnen kann. Nach Mitternacht beginnt der Laden dann, seinem Namen Ehre zu machen. Viele schwarze Pärchen, sehr scharf und sehr förmlich gekleidet, kommen die Treppe herunter. Ein etwas fülligeres dunkles Mädchen im langen weißen Abendkleid erhebt sich von einem hinteren Tisch und singt eine langsame Gospelnummer.

Der Billardspieler mit der grünen Strickmütze sagt zu dem mit dem dunklen Schlapphut: »Come on up.« Sie schlendern aufs Podium und jodeln spontan, aber astrein zweistimmig mit ihren heißen, hohen Stimmen den Background. Die getragene Melodie steigert sich, wiegt sich auf Triolen, und das Mädchen an der Kasse, zu Füßen der Treppe, die nach oben führt, klatscht auf 2, 3 und 5, 6 mit. Die schwarzen Pärchen kriechen auf der Tanzfläche ineinander. Der eine Billardtyp singt ›I Remember‹.

Wer in Memphis den Spuren in die Jazzvergangenheit folgt, ist nicht nur enttäuscht wie in St. Louis: Er ist ernüchtert. Kaum findet er sie, die legendenschwere Beale Street. Eine endlose Reihe zerbröckelnder Gebäude zieht sich über 707 Hausnummern hin. Alles verfällt. Selbst die weiße Baptistenkirche steht leer. Muschelförmige Häuserfronten, in der Mitte die Kasse, zwischen Eingang und Ausgang, wie auf dem Jahrmarkt, erinnern an die Zeit, als hier Jazzlokale und Tanzpaläste die goldenen zwanziger Jahre feierten. Hier hat Buster Bailey einen der zahlreichen, geographisch fixierten Klarinettenstile des alten, eben nicht nur in New Orleans beheimateten Jazz geschaffen. Für dies Downtown schrieb W. C. Handy den berühmten Blues, und er ist aparterweise auch die einzige Persönlichkeit aus dem Umfeld des Jazz, an den hier, an historischer Stätte, auch handgreiflich erinnert wird. Denn zwischen Pfandhäusern und überkandidelten Herrenmodegeschäften, dem einzigen, was noch intakt ist, findet sich eine kleine Oase voller Grün: Der W. C. Handy Park. Ein paar Büsche, die Bronzestatue eines würdigen Negers mit gütigem King-Oliver-Lächeln und einer Trompete in der Hand: eben der »Vater des Blues«. Drumherum auf den Bänken sitzen vier Schwarze, in ihrem Äußeren beinahe pedantisch zwei extreme Archetypen verkörpernd: zwei ältere, gebrechlich und weißhaarig, und zwei junge Stutzer. Doch daneben gleich wieder vernagelte Fenster, hinter denen sich hohe Stimmen streiten. Ich gehe weiter.

105

Nun fahren wir mitten hinein in den Süden. Wir verlassen das sonnen-
durchflutete Mark-Twain-County und kommen ins schwüle Faulkner-
Land. Wir fahren Landstraße, und manchmal – die letzte Mississippi-
Überschwemmung ist erst vor vierzehn Tagen gewesen – steht das Wasser so hoch, daß nur noch die Baumkronen zu sehen sind, daß die
Chaussee zur Brücke wird. Dann wieder bis an den Horizont die Weite
der Baumwollfelder, und vorne am Wegesrand die baufälligen Holz-
hütten mit den verrottenden Veranden; wie vor zweihundert Jahren, nur
daß jetzt die verbeulten Autos in den schmalen Schattenflecken stehen,
die Fernsehantennen in den dunstigen Himmel ragen.

Wieder überraschen mich nicht die Verhältnisse, sondern die Grö-
ßenverhältnisse – Negerhütten am Wegesrand – gekauft. Aber zwei
Tage lang nur diese Armut und nichts als schwarze Gesichter – da be-
greife ich plötzlich, warum all die Blues-Neger aus dem Süden sich so
hemmungslos mit Schmuck behängen.

Wer in solchen Verhältnissen groß geworden ist und dann Erfolg hat,
der will es wissen und den anderen zeigen. Wer sich hier bei der Baum-
wollernte die Finger wundgepflückt hat, der behängt sich nicht nur aus
ethnischen Gründen und weil das Schmuckbedürfnis seiner uralten
Rasse so übermächtig ist, mit erbsengroßen Diamanten. Er will, daß
man ihm von jedem einzelnen Finger den Erfolg ablesen kann, und da
macht es ihm nichts aus, wenn er seinen Pianostil akkordischer gestalten, wenn er Sechzehntelläufe meiden muß.

Was ich so oft belächelt habe, lerne ich jetzt anders zu sehen. Wir fahren durch Clarksdale, wo Bessie Smith verblutet, und durch Greenwood,
wo Little Richard geboren ist. Dann verlassen wir den Staat Mississippi,
in dem – und das haben wir jetzt selbst gesehen – jeder zweite Mensch
dunkler Hautfarbe ist.

›Do You Know What It Means To Miss New Orleans?‹ Der Busfahrer
von »Southern Tours« flucht auf die Zeilen des Liedes, das weltbekannt
ist und eben deshalb eine ganze Welt in die Irre geleitet hat. Denn jeder
Mensch, der im Süden lebt, weiß und legt Wert darauf, daß man den
Namen der Stadt nicht auf der letzten Silbe, sondern auf dem O der
ersten betont. Mit seinem Southern Drawl zerkaut er unnachahmlich
das darauffolgende R.

An diesen hochherrschaftlichen weißen Villen mit ihren gepflegten
Rasen – man hat hier keine Personalsorgen – sind wir vorbeigefahren.
Auf dem Friedhof Nummer 3 sind die Totenhäuser wegen der Missis-

sippi-Überschwemmung über der Erde gebaut. Grell und böse sticht ihr Weiß vom grauschwülen Himmel ab. Ein heißer Wind weht. In manche Grabkammern sind Löcher gebrochen und hinter den herausgerissenen Ziegeln sieht man die Gebeine. Die Inschriften melden immer wieder, daß die Tote etwa 1812 in Frankreich geboren, 1885 in New Orleans gestorben ist. Auch spanische Namen lese ich, daneben wohllautend Phantastisches, das auf kreolische Herkunft deutet. In dieser Stadt wird jede Exkursion eine Reise in die Vergangenheit.

»Basin Street Is The Street«, heißt es im alten Blues. Doch Storyville, der berühmt-berüchtigte Redlight District, ist nur noch ein tristes Nebeneinander von Baustellen, Parkplätzen und Warenhäusern. Wer sich heutzutage in New Orleans amüsieren will, der strebt zur St. Peter Street im alten Franzosenviertel. Der geht zu Pat O'Brians.

Es sind nur ein paar Schritte. Aber es ist ein weiter Weg. Denn hier werden keine Blues-Melodien und Stomp-Rhythmen in die Luft geschmettert. Hier sorgen zwei Alleinunterhalterinnen für deftig eindeutige Stimmung. An zwei ineinandergeschobenen Flügeln sitzen sie sich gegenüber. Wenn die eine mit ihren Liedern dran ist, schöpft die andere Atem, bereitet sich auf ihren nächsten Auftritt vor. Denn Rollen spielen sie beide. Die rechte, blond und füllig, bringt mit unverwüstlichen Sauf-Evergreens wie ›Deep In The Heart Of Texas‹ und ›Roll Me Over‹ den Laden zum Mitsingen und zum Kochen. Die andere, dunkel und schmal, ist mehr fürs zerbrechlich Moderne zuständig, bietet das ›Yesterday‹ der Beatles. Aber auch sie trägt oberhalb des Ellenbogens den güldenen Armreif, in den betuchtere Gäste Dollarnoten klemmen. Denn jeder hat einen Wunsch frei bei Pat O'Brians. Mit dem Umsatz der *Hurricanes*, einem nur scheinbar erfrischenden Gemisch aus Wodka, Sekt und einem tückisch roten Cocktailsud, steigt auch die Stimmung; drinnen wie auch draußen im palmenbestückten Patio werden die Lieder immer lauter, die Augen der schwarzen Kellner immer trauriger.

Die Bourbon Street ist wie eine Reeperbahn ohne Hamburger Wetter. Am in Butter geschwenkten Maiskolben nagend, schlendern wir vorbei an vielseitigen Stripteaseläden, Absinthhäusern, Hotels, Austernbars, Pornoshops, einem mit rituellem Kultramsch vollgepfropften Voodoo-Museum und all den Lokalen, in denen man sündhaft teuer französisch essen, aber auch die herrlichen kreolischen Seafood-Spezialitäten genießen kann. Immer wieder öffnen sich spaltbreit die Türen zu Clubs, in denen die Damen fast nackt auf dem Tresen entlangtanzen. Vom Barhocker folgen ihnen Hundeblicke. Das Vokabular der Schlepper ist wild. Ausgeflippte betteln. Touristenpärchen in Abendkleid und Smoking lehnen an Laternen und glotzen.

Aber eines steht fest: Voller Musik ist die Stadt immer noch. Es ziehen zwar nicht mehr die Leiterwagen durch die South Rapart Street, mit Buddy Bolden, King Oliver oder Bunk Johnson an Deck, und wessen Kapelle am schönsten spielt, dem folgen die Leute tanzend in die Kneipe. Aber der Lärm von Musik – wohlgemerkt: von Live-Musik –, die um die Gunst der Bummler wirbt, dringt auch heute noch durch die sommerliche Nacht. Er kommt nicht aus den Clubs, in denen Al Hirt und Pete Fountain ihren gutgeölten Dixieland abschnurren lassen und die wir meiden. Er kommt aus den Eckpinten.

Im Ivanhoe spielt Cross, eine herrliche RockJazz-Gruppe aus Alabama. Mit einem kernigen, prallen Bläsersatz – Trompete, Tenorsax und zwei (!) Posaunen – gesegnet, schmettern sie alles, was aus dem Repertoire von »Chicago« und »Blood Sweat And Tears« gut und swingend ist, in die enge Kneipe, durch die offene Tür auf die Bourbon Street. Der Eintritt ist frei, dafür sind die Preise hochprozentig. Aber ansonsten erinnert das Ganze an »Quiet Knight«, den gemütlichen Blues-Club in Chicago. Aufgekratzte, sehr aufmerksame Zuhörer, unter denen ich viele Musikanten vermute. Zu Recht, wie sich morgens gegen vier herausstellt.

Da haben die Cross den offiziellen Teil ihres Engagements hinter sich. Der Junge neben mir am Tresen greift unter sich und holt unter dem Barhocker einen Trompetenkoffer hervor. Frische Gitarren werden angeschlossen. Eine Jam Session beginnt, und auch hier, auch heute noch bewährt sich in New Orleans der Genius loci, der da heißt: Musik als Wettbewerb, als ehrgeiziger Versuch, es dem anderen zu zeigen. Auch in unseren Rocktagen sitzen hier also noch die »local boys«, die ortsansässigen Musiker, abwartend lauernd herum, überprüfen die Tagesform der Gastierenden und steigen dann erleichtert, weil sie nichts zu fürchten haben, ein. Gegen fünf beginnt so ein mittelschneller Blues, dessen Ende keiner kennt. Kurzentschlossen gehe ich.

108 Otis Hooper lernt nur schwer. Er ist bestimmt schon sechzehn, aber er kann noch nicht lesen. Seine Mutter sagt immer: »Er ist langsam«, und seine rührende Geschichte erzählt hier unten in Louisiana eine Fernsehstation, die nur von Schwarzen geleitet wird und sich an Schwarze

wendet. Daß sie sich selbst auch »Schwarze« nennen, muß wohl, um Mißverständnisse auszuräumen, hinzugefügt werden. Farbig – das Wort ist ihrem Stolz zu verwaschen.

Man müht sich um Otis Hooper, denn es ist ein pädagogischer Film. Ein Phonetiklehrer will ihm die T's und B's beibringen. Den haut er um. Er ist schließlich kein Idiot. Bildchenmalen ist ihm zu albern. Vor Prüfungen bockt er. Da liest ihm die – weiße! – Lehrerin Hamlets großen Monolog aus dem zweiten Akt vor. Wie er sich erst einmal Worte erklären läßt – »treacherous, lecherous« für den schnöden König –; wie er staunend begreift, bald nur noch Ohr und Auge ist und dann des Dänenprinzen Überlegungen mit eigenen Worten nacherzählt, das werde ich nie vergessen. Beherzter, endgültiger als das heikle Vorbild befreit er sich durch das strömende Wort; schwört er, durch die Show seinen Daddy zu rächen, und fügt noch eine nicht endenwollende wundervoll hinfabulierte Schlußsteigerung hinzu, in der elisabethanische Rhetorik und Blues-Melismen einander durchdringen.

Und das alles, weil der Junge sich an der rhythmischen Kadenz des »treacherous, lecherous« hochgezogen hat. Weil Shakespeare so musikalisch war.

Da hängt sie also wirklich an der Wand, die berühmte Tafel, die dem Besucher der Preservation Hall mitteilt, was hier musikalische Wünsche kosten. Er liest: »Traditionelle Stücke: einen Dollar; sonstiges: zwei Dollar; die Saints: fünf Dollar!« So streng sind hier die stilistischen Bräuche. Schließlich befindet man sich auf geweihtem Boden, hat den einzigen Ort betreten, an dem in New Orleans noch der Jazz von denen gespielt wird, die ihn einst um die Jahrhundertwende aus der Taufe gehoben haben. Da kann ich mir noch so sehr die Augen reiben, aber leibhaftig vor mir stehen der Posaunist Jim Robinson (81), der Baßspieler Alcide Slow Drag Pavageau (knapp 85), und beide haben noch mit Bunk Johnson, der Trompete spielenden Legende, zusammen musiziert, haben Blüte, Verfall und schließlich – wie sehr gönnt man es ihnen! – die gloriose Renaissance ihrer Musik am eigenen Leibe durchlebt.

Die Umgebung, in der sie heute spielen, ist allerdings eher prosaisch. Die Preservation Hall, die Halle also, in der das Fähnlein des Jazz aufrechterhalten wird, ist mehr ein Zimmer. Ein Drittel für die Band. Der Rest fürs Publikum. Ein paar Stühle. Die meisten sitzen auf dem Boden. Alles wirkt sehr düster und ärmlich. Die Farbe bröckelt. Getränke muß man sich von der Kneipe gegenüber holen. Die Pausen ziehen sich hin, wohl nicht nur, weil die hochbetagten Künstler der Schonung bedürfen, sondern auch weil man hofft, nach jeder Serie würden Teile des Publikums gehen und Platz für die nächsten zahlenden Gäste schaffen.

Denn der Raum ist überfüllt von andächtig Lauschenden, und was die hören, ist archaisch folkloristischer New Orleans Jazz von hoher, wenn auch zerbrechlicher Authentizität. Da kennt jeder auf dem Podium seinen Platz in der Kollektiv-Improvisation. Da ringelt sich die Klarinette beweglich ihren Weg zwischen Trompete und Posaune hin und her. Da gib es kein Mikrophon. Da greift die Pianistin und Blues-Sängerin »Sweet« Emma – sicher Mitte siebzig, also von reifer Süße – zur Blechtröte. Überhaupt erheben sie gern ihre Stimmen, die Veteranen. Der Banjospieler bevorzugt bildhafte Erotika, in denen oft und wehmütig vom Hahn die Rede ist, dem der Kamm schwillt. Jim Robinson singt den alten Spiritual ›Bye and Bye‹, breitet dazu mit Greisenmunterkeit die Arme aus und will so veranschaulichen, wie es ist, wenn man zum Jordan fliegt. Weit kann es ja auch nicht mehr sein. Dann verteilt er Präsente an die ihm zu Füßen sitzenden Kinder. Ich kriege einen roten und einen grünen Luftballon ab.

Rührend ist das, macht mich aber auch ein wenig betreten, und plötzlich habe ich das Gefühl, im Zoo zu sitzen und Tiere zu begaffen, denen das Aussterben droht. Noch während des letzten Stückes packt der Trompeter seine Dämpfer ein. Da brüllt jemand: »Ich habe noch ein Stück bezahlt.« Das warte ich nicht ab.

Vor dem Ivanhoe steppen zwei alte Neger in roter Livree. Der schwarze Hut liegt auf dem Kantstein. Ein junger Weißer kauert daneben und bläst verzückt Mundharmonika-Stimmen in die Musik der Cross. Wir gehen auf einen Schlenderschluck in Molly's Irish Pub, hören den Blues- und Beatles-Melodien einer sehr netten, sehr begabten Sängerin zu, werden schon am dritten Abend wie Stammgäste behandelt und vom Kellner mit den Worten verabschiedet, die man im Süden immer wieder hört, wenn man geht. Natürlich ist es eine Floskel, was er da sagt. Aber es klingt so schön. Er sagt: »Come back!«

Sweet Emma Barrett

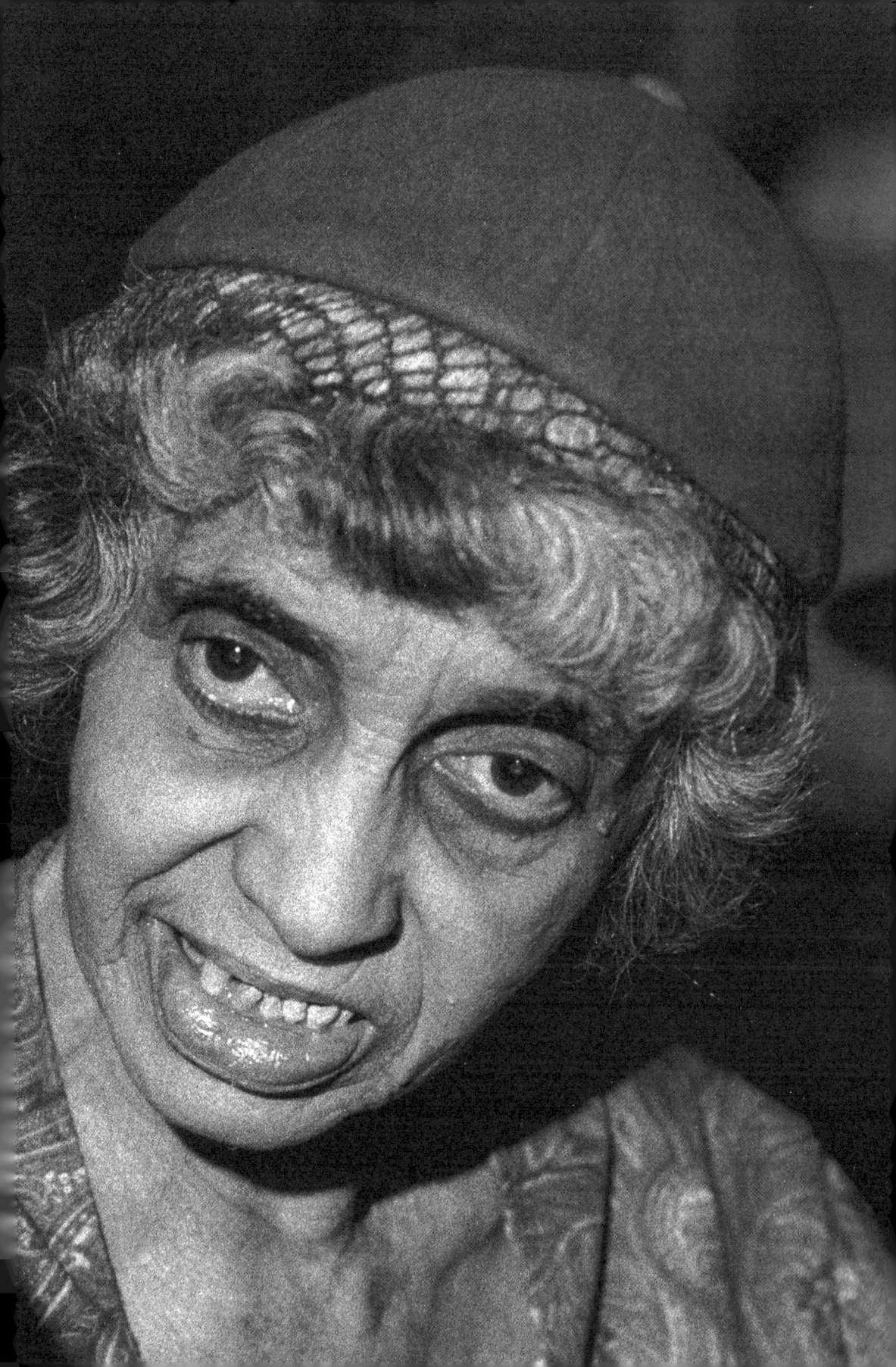

Flagstaff, Arizona,
Don't forget Minona,
Kingman, Barstow, San Bernardino ...

Drei Tage durch Texas, hinein in den Sonnenball des Abends, Holz-
sammeln und Steakbraten am Wegesrand. Dann quer durch die Wüsten
Neu-Mexikos, Arizonas, Nevadas, und mir fällt auf, wie sehr doch
die Musik der Hitparade, die aus dem Autoradio kommt, auf die unge-
heuerliche Weite dieser Landschaften abgestimmt ist. Und auf das Auto-
fahren selbst, diese natürlichste, vegetativste Fortbewegungsart des
Amerikaners. Kein oder kaum Hard-Rock dröhnt los. Alles ist im
Gleichklang mit dem leisen, aber kraftvollen Schnurren des Motors, mit
dem gedrosselten, aber immer zügig wirkenden, durch Geschwindig-
keitsbegrenzungen geregelten Fahrtempo. Nasale Stimmen besingen
Schlichtes. Hillbilly-Geigen fiedeln sich eins, während die Gitarre
oft noch technische Hilfsmittel verabscheut, auf Naturlaut schwört.
Country-Rhythmen wiegen dich sacht, während draußen Rio Pecos und
Rio Diablo die Stadien wachsender Austrocknung vorführen: Bach,
Rinnsal, Hohlweg. Die Melodien der Beatles sind plötzlich so allgegenwärtig, daß man nicht nur ihre Schönheiten wiederentdeckt, sondern
auch an Weltlicheres denkt. Die Jungs planen ja clever. Wenn jetzt ihre
Lieder von Küste zu Küste über den Äther gejagt werden, auch noch
gleichzeitig ihre alten Platten neu erscheinen, dann kann das kein Zufall sein. Dann steht das Comeback vor der Tür.

In diese heiteren Tüfteleien platzt die Nachricht, daß man in Kalifornien den Dramatiker William Inge tot in seiner Garage aufgefunden
hat, während der Motor seines Autos läuft. Plötzlich werden Erinnerungen lebendig, verknüpfen die Nachricht mit einem Abend, an dem
das Hamburger Thalia-Theater – ist es zwanzig Jahre her? – ›Picknick‹ von William Inge spielt. Ein blutjunger Schauspieler wirkt da mit,
den man Jahre später in seiner Garage tot auffindet, während der Motor seines Autos läuft. Er heißt Klaus Kammer. Ich spüre: Mir juckt das
Auge, und gleichzeitig fällt mir ein, wie richtig sich Desdemona ausdrückt, wenn sie sich so ausdrückt. Vielleicht ist es aber nur die Hitze.
Kurz hinter Silver City, in sengender Steppenöde, geht plötzlich vor uns
ein Kleinlaster in Flammen auf.

Die Mitternachtsshow in Cesar's Palace beginnt mit fast höfischem Ze-
remoniell. In Las Vegas weiß man schon das Entree luxuriös zu verkau-

fen. Eine Art Haushofmeister in litzenbesetzter Phantasie-Livree nimmt einen in Empfang, vergewissert sich auf einem riesigen, prunkvoll gerahmten Sitzplan, ob man auch ordnungsgemäß vorbestellt hat, und winkt dann einen aus dem Dutzend beflissen lauernder Pagen heran, den Gast an seinen Platz zu geleiten. Es kostet also keinen Eintritt, wundere ich mich, doch auf dem Tisch kündet ein Kärtchen: Mindestverzehr 15 Dollar. Dafür gibt es zwei reichlich lange Long-Drinks. Und Diana Ross.

Es beginnt mit einer Eis-Revue, mit einer Form des Entertainments also, die meine Sinne sonst kaum erbeben läßt. Aber wie das gemacht ist, wie die Verfolger wirklich verfolgen und jeder Lichtwechsel klappt, wie hier in der Tat ein Weltruf bestätigt, die Show als Show perfektioniert wird – das kann man natürlich mit imponierenden Argumenten verachten. Spaß macht es trotzdem.

Vorhang. Ein Komiker reißt Minoritäten-Witze, sieht nach etwa sieben Minuten auf die Uhr und hinter den Vorhang. Jede Sekunde ist kostbar. Dann scheint der Umbau perfekt, die Eisfläche versenkt, das Orchester nach vorne gerollt. Diana Ross tritt auf, sieghaft und hinreißend schön.

Sie beginnt mit dem alten Standard: ›The Lady Is A Tramp‹, und an diesem Abend in Las Vegas verstehe ich zum erstenmal die kulinarische Seite des Liedes. Von ›Mulligan Stew‹ ist da in der ersten Verszeile die Rede. Nie habe ich mir unter diesem Gericht etwas vorstellen können, bis ich es just am Vormittag dieses Freitags, von einarmigen Banditen umgeben, vier frisch gewonnene Silberdollar in der Tasche, auf der Speisekarte des Golden Nugget entdecke: eine eingedickte Gulaschsuppe mit gedünsteten Gurken, Erbsen und Wurzeln; sehr schmackhaft, sehr sättigend. Deftige Hausmannskost, also genau das Richtige für eine versnobte Lady, die sich so gern als Tramp fühlen möchte.

Diana Ross singt eine Stunde. Die Frau ist fabelhaft, greift auch mal auf bewährte Hits zurück, spreizt dabei in ›Stop In The Name Of Love‹ die Hand an der gleichen Stelle abwehrend von sich wie damals bei der Tamla Motown Show im Pariser Olympia als Vorsängerin der Supremes. Nun steht sie entschieden auf eigenen Füßen, kann es sich leisten, fast zehn Minuten ins Publikum von Tisch zu Tisch zu gehen und die Gäste zum Mitsingen eines Soulwalzers aufzufordern.

Sie hat Erfolg. Die Leute haben schnell jede Scheu verloren, und als einer in die Zeile »Make This World A Better Place If You Can« genau an der richtigen Stelle ein tiefempfundenes Baby einflicht, stehen alle wie ein Mann auf und applaudieren einem der ihren, der es so gut gemacht hat. Aber da ist es Smokey Robinson, einer von Dianas Gefährten aus dem Motown-Stall und zu Besuch in Las Vegas.

Sie stellt die Band vor. Ich werde unruhig. Nichts aus dem Film ›Lady Sings The Blues‹? Kein Lied von der großen Billie Holiday? Traut sie sich vielleicht doch nicht, dieses Amüsierpublikum mit dem Schicksal einer Jazz-Sängerin zu konfrontieren, die unter anderem an der mangelnden Sensibilität eben dieses Amüsierpublikums zerbrochen ist? Weit gefehlt. Diana Ross spart sich die ernsten und leisen Töne fürs Finale auf, singt ›God Bless The Child‹ und ›Mean To Me‹, ohne Lady Day direkt zu kopieren, aber mit wahlverwandten Tönen des aufregend Detachierten, des scheinbaren Neben-Sich-Stehens bei einer ganz nach Innen genommenen Leidenschaftlichkeit, deren zerstörerische Kraft sich nur ahnen läßt. Eine kongeniale Nachschöpfung, doch als ›My Man‹ erklingt, ist gleichzeitig von der Bar her das satte Gelächter von Leuten zu hören, die in der Zeile: »Manchmal schlägt er mich auch« nicht die Tragödie einer Hörigkeit, sondern einen pläsierlichen Teil ihres Alltags sehen. Diana Ross fängt es auf, das Gelächter, aber ›Strange Fruit‹, das Lied von den seltsamen schwarzen Früchten, die an den Bäumen des amerikanischen Südens hängen, kann sie hier in Las Vegas denn doch nicht singen.

In San Francisco findet die Musik im Freien statt. In Fisherman's Wharf, am Hafen also, zupfen und singen sie in jedem Hauseingang Melancholisches aus der Bob-Dylan-Ecke, spielen sie auf jedem freien Plätzchen zum rüstigen, kalifornisch heiteren Square-Dance auf. Die Hauptattraktion bleibt jedoch die lebende Music Box: Ein fahrkartenschalterähnliches Häuschen, daran ein Pappschild mit den Titeln von etwa zwanzig Musikstücken. Du steckst einen Quarter rein, vorn wird ein Rolladen hochgezogen, und drinnen sitzt einer und spielt Trompete. Meistens den ›Panama Rag‹: Auch musikalisch Gewichtigeres ereignet sich hier an der Westküste eher freundlich beiläufig. An einem x-beliebigen Vormittag und ohne Eintritt zu fordern spielt Sonny Rollins, einer der kühnsten Exponenten des modernen Jazz auf dem Tenorsaxophon, auf dem Union Square, vom Verkehr umtost, von einer kleinen Schar außerordentlich Bescheid wissender Müßiggänger wild gefeiert.

Doch am letzten Abend, ehe wir Herrn Hertz sein Auto wiedergeben und zwei Tage lang über den Kontinent und den Ozean nach

Hause fliegen, gehe ich ins Kino. An Billie Holiday bin ich während der ganzen Reise immer wieder seltsam erinnert worden. Nun kriege ich sie doch noch zu fassen, die Verfilmung ihrer Autobiographie. In einem kleinen Kino läuft sie, zusammen mit ›Cabaret‹. Sicher, Hollywood hat wieder so manches hineingedoktert, aber allen historisierenden Purismus vergesse ich schnell, so atemberaubend identifiziert sich nun auch schauspielerisch Diana Ross mit dem großen Vorbild. Ob und wann und wie wir den Film in Deutschland sehen?

Ich weiß es nicht. Ich weiß nur, daß es schon seine Ordnung hat, wenn eine solche Reise mit ›Lady Sings The Blues‹ zu Ende geht.

Miles und Chet – die beiden Trompeter

du, August 1989

Der Stil ist die Person

Sich ändern, sich treu bleiben

Er gibt einem keine Gelegenheit, erwachsen zu werden, objektiv zu sein. Er nimmt einem jede Chance, abwägend und vernünftig die künstlerische Leistung vom betäubenden Nebel der Aura zu trennen. Auch Herrschaften gereifteren Alters, Angehörige etwa des Luftwaffenhelfer-Jahrgangs 1928, schwanken immer noch zwischen Enthusiasmus und Grimm, wenn von Miles Davis die Rede ist. Mich hat er manchmal durch seine Schnöseligkeit so wütend gemacht, daß ich aufschrie: »Da haben wir's. Wieder einmal hat der liebe Gott, wie schon bei Richard Wagner und Herbert von Karajan, in einem Anfall von Zerstreutheit eine große Begabung an ein großes Arschloch vergeben.«

In immer neue Wechselbäder stürzt dich der Mann, und das gilt für gestern, für heute und sicher auch für morgen. Jeder Jazzfreund, ob jung oder alt, die Hauptsache: ehrlich, wird zugeben und einräumen, daß er irgendwann mit Miles Davis in Berührung gekommen ist und daß er spontan darauf reagiert hat. Es muß nicht Liebe auf den ersten Blick, es kann auch eine Faszination mit großen Pausen und plötzlichen Renaissancen gewesen sein.

Im künstlerischen Werdegang des Dreiundsechzigjährigen gibt es Abschnitte, die dem einen als Glücksphase, dem anderen jedoch als Pechsträhne vorkommen. Mal bewundert man ein Idol. Mal nervt einen der Buhmann. Meint der eine Fan: »Jetzt steige ich aus. Miles entfernt sich von mir«, entgegnet ihm der andere: »Aber auf mich kommt er wieder zu und ich heiße ihn willkommen. Ich spiele wieder mit.« Es

117

Miles Davis

geht schon wie mit dem Teufel zu: Im Pro und Contra um diesen einen Jazzmusiker wird jedes Urteil zu einem persönlichen Bekenntnis. Immer geht es über das hinaus, was man so ein ästhetisches Credo nennt. Wer sich über Miles äußert, gibt immer auch Auskunft über seinen Charakter, seine Biographie und über den Seelen- oder Nervenzustand, in dem er sich gerade, in diesem Moment, in dieser Minute, befindet.

Beim Anhören seiner letzten Platte, ›Amandla‹ (1989), habe ich mich so wohlgefühlt, daß mir fast schon wieder unwohl wurde, weil ich dem Frieden nicht trauen mochte. »Ist das schöne Ziel erreicht? Verklingt dies Lebenswerk allmählich in seelenvoller, aber keineswegs zahnloser Altersweisheit?«, fragte ich mich, während ich mit der einen Hand glücklich die Scheibe umdrehte, mit der anderen vorsichtshalber an Holz klopfte. (Ich bin sehr geschickt!)

Gedanken, wie von einem postmodernen Harmoniebedürfnis diktiert, ziehen einem durchs Gemüt, wenn man diesen – hoffentlich vorläufig – letzten Worten lauscht. Der Jazz wird auf eine so gelassene, unangestrengte Art populäre Musik, daß es einem vierzig Minuten lang gelingt, all die ideologischen Haarspaltereien zu vergessen, zu denen der Begriff »Pop-Jazz« die Briefmarkensammlertypen unter den Fans immer wieder anregt. ›Miles Smiles‹ heißt eine schon etwas ältere Platte. Die neue könnte »Miles ist fleißig« heißen. Nun bin ich kein Trompeter, bin also täuschbar. Aber ich habe doch den Eindruck gewonnen, daß da einer wieder seine Liebe zum Instrument entdeckt, neues Interesse auch an dessen technischen Möglichkeiten gewonnen hat. Auf einmal hat er den Atem, die lyrischen Bögen zu wölben, hat er die Kraft, heiße und wilde Läufe zu spucken. Ganz offensichtlich will da einer nicht magische Kürzel raunen, sondern wieder richtig Trompete spielen.

Die Sidemen sind auf seiner Seite. Kenny Garrett bläst Saxophon, als wollte er pausenlos fragen: »Wer, bitte, war oder ist John Coltrane?« Bekannte haben beklagt, daß er so zopfig in Mainstream-Nähe musiziert, und mich mit der Frage alleingelassen, ob der Musiker wirklich ins arg Konventionelle, Konservative zurückfällt oder ob er aufrechten Ganges *back to the roots* geht. Und Marcus Miller, der Multi-Instrumentalist, der Meister aller Chips, konstruiert diesmal kein Prokrustesbett. Er baut ein Trampolin, pfercht die Solisten nicht mehr ein zwischen Apparaten und Maschinen, gibt ihnen Gelegenheit, sich abzufedern, aufzusteigen in jene Regionen, die der Freiheit, der Improvisation das schönste Zuhause bieten.

Nein, mit diesen Beobachtungen entlasse ich Miles nicht aus dem Spot. Er bleibt, was der biblische Joseph bei Thomas Mann ist: der Herr des Überblicks. Auch wenn seine Musikanten sich entfalten dürfen, mehr Spielraum als sonst kriegen, an der lockeren Leine gelassen werden ... Davis behält die Zügel in der Hand. Er markiert den Weg. Den alten. Den neuen. Oder was?

Nun will ich wissen, wie alles angefangen hat, und gehe zum Plattenschrank. Am 26. November 1945 war Miles Davis als Mitglied des Charlie-Parker-Quintetts im Studio; und man könnte vornehm sagen: als Novize. Das schöne klare und deutsche Wort »Anfänger« trifft es genauer. Nicht genug staunen kann man heute über den fast prophetischen Instinkt, mit dem die klitzekleine Plattenfirma Savoy alles aufbewahrt hat, was an diesem Tag ins Schellack geritzt wurde; auch die verworfenen und die abgebrochenen Takes. Zu einer Zeit, in der mir im Deutschland der »Stunde Null« der Bebop auch rein geographisch fernlag, legte man jenseits des großen Teiches schon die Fundamente für eine historisch-kritische Gesamtausgabe.

Miles gibt sein Bestes. Es wäre die pure Klugscheißerei, wollte man nun die Stirn zu bedeutungsvollen Falten kräuseln und sagen: »Da pickt es schon gegen die Eierschalen, das Genie.« Der Neunzehnjährige ist vollauf damit beschäftigt, keine Fehler zu machen, sich freizuspielen, und die Freiheit, die er damals meinte, hieß, sich von Dizzy Gillespie zu lösen und aus dessen Schatten zu treten. Auch die Tatsache, daß Miles von Take zu Take sicherer wird, kann nicht darüber hinwegtäuschen, daß er musikalisch so redet, wie man damals als junger Schwarzer auf der 52nd Street eben redete, daß er die eigene Sprache noch suchte.

Manchmal blitzt aber doch etwas auf, und es bleibt im Dunklen, ob es sich da um frühes Genie oder um genauso frühe Cleverness handelt. Miles Davis verläßt nie die Mittellage. Man möchte ein klassisches Zitat abwandeln und dem Trompeter den doppeldeutigen Satz in den Mund legen: »So spiele ich; ich kann nicht anders.« Eine Allüre von Stolz und Trotz will uns weismachen, daß künstlerische Absicht ist, was auch technisches Unvermögen sein könnte. Ein Schwieriger reckt sich. Sensibel peilt er Lyrisches an. Hochfahrend gibt er zu verstehen, daß das Geschichten-Erzählen allemal wichtiger ist als dumm protzende Virtuosität. Da ist der junge schon ganz der alte.

Allerdings darf Liebe nicht taub machen: Es ist Birds Stunde. Auf seinen Flügeln schwingt sich die Musik empor in die Lüfte und heraus aus der Konvention. Aber Miles stand an seiner Seite und hat mitgeholfen, das Ruder der Jazz-Entwicklung herumzuwerfen. Er tat das nicht zum letzten Mal, und es dauerte nicht lange, da war aus der Hilfskraft ein Steuermann geworden, der selbst den Kurs bestimmte. Seiner Route folgten Jünger, Gegner und natürlich all die Jünger, die zu Gegnern wurden.

Dabei war Miles schon früh ein heikles Faszinosum; schon damals, als er sich auf den sehr eigenen Weg machte, und der ging so: Der Künstler setzte durch eine so elegante wie vertrotzte Selbstinszenierung auch optische Signale für das Außerordentliche seiner Existenz. Der Wunsch, hip und cool zu sein, machte aus ihm einen Modefex. Gern dreht er dem Publikum den Rücken zu, sagt kein Stück an, verbeugt oder bedankt sich nie und hat einen früh schon mit der ewigen Miles-Frage konfrontiert, ob es sich da um ich-vergötternde Arroganz handelt, oder ob da einer nicht nur durch die Musik selbst, sondern auch durch ihre Darbietungsformen Schluß machen will mit den pflegeleichten Formen des schwarzen Entertainments, verkörpert auch durch Louis Armstrong, den lieben Satchmo.

Vielfach, mindestens ein halbes Dutzend Mal hat er den Trend gesetzt. Schon die zum Stichwort verknappten Fakten lesen sich wie ein Abenteuer, wie Überschriften zu wichtigen Kapiteln der Jazzgeschichte. Ende der vierziger Jahre prägt Davis den gedeckten Klang des Cool Jazz, wird in den fünfziger, sechziger Jahren durch Hardbop und muezzinhaft Modales zur Identifikationsfigur der jungen Schwarzen, Musiker wie Zuhörer, und mausert sich in der Mixtur *Bitches Brew* zum Idol auch der Pop-Jugend.

Diese Wandlungen schmeckten der Jazz-Orthodoxie überhaupt nicht, wurden von ihr gebrandmarkt als Abfall von der guten Sache, als schnöde Anpassung an Markt, Mode und Zeitgeist. In den oberen Rängen der Tempelhüter und Korinthenkacker herrscht ein Reinheitsbedürfnis, das so grotesk und humorlos ist, wie es der oft beschworenen Historie widerspricht. Nur weil niemand Berührungsängste hatte, weil alles zu allem fand, konnte der Jazz entstehen. Nur weil er sich ständig häutete, konnte er am Leben bleiben.

Nie werde ich den Abend vergessen, als in den sechziger Jahren Albert Nicholas, der noble Klarinettist aus dem alten New Orleans, in einem Hamburger Keller gastierte und wie all die eifrigen, vergangenheitstrunkenen Amateur-Musiker wissen wollten: »Wie war das denn damals, 1924 bei King Oliver?« Der alte Herr zeigte höfliches, etwas mokantes Staunen, dachte sehr tief, sehr ausdrucksvoll nach und befand: »Ich glaube, wir haben eine Art Dixieland gespielt.« Er sprach von Dingen, die ihm so fernlagen wie das Nibelungenlied. Längst erzählte er auf seiner Klarinette ganz andere Geschichten. Und siehe da: Es waren immer noch seine eigenen Geschichten. »Nur wer sich ändert, bleibt sich treu«, lernten einst die Erstkläßler der Frankfurter Schule. (Inzwischen bewohnen sie Chefetagen und achten verschärft darauf, das alles so bleibt, wie es ist.)

Wenn ich jetzt in die Schächte meiner Erinnerung steige, und das heißt ja immer auch: in den tiefen Keller meines Archivs ..., dann stelle ich fest, daß meine erste noch auffindbare, schriftlich fixierte Reaktion auf das Phänomen Miles Davis genau fünfundzwanzig Jahre alt ist. Für die ›Welt‹, die damals noch eine Zeitung war, berichtete ich am 30. September 1964 über die Berliner Jazz-Tage und zitierte erstmal meinen Freund Werner Götze vom Bayerischen Rundfunk. Der hatte geunkt: »Für Miles Davis wird der Saal der neuen Philharmonie ein Ärgernis sein. Nicht nur vor ihm, sondern auch hinter und neben ihm sitzt Publikum. Da kann er niemandem so recht den Rücken zukehren.«

Mir hingegen war offenbar der Humor vergangen. Maulig schrieb ich über Miles: »Man weiß, daß er während der Soli seiner Kollegen provozierend gelangweilt die Bühne verläßt, daß er sich manchmal auf den Boden hockt und weder mit einem Kopfnicken noch mit einem Lächeln den begeisterten Beifall quittiert. Man weiß es, aber man will sich nicht daran gewöhnen. Genauso deutlich ist einem bewußt, in welchem Ausmaß Provokation und Haß in der Musik und im Auftreten der militanten Farbigen von heute eine Rolle spielen. Aber man sieht nicht ein, warum Davis seine Unzufriedenheit mit der Gesellschaft gerade an den Menschen ausläßt, die gutwillig und zu ehrlicher künstlerischer Anteilnahme bereit seine Konzerte besuchen.«

Dann komme ich auf die Leute in seiner Crew, auf den Trommler Tony Williams und fahre fort: »Der Pianist Herbie Hancock findet gelegentlich ganz neue, melancholisch nachhallende Akkorde, aber oft dauert das Ärgernis erregende Suchen länger als das Glück bereitende Finden ... Und Davis selbst? Er teilte das Schicksal so mancher alternder Avantgardisten, die sich eine junge Begleitmannschaft anheuern. Er war der altmodischste Musiker seiner Band.«

121

Sicher, diese Worte kommen wie aus dem Eozän, wie aus meinen King-Oliver-Tagen. Aber ich werde den Deubel tun und jetzt behaupten: »So habe ich es nicht gemeint.« Kneifen gilt nicht: Genauso hatte ich es gemeint, und wenn ich so grantige Worte hier ausgrabe, suhle ich mich nicht in meiner privaten Vergangenheit. Ich liefere Material für die Rezeptionsgeschichte des modernen Jazz in Deutschland. Die Berliner Jazz-Tage sind da immer im doppelten Sinne ein Spiegel gewesen. Sie haben nicht nur Jahr für Jahr reflektiert, wo der Jazz steht, sondern auch, wie Publikum und Kritik auf das jeweilige Angebot reagierten.

Noch im Jahre 1967 setzte ich meine Schimpfkanonade fort: »Es war keine Enttäuschung. Es war eine Zumutung.« Doch schon zwei Jahre später – ich war inzwischen zur ›Süddeutschen Zeitung‹ übergewechselt! – änderte sich alles für mich. Im November 1969 notierte ein wie Verwandelter, spät Erweckter über das lange Wochenende in der Philharmonie: »Höhepunkt: Miles Davis. Wie angenehm sagt sich das. Oft hat dieser genialische Trompeter sein Publikum bei öffentlichen Auftritten enttäuscht, durch schnöseligen Hochmut verärgert. In Berlin geschah es diesmal, daß die alten Wörter vom ›goldleuchtenden Glanz der Trompete‹ wieder ihr altes Gewicht erhielten. In roter Cordhose, schwarzem Pulli, rot-gelb geflammtem Schal und einem dunklen Lederwams, dessen lange Fransen Mr. Davis immer in die Kniekehlen fielen, wenn er sich beim Blasen zurückbog, begann er mit ungewohntem Feuer.«

Einer solchen Kehrtwendung, ja Bekehrung mag die geneigte Leserin, mag der lernfähige Leser entnehmen, daß auch auf der Tätigkeit des Rezensenten das liegt, was der Färber Barak bei Hofmannsthal den »Segen der Widerruflichkeit« nennt. Doch das war erst das Vorspiel. Noch einmal zwei Jahre später schwärmte ich, wie berauscht von den ›Bitches Brew‹-Säften: »Zunächst steht er nur da und läßt die andern machen. In leuchtend roter Samthose und schwarzem Pullover, um den er einen langen roten Chiffonschal schlingt, hockt er sich wippend neben seine Gruppe und beobachtet streng, wie die beiden Bongospieler ein rhythmisches Reizklima schaffen und der Pianist Keith Jarrett wie in Trance raunende Trip-Atmosphäre tupft. Nur manchmal stellt er sich zwischen seine Leute, tritt auf die Wah-Wah-Fußmaschine und entlockt seiner elektronisch angeschlossenen Trompete zwei, drei Signaltöne. Dann zieht er sich wieder zurück und läßt den anderen Spielraum, und die Grenzen zwischen freier Form und hochbezahlter Durchspielprobe geraten anfangs ein wenig ins Schwimmen. Doch nach zwanzig Minuten kommt er zur Sache. Er reduziert den elektrischen Anteil, der dem Trompetenstrahl zwar mühelose Deutlichkeit verliehen, ihm aber den unverwechselbaren, von jedem Jazzfreund seit Jahrzehnten verehrten, persönlichen Ton genommen hatte. Er beginnt, Bögen zu spielen und sich mit Jarrett in einen atemverschlagenden Dialog zu verwickeln. Natürlich klingt es nicht mehr wie im alten Stück ›Something Else‹. Natürlich ist es *etwas anderes.* Heutzutage, im Zeitalter der Verstärker und einer Jugend, die ihre Rockmusik liebt. Aber das Spiel von Werben und unwirschem Zurechtweisen gehört alter Jazz-Tradition an und ist nie veraltet.«

Meine Begeisterung steht außer Frage. Ein Rätsel bleibt aber, warum ausgerechnet ich, dessen Piste nun wirklich nicht der Laufsteg ist, bei Miles immer von der Mode spreche. Noch 1986 referierte ich aus Montreux: »Sein Äußeres, halb Magier, halb Pinseläffchen, wirkt doch schon sehr skurril. Hinter der Stirnglatze wallt die Afrokrause in den Nacken. Zum schwarzen Seidenhemd passen goldener Schmuck und nicht zuletzt die gülden glitzernde Hose, die vielleicht nicht jeder tragen kann.«

Da war er längst von der langen Krankheit genesen und zu uns zurückgekehrt. Früher hatte ich mit großer Bewunderung, aber auch voller Distanz gemeint: Er ist aus dem Stoff, aus dem die Kultfiguren sind. Jetzt ereignete sich Entmythologisierung. Aber Entzauberung wurde es nicht. Sommer 85 in Den Haag: »Wer nicht nur die Musik hört, sondern auch beim Musizieren dabei ist, entdeckt zunächst das menschliche Mirakel. Die sechzig Jahre haben ihm, dem früher doch oft schon mythenbildend Verstockten, eine neue Lebensfreundlichkeit beschert. Er winkt mit der Trompete ins Publikum, stubst sie vergnügt seinen Musikern in die Seite, wenn sie anständig geblasen haben, und es ist nicht Arroganz, schon gar nicht die Kehrseite des Rassismus, wenn er dem Publikum den Rücken zukehrt.«

Es ist schon so: Erst nach seinem Comeback im Jahr 1981 hat mich Miles Davis restlos davon überzeugt, daß es ihm immer nur um die Sache ging, wenn er so verschlossen, so unfreundlich schien. Er wollte seine Musiker im Auge behalten, wollte solistische Höhenflüge herauskitzeln, aber auch ausufernde Alleingänge dämpfen. Er wollte bereit sein, mit einem einzigen Ton von nun wirklich magischer Autorität alles wieder auf den Punkt zu bringen.

So, und zum Schluß nun noch der Schulaufsatz ›Mein schönstes Erlebnis mit Miles‹. Das war im Sommer 84 beim Open-Air-Festival in Bad Segeberg, vor der Naturkulisse des Kalkbergs und in der Winnetou-Schlucht. In der Erinnerung habe ich ein Wunder, mit dem eigentlich gar nicht mehr zu rechnen war. Die Umbaupausen hatten sich mal wieder über Gebühr in die Länge gezogen. Es war spät und das Publikum zu Recht ungeduldig geworden. Schlechtwetter lag in der Luft, und Miles, der »Schwarze Prinz«, war immer noch nicht in Sicht. Aber er kam dann doch, ließ sich im Jeep auf dem Schleichpfad der Segeberger Rothäute hinunter an die Bühne fahren, das weiße Mützchen auf dem Kopf, den Spazierstock mit silberbeschlagenem Knauf in der Hand, ganz Diva, und Harriett, die Barfrau aus dem unvergessenen »Onkel Pö« meinte: »...wie Greta Garbo auf der Flucht.«

Er spielte in Geberlaune, zitierte genüßlich Harry Edison, den ökonomischsten Trompeter der Swing-Ära, mit seinem ausgeschlafenen ›Center Piece‹. Gestandene Jazzfans und Popjünger sind gemeinsam bei der anspruchsvollen Sache. Eine jähe Fortissimo-Explosion der Trompete quittieren sie mit tausendstimmigem Gospeljauchzen, fühlen sich als Teil einer Sternstunde, und das mitternächtliche Wetterleuchten über dem Kalkfelsen zeigt an, daß man das höheren Ortes genauso sieht.

Miles und Chet — die beiden Trompeter

Süddeutsche Zeitung, 8./9. Mai 1993

Großer Künstler, armer Hund

»Ich habe das Schlimmste hinter mir. Ich habe es geschafft,
zu überleben. Wenn 1988 so gut bleibt wie 1987 ..., dann
bin ich schon glücklich und zufrieden.«   Chet Baker

Wenn man jung ist, sind fünf Jahre eine lange Zeit. Das legt sich. Später, wenn sich die Jahre nicht mit Ereignissen, sondern mit Wiederholungen füllen, gerät schon mal ins Wanken, was so felsenfest wirkte. Manche Lebensabschnitte, wie im Zeitraffer verkürzt, rasen vorüber. Andere dehnen sich wie eine Ewigkeit, und nicht immer ist die subjektive Befindlichkeit, das eigene Erinnern- oder Vergessen-Wollen an soviel Wechsel in der Dauer schuld. Anlässe zur Verunsicherung können auch von außen kommen.

Die Jahre, in denen der amerikanische Jazztrompeter Chet Baker in Europa auf Tournee war, ununterbrochen von Ort zu Ort, von Club zu Club hetzte, wirken im nachhinein wie Jahrzehnte. Es waren aber nur 13 Jahre, die sich nur deshalb zu einer kleinen Ewigkeit dehnen, weil im Kreuz und Quer des Reisens, in den Aufschwüngen und Abstürzen des Künstlers, jedes Gefühl für Zeit und Ort verschwimmt, verschwindet. Aber der Tod des Trompeters am 13. Mai 1988 in Amsterdam ist noch sehr präsent, ist noch ganz Gegenwart. Chet Baker starb gestern. Fünf Jahre sind eine kurze Zeit.

Wie einer aus Kalifornien hat der junge Chet Baker gewirkt, und das nicht nur, weil die Anfänge seines Musikerlebens mit den Anfängen des West Coast Jazz zusammenfielen, sondern weil er dies Offene, Gewinnende, sofort Sympathie Ausstrahlende hatte. Dabei war er ein Junge vom Lande, kam aus dem Mittleren Westen, aus Oklahoma, wo er 1929 in Yale geboren wurde. 1940 ging die Familie nach Kalifornien. Der Junge studierte Trompete an der Glendale Junior High School. Er sammelte erste praktische Erfahrungen bei den Tanzorchestern vor Ort. Sein großes Vorbild hieß Harry James. Doch bald wurde dem wehrpflichtigen Chesney H. Baker der ›Trumpet Blues‹ aus einer ganz anderen Ecke um die Ohren geblasen. Er mußte von 1946 bis 1948 zur Armee, kam nach Berlin und spielte Trompete bei der 298th Army Band.

Lothar Lewien, einer der größten Baker-Fans in Deutschland, hat von seinem Idol erfahren: »Noch dreißig Jahre später hat sich Chet kopfschüttelnd daran erinnert, wie oft er im Winter in eisiger Kälte auf dem Berliner US-Flughafen strammstehen mußte, als Mitglied einer Ehrenkompanie. Wie er dann mit klammen Fingern die Trompete hielt, weil irgendwelche Honoratioren mit Musik empfangen werden wollten.«

Doch Berlin war in jenen Tagen nicht nur die Stadt der kalten Paraden kurz vorm noch kälteren Krieg. Der AFN sendete für GIs – und nicht nur für GIs – alles, was heiß und neu auf der Jazzszene war, entflammte oder verstörte seine buntscheckige Hörerschaft durch neue Dinge, Bebop genannt. Dizzy Gillespie setzte die Trompete in Brand. Miles Davis kühlte die Hitze durch gehauchte Lyrismen. Harry James verlor einen Fan.

Wieder in Kalifornien, nahm Baker sein Musikstudium wieder auf, entließ sich zwei Jahre später auf die freie Wildbahn und spielte mal hier, jammte mal dort. 1952 fand er seine Richtung, fast schon sein Ziel.

Der Jazzstil, der Anfang der fünziger Jahre an der Westküste entstand und dessen prägende Figuren Weiße waren, wirkt heute ein wenig so, als habe die kalifornische Sonne ihn ausgebleicht und all der Schatten beraubt, die der Musik Perspektive verleihen, Dunkles erlauben. Damals jedoch labte man sich an der »frischen Brise«, und die Jazzhistoriker schwärmten von den Musikern, die »ruhig, lyrisch und geschmeidig« (Marshall Stearns) spielten und durch luftige Polyphonie das ungebärdige, rabenschwarze Kellerkind Bebop in akademisch-abendländische Höhen trugen.

In dieser Atmosphäre eines »Take It Easy«, Jahre vor den Eagles, traf Chet Baker auf den Baritonsaxophonisten Gerry Mulligan von der Ostküste. Das Quartett, das sie gründeten und mit dem sie schnell siegten, faßte wie in einem Spiegel zusammen, was den Ton angab, die Richtung bestimmte: Eleganz, Durchsichtigkeit und einen Swing, der vom Understatement lebt.

Chet Baker

Doch Naserümpfen gilt nicht. Ihren Erfolg verdankten die vier nicht dem Sich-Ranschmeißen an den Publikumsgeschmack, sondern dem Mut zum Risiko. Sie spielten mit Trompete, Bariton, Baß und Schlagzeug, verzichteten also auf das Klavier und betraten so das Hochseil. Kein Teppich von Klängen und keine wegweisenden Harmonien fingen sie auf, wenn sie beim Improvisieren irrten, wenn der Absturz drohte. Nackt, ungeschützt und angewiesen auf das harmonische Skelett der Baßlinien standen sie im Raum. Da mußte jeder seinen Platz kennen. Da ging nichts ohne Integration, und Weglassen wurde zur ersten Jazzerpflicht. Einen Ton des lyrisch Überredenden anzustimmen und dabei ganz knapp, sparsam, wie wortkarg zu bleiben – dies für ihn so typische Wunder gelang Chet Baker damals zum erstenmal.

Durch das Vibratolose seines Tons, den unangestrengten Fluß seiner Improvisationen findet Chet Baker einen prominenten Platz in der Reihe der Trompeter, die man die kühlen nennt. Die Kette, die vorerst mit dem Cool-King Miles endete, begann mit Bix Beiderbecke.

Wahlverwandte Naturen sind sie gewesen, Bix und Baker, obgleich doch Generationen sie trennten. Der Stern des einen begann in den zwanziger, der des anderen in den fünfziger Jahren aufzuleuchten, und beiden Kometen am Jazz-Himmel war gemeinsam, daß sie nicht lichterloh strahlten, sondern im Perlmuttglanz schimmerten.

Im Chicago der *Roaring Twenties* und am Pazifischen Ozean kurz nach dem Ende des Zweiten Weltkriegs taten zwei weiße Jazzmusiker dasselbe: Sie opferten, um zu gewinnen. Scheinbar verrieten sie den Geist ihres Instrumentes, der ja auch heißt: Siegerpose, rattenfängerische Virtuosität und ein dickes Fell in Fragen des Geschmacks. Nein, ein Trompeter braucht nicht wie ein Tenor zu sein. Und so beschlossen die beiden, jeder auf seine Weise, den lauten Effekt zu meiden. Nach innen führte der Weg – und siehe da: Er erreichte sein Ziel, kam an in den Herzen des Publikums.

Nun ist ja nicht nur beim Jazz Vorsicht geboten, wenn man immer nur auf die Hautfarbe stiert und glaubt, schon der Blick allein garantiere Erkenntnis. Doch hieße es, an der Geschichte, vor allem der Sozialgeschichte der Vereinigten Staaten vorbeizureden, wenn man sich auszusprechen verbietet, daß die jungen Trompeter aus weißer Bürgerfamilie ihre leisen Töne ja nicht nur deshalb anschlugen, weil sie so zart besaitet und ohne Mumm in den Knochen waren. Durchaus und sehr bewußt verstanden sie ihre introvertierten Lyrismen als Gegenentwurf zur extravertierten Vitalität der Schwarzen, zum brennenden Attacca von Louis Armstrong und Dizzy Gillespie.

Mit dem vertrotzten Eigensinn der Hochsensiblen blieben sie am Ball. Aber einsam blieben sie auch. Sie atmeten dünne Luft. Ein solcher Hauch von »Rühr mich nicht an« brachte sie in Gefahr. In der Außenseiterwelt des Jazz wurden sie zu Außenseitern. Ein solches Charisma, das von Verwundbarkeit wie von einem Gütesiegel geprägt ist, bringt die Aura eines großen Stars, aber auch die falschen Freunde und mit ihnen die Versuchungen, dem Paradies Dauer, eine trügerische Unendlichkeit zu verleihen.

Und genau in diesem Moment wollen wir den Vergleich, damit er nicht überstrapaziert wird, abbrechen und uns von Bix Beiderbecke verabschieden. Noch einmal blicken wir in sein pausbäckiges Kindergesicht, das mit letzter Kraft das Recht zu verteidigen scheint, erwachsen nur in der Welt der Musik zu werden. Dann verlassen wir ihn, und er entgleitet im Gin-Nebel, ›In A Mist‹, wie er eine seiner persönlichsten Kompositionen genannt hat.

Chet Baker jedoch erscheint in einer großen, nicht ganz geheuren Klarheit. Aus dem Nichts ist der 23jährige gekommen und gleich bis in den Zenit nach oben geschossen. Die Quartett-Aufnahme der Ballade ›My Funny Valentine‹ wird zum Welterfolg, zum Millionen-Seller. Mulligan und Baker, der Bassist Carson Smith und der Schlagzeuger Chico Hamilton werden mit Poll-Siegen überschüttet. Die Einmütigkeit einer solchen Akzeptanz kann schwindlig machen.

Für Chet Baker begannen die Siege. Da gewann er in der führenden Jazz-Zeitschrift ›Down Beat‹ den Kritikerpreis als Nachwuchskünstler, als »New Star«. Schon im Jahr darauf wählte ihn das Publikum zum besten Trompeter. Es folgte das *Metronome*-Magazine, in England der ›Melody Maker‹, in Deutschland das ›Jazz Echo‹, und als die fünfziger Jahre voranschritten, war nicht mehr zu übersehen, daß Bakers Trompeten-Sound auch außerhalb der Gemarkungen des Jazz vernommen wurde: Der ›Playboy‹ machte einen Exponenten des modernen Jazz zu seinem Poll-Sieger. Sehr viel amerikanischer kann kein Traum in Erfüllung gehen.

Es kam die Zeit, da wollten alle Trompete spielen wie Chet Baker, und was noch wichtiger war: Sie wollten so aussehen wie Chet Baker, so sein wie Chet Baker – ein solches Traumbild von Mann, dabei verwundbar und sehr schwer zu trösten.

Im Gesicht hatte sich – auch nach so vielen Jahren – etwas vom *boy next door*, etwas von der Unschuld des Jungen vom Lande erhalten. Das

129

faszinierte, zumal da etwas Trotz und Trauer mit im Spiel waren. Einen »sanften Rebellen« hat man ihn genannt, wie er da auch optisch sein »Hier bin ich« signalisierte und sich zum Image das Outfit zulegte: Weißes T-Shirt, Jeans und Boots. Mit James Dean hat man ihn verglichen, und das nicht nur, weil er die Präsenz eines Filmstars hatte. Diese Aura von Verlorenheit machte ihn zur wohlerzogenen Präfiguration eines Beatniks.

Doch bald schon senkten sich die ersten Schatten herab. Die Drogen sind da, schneiden erste Kerben in dieses ebenmäßige Gesicht und werden ein Leben lang nicht weichen. Die Biographie verliert ihre Geradlinigkeit, wird zum schlingernden Alptraum, und im nachhinein ertappt man sich immer wieder beim großen Staunen ... Wie hat er es überhaupt geschafft, bei einem solchen Leben fast sechzig Jahre alt zu werden?

Ohne Zweifel hat Chet Baker schon in den Vereinigten Staaten mit den Süchten Bekanntschaft geschlossen, erste Drogenerfahrungen gesammelt. Doch auffällig geworden ist er erst in Europa. Er hat den alten Kontinent, vor allem Italien, geliebt, ihn sich schon 1957 zum zweiten Wohnsitz, fast zur Heimat gemacht. Er hat die Szene beflügelt, hat sich von skandinavischen Nachwuchsmusikern begleiten lassen. Doch er konnte nicht abschütteln, was ihn verfolgte: die Sucht nicht und schon gar nicht die Polizei.

»Wegen Vergehens gegen das Rauschmittelgesetz« wird er 1960 verhaftet und eingesperrt. 15 Monate sitzt er im Gefängnis von Lucca. Er wird entlassen, und die Jagd beginnt. Zu Dealern und Polizisten gesellt sich eine dritte Verfolgergruppe: die Boulevardpresse.

In den folgenden Jahren, die von »Comeback-Versuchen, Ausweisungen, Verhaftungen und erfolglosen Entziehungskuren« geprägt sind (rororo-Jazz-Lexikon), schafft es die veröffentlichte Meinung, einen Menschen verschwinden zu lassen und durch einen anderen zu ersetzen. Der Musiker Chet Baker hat aufgehört zu existieren. Dafür gibt es jetzt den Süchtigen Chet Baker. Der gibt viel her. Dem kann man auflauern. Der wird – leider, verdammt noch mal! – seinen Jägern zur leichten Beute.

Das liest sich dann so: »Als sich die Gefängnismauer hinter dem drogensüchtigen Trompeter schloß, hatte er noch den Beifall und Jubel des Münchner Publikums in den Ohren«, oder an anderem Ort: »Das Vortäuschen von schwerer Krankheit hat der süchtige Chet Baker im Laufe der Jahre gelernt. Und er hat das Glück – oder Pech –, immer wieder Ärzte zu finden, die ihm glauben, die ihm Opiate verschreiben ... Auch jetzt droht dem 34jährigen Amerikaner wieder eine Gerichtsverhandlung.« Zu lesen in der BZ, Berlin, 23. Januar 1964.

Chet Baker kehrte nach Amerika zurück, ein Geschlagener, ein Zerstörter, und es sollte noch schlimmer kommen.

1966, im Fillmore District von San Francisco, wurde Baker von fünf üblen Typen aus der Rauschgiftszene überfallen. Sie schlugen ihm fast alle Vorderzähne aus. Wollten sie Schulden eintreiben? War es ein Racheakt? Jedenfalls mußten Chet Baker, seine Frau und seine drei Kinder drei Jahre lang von der Wohlfahrt leben. Ein Trompeter ohne Zähne kann gerade noch auf einer Tankstelle arbeiten und Autos waschen.

Doch er gibt nicht auf, übt unter Qualen mit falschen Zähnen, und eines Tages – wie froh macht doch diese Wendung – taucht Dizzy Gillespie auf. Er hilft sofort. Er, dem Erfolg, Kreativität und Publikum treu geblieben sind, kennt sie nicht, die Trägheit des Herzens. 1973 sorgt er dafür, daß der junge Kollege im New Yorker Club »Half Note« engagiert wird. In der Carnegie Hall gibt es ein triumphales Wiedersehen mit Gerry Mulligan. Bei RCA erscheint die Platte ›Chet Is Back‹.

Er bleibt nicht lange. Er geht wieder nach Europa, und inzwischen sind es weniger die Gesetze, ist es mehr der eigene Dämon, der ihn treibt. Man wußte nie, ob er kommt. Auch in diesem kleinen Münchner Club konnten Wirt und Publikum nur hoffen, daß er doch noch aufkreuzt. Aber die Fans warteten geduldig. Sie wußten, daß er gern kurz vor dem Auftritt noch einmal allein um den Block geht. Manchmal hatte er auch einen seiner schnellen italienischen Wagen, die er liebte und mißhandelte, unterwegs zur Strecke gebracht oder den Koffer mit der Trompete in Brüssel vergessen, oder sein Geld – er trug immer alles in bar bei sich – war wieder mal futsch. Oft ging er einfach verloren. So auch in München.

Sicher, die Gäste waren enttäuscht, aber sie wurden nicht laut. Sie schickten sich ins Unabänderliche. Ihnen war klar: Wir haben mit hohem Einsatz gespielt, und wir haben verloren.

Wenn er da war, ereignete sich ein kleines, einer großen Verletzlichkeit abgewonnenes Wunder. Doch seltsam: Ehe ich Töne höre, sehe ich das Bild. In sich versunken, ganz Konzentration und weit weg, auch von dem Häuflein, das ihn begleitete, hockte ein uraltes Kind auf einem Stuhl. Er hält sich an seiner Trompete fest. Ihm ist nichts geblieben als seine Musik.

Gespenstische Erinnerung. 1979 in der Hamburger Fabrik. »Chet Baker, die keß pomadisierte Collegeboy-Tolle immer noch über dem

131

Greisenantlitz, sitzt auf der Bühne, spielt seine Trompete wie eine Klarinette in ein ihm zu Füßen aufgebautes Mikrophon steil hinunter. Dies Instrument, das Louis Armstrong einst als Stimme des Erzengels Gabriel gefeiert und gespielt hat, meldet sich jetzt aus dem Reich der Toten. Voll Trauer und kaum noch von dieser Welt klingt, was der Mann da bläst.«

Fast mehr noch: Was der Mann da singt. Viele kommen nur deswegen, pilgern zu dieser Ruine von Mensch wie zu einer neu entdeckten Ikone. Für mich war immer auch Billie Holiday anwesend, wenn ich diese Stimme hörte, wenn er durch den Raum zog, dieser Geisterfaden, mit dem der Einsame die Einsamen an sich band. Mit unverkennbar erotischem Timbre warb dieser Klang – im Späten spiegelt sich das ganz Frühe: Jazz entstand, als die Instrumente wie mit menschlicher Stimme zu sprechen lernten. Was Baker singt, rückt so nahe an den durchlüfteten Klang seiner Trompete, daß es fast körperlos wird. Durch die Reinheit dieses Tons wird die Trauer über ein Paradies evoziert, das frei von Leid und Schmutz, also verloren ist.

Er singt die Gershwin-Melodien und von Hoagy Carmichael ›I Get Along Without You Very Well‹, das Hohelied des Selbstbetrugs. Er singt es auch, als er am 28. April 1988 in Hannover sein letztes Konzert gab. Dieser Abend, von Enja als ›The Last Great Concert‹ auf zwei CDs festgehalten, stand unter freundlichsten Sternen, wurde zum Vermächtnis eines Musikers und zum Resümee seiner Arbeit. Dieter Glawischnig dirigiert bei den Losgeh-Stücken die NDR Bigband, bei den Balladen das streichersatte Rundfunk-Orchester. Chet war in Geberlaune und schien froh darüber zu sein, einmal nicht in einen verräucherten Club hetzen zu müssen, sondern seine Kunst in einem würdigen Rahmen präsentieren zu dürfen. Zwei Wochen später war er tot.

In Hannover steckte er voller Hoffnung, machte er Pläne für die Zukunft. Als man ihn dann in seinem Blut auf der Straße vor dem Hotel Prins Hendrik in Amsterdam fand, sprachen viele von Selbstmord. Andere glauben nicht daran; wissen sie doch, daß Typen, die mit aller Gewalt Drogengelder eintreiben, nicht nur im Fillmore District von San Francisco herumlaufen.

twen, 1963

Jazz-Reise mit Sonny

DAS DÜSSELDORFER PUBLIKUM zeigte sich von seiner besten Seite. Es wartete geduldig. Um 20 Uhr sollte das Konzert beginnen. Aber um 21 Uhr war immer noch kein Künstler in Sicht. Niemand murrte. Wer Lust hatte, rauchte eine Zigarette im Foyer und hörte vertrauensvoll auf die Beteuerungen des Veranstalters: »Man hat die Musiker in Stockholm ins falsche Flugzeug verfrachtet; nun sind sie in Köln gelandet und fahren auf dem schnellsten Wege hierher.«

Um 21.15 Uhr war es dann soweit. So, wie sie aus der Taxe gekommen waren, betraten vier atemlose farbige Musikanten das Podium, versuchten sich die frostklammen Hände warmzuhauchen, und das erste Deutschland-Konzert des amerikanischen Tenorsaxophonisten Sonny Rollins hatte doch noch begonnen:

Übermüdet, hungrig und verfroren – so standen sie auf dem Podium. Auch hinter ihnen, wie das im Robert-Schumann-Saal üblich ist, saß Publikum, und das schien sie nicht zu irritieren. Im Gegenteil, Club-Atmosphäre kam auf, nicht zuletzt wohl dadurch, daß die Künstler so salopp in ihrer Alltagskleidung spielen konnten: Don Cherry, der Trompeter, in seinem knallroten Pullover, der Schlagzeuger Billy Higgins und der Bassist Henry Grimes, im grünen und dunkelgrauen Wollhemd. Nur Sonny Rollins trägt offenbar auch auf der Reise einen Anzug; ein dunkelblaues Exemplar, mit feinem Nadelstreifen. 1959 bei seinem ersten Aufenthalt in Frankfurt hat er ihn sich gekauft, und er ist genau das, was die Amerikaner nun einmal für typisch europäisch halten.

Ob sie vorhätten, noch etwas zu essen, fragte ich hinterher die Musiker. Nein, war die Antwort. Sie wollten nur ins Hotel, sich Spiegeleier aufs Zimmer bringen lassen und schlafen.

München, den 20. Januar 1963

»Ich halte sonst nicht viel von meinen eigenen Aufnahmen«, sagte Sonny Rollins, als wir nach dem Münchner Konzert ins Hotel zurückfuhren, »aber die letzte Platte, die wir im New-Yorker ›Village Gate‹ aufgenommen haben, finde ich selbst ausgezeichnet. Schon gehört?« »Ja«, antwortete ich. »Eine ganze Seite ›Oleo‹; dauert länger als 25 Minuten.«

»Ja, aber ich glaube, es wird nicht langweilig. Wir haben versucht, etwas rauszuschneiden, aber die Spannung läßt keinen Augenblick nach, und da haben wir das Stück dann gelassen wie es ist. Ich glaube, so kriegen wir es nie wieder hin, alles paßt zusammen, die Klangfarben wechseln, ich bin zufrieden.«

Wir sind beim Hotel angekommen. Ich will ihm den Saxophonkasten abnehmen, aber er trägt ihn selbst, wie während der ganzen Tournee. Ich frage ihn, ob er noch mitkommen will zur Jam-Session, die irgendwo in Schwabing angesetzt ist und zu der die anderen drei schon unterwegs sind. Er sei zu müde, meint Rollins. Gestern zwei Konzerte in Paris; morgen sei nach Mailand, Zürich, Kopenhagen, Stockholm, Düsseldorf und Paris sein erster freier Tag. Er wolle nichts als schlafen.

Schwabing, zwei Uhr nachts

In der »Reitschule«, Freddie Brocksiepers Residenz in Schwabing, saß man zusammen und redete sich die Köpfe heiß. Immer noch debattierte man über dieses rätselhafte Konzert, das in München interessanterweise tiefere Betroffenheit ausgelöst hatte als in Düsseldorf.

Auch in die Jam-Session war unterdessen Leben gekommen. Aus dem anderen Teil des Raumes drang die Stimme einer Sängerin, die sich Billie Holiday als Vorbild gewählt, aber mit knapper Not Anita O'Day erreicht hatte. Sie sang ›The Man I Love‹, und Don Cherry spielte dazu die Trompeten-Untermalungen. Es war der pure Dilettantismus.

Kurzentschlossen trennte ich die Kämpfenden bei mir am Tisch und sagte: »Hört doch mal zu, was der da vorne spielt. Ist es nicht entlarvend? Wenn er was Konventionelles blasen muß, ist er aufgeschmissen. Atmen kann er nur in der hermetisch abgeschlossenen Welt seines Quartetts. Wenn er sich aus dem Bezugssystem der vier

Sonny Rollins

Stimmen entfernt, wenn er allein auf weiter Flur steht, fängt er zu frieren an ...«

Das hätte ich nicht sagen sollen. Der Vibraphonist Gunter Hampel, ein sehr artikulierter Verfechter der musikalischen Avantgarde, widersprach mir sofort, und zwar nicht grimmig und erbittert, sondern höflich und etwas nachsichtig wie alle echten Fanatiker. »Sicher«, meinte er, »Sonny Rollins ist ein ganz ausgezeichneter Musiker mit gewaltigen Ideen und vor allem mit dem Mordston, aber die eigentlichen Impulse gehen doch von Don Cherry aus. Ihm hat das Quartett diese radikale Modernität zu verdanken. Er ist seiner, unserer Zeit am weitesten voraus.«

»Mag ja alles stimmen«, gab ich zu, »aber so ganz wohl ist mir nicht dabei. Sieh mal, ich kann genauso gut sagen: Bei Sonny Rollins weiß ich wenigstens, woran ich bin. Das ist ein gelernter Musiker, der sich im Vollbesitz seiner technischen Möglichkeiten entschlossen hat, bizarr und esoterisch zu spielen. Meinen Respekt! Hut ab! Aber wenn ich Don Cherrys unsichere Höhe, wenn ich seine Kickser höre, stelle ich mir dieselbe Frage, die mich schon bewegt hatte, als er noch bei seinem vergötterten Lehrmeister Ornette Coleman spielte: Will er nicht anders oder kann er nicht anders? Es gibt Augenblicke, da weigere ich mich, einem Menschen zu trauen, der nicht einmal in der Lage ist, ein Unisono sauber mitzublasen. Dann wieder bin ich fasziniert und sage mir: Ein Thema im herkömmlichen Sinne ordnungsgemäß vorzustellen, stinkt denen inzwischen so, daß sie lieber gleich mit dem Improvisieren anfangen.«

Da schlug Gunter Hampels große Stunde. »Natürlich haben sie keine Lust mehr, das Thema zu spielen. Das kennt doch sowieso jeder. Der moderne Jazz ist auf dem Wege, nach und nach den ganzen Ballast der Konvention über Bord zu werfen. Mit Charlie Parker hat es begonnen. Er ist der erste gewesen, der sich bewußt vom breiten Publikum isoliert hat. Ornette Coleman hat den nächsten Schritt getan und ist – noch radikaler als Bird – in der Musik selbst zum Revolutionär geworden. Er hat die Gesetze der Harmonik zertrümmert und den Musiker von dem Zwang erlöst, sich beim Improvisieren immer noch an den alten Akkordschemata zu orientieren. Nun ist die Rollins-Gruppe da und sagt sich gelegentlich auch vom durchgehenden Rhythmus los; bald wird man ganz ohne Thema auskommen; und all diese Umwälzungen haben nur ein einziges Ziel, und das ist, dem improvisierenden Musiker noch mehr Freiheit zu lassen. Durch nichts, durch kein überkommenes Gesetz darf er daran gehindert werden, seine Individualität zu entfalten.«

»Denn«, so fuhr Gunter fort, »in der Zukunft ist nur das eine von
Belang: die spontane, rückhaltlose Verwirklichung der Individualität.
Das abgerundete, ästhetischen Kriterien unterwerfbare Kunstwerk ist
tot. Man muß vollkommen umlernen, wie in der modernen Malerei.
Da ist auch der dynamische Vorgang des Malens wichtiger als das
Ergebnis, das fertige Bild. So wird es auch beim Jazz der Zukunft sein.
Das Publikum ist sowieso Nebensache, aber auch auf die Musik selbst
kommt es weniger an als auf den Vorgang des Musizierens. Die Ekstase
des Schöpferischen gilt mehr als das Geschaffene. Vorm Chaos schützt
kein Gesetz, sondern nur das intuitive Zusammengehörigkeitsgefühl der
Musiker, die Fähigkeit, sich in den anderen hineinzuhören, wortlos
zu kommunizieren. Das ist die Vorbedingung. Das Endziel aber ist die
Freiheit.«

Da trat Don Cherry an unseren Tisch. Vorstellungen, Komplimente!
»Aha, du bist also auch Musiker?« fragte er einen aus unserer Runde,
der sehr wacker Blues-Piano spielt.

»Ja, aber ich bin noch beim traditionellen Jazz.«

»Mach dir nichts draus«, tröstete Don Cherry mit Grandezza, »in
fünfzig Jahren gehört das, was ich jetzt spiele, auch zur Tradition.«

München, den 21. Januar 1963

Der erste freie Tag! Kein Musiker in Sicht! Nicht einmal beim Früh-
stücken verlassen sie ihre Zimmer. Sie schlafen oder spielen Platten. Sofort das immer mitgeführte Koffergerät anzuschließen und die letzten
Aufnahmen der Kollegen abzuhören, das ist ihr einziger Kontakt mit der
Außenwelt. Nur Don Cherry wird von zwei Münchner Fans abgeholt
und sieht sich eine Ausstellung mit Bildern von Klee und Kandinsky an.
Und Rollins selbst, der »Maestro«, wie ihn die anderen drei nennen? Er
benutzt den freien Tag dazu, mit heißem Tee und Zitrone eine nervöse
Magenverstimmung auszukurieren, die ihm die Reiserei eingebracht
hat. Er schläft, oder er blättert in seinem Lexikon mit musikalischen
Fachausdrücken, einem zerlesenen Pocket Book, das neben einem
luxuriös ausgestatteten Bildband mit Van-Gogh-Reproduktionen in
jedem Hotelzimmer auf seinem Nachttisch liegen wird.

Unterwegs: München – Stuttgart, den 22. Januar 1963   137

»Kannst du mir mal die Melodie eurer deutschen Nationalhymne vor-
singen?« fragte mich Sonny Rollins. Ich bejahte und sang, aber nicht allzu
laut, denn wir standen auf dem Münchener Hauptbahnhof und warte-

ten auf den Zug nach Stuttgart. »Bitte nochmal und lauter!« Ich wiederholte in einem halbherzigen Mezzoforte. »Und jetzt die Schlußphrase noch einmal!« Ich sang die vier letzten Takte allein und blieb dem patriotischen Jubel, der in ihnen zum Ausdruck kommt, sicher einiges schuldig. Doch dann war Rollins an der Reihe. Im ungeniertesten Fortissimo und mit Varianten, an die Vater Haydn auch in seinen schwärzesten Alpträumen nicht gedacht haben konnte, schmetterte er das Lied dem einrollenden F-Zug entgegen. Biedere Bayern blickten besorgt.

»Die Presse war sehr gut«, sagte ich zu Rollins, als wir schließlich im Zug saßen, und erhielt die Antwort: »Ich lese nie Kritiken.«

Es war nicht ganz leicht gewesen, ein leeres Abteil für fünf Leute zu finden; ein Teil des Gepäcks – man weiß ja, was Amerikaner so alles mit sich herumschleppen – stand auf dem Gang. Den Baß hatten wir im Nebenabteil auf den Sitzpolstern schlafen gelegt, nachdem wir vorher mit viel Überredungskunst zwei Insassen verscheucht und die beiden Mittellehnen hochgeklappt hatten.

Rollins holte einen großen Notizblock hervor und machte sich an die Buchführung. Unterwegs darf auch ein so berühmter Mann kein weltfremder Künstler sein. Er muß Schweizer Franken und Deutsche Mark in Dollars umrechnen können. Ein mühevolles Geschäft.

Plötzlich sah er hoch und fragte: »Wie lange kann ein Mensch leben, ohne zu atmen?« Die anderen drei und ich hörten auf zu dösen und fingen an zu raten. Bill Higgins sprach von zehn Minuten, ich beschränkte mich auf fünf, Rollins gab die Antwort: »Fünfzehn Jahre.« Wir mußten ein sehr ungläubiges Gesicht gemacht haben, denn der Maestro holte zu langen Erklärungen aus: »In Indien hat einmal ein Mann gelebt, der es durch Autosuggestion soweit gebracht hatte, daß er nicht mehr zu atmen brauchte, und dabei ist er genau fünfzehn Jahre am Leben geblieben. Auch ich habe es einmal versucht und den Atem so lange angehalten, bis ich diesen Punkt erreicht hatte. Doch dann bin ich leider in Ohnmacht gefallen. Ich bin also noch nicht so weit! Das Ganze ist überhaupt eine Frage der Konzentration. Wenn man nur fest genug daran glaubt, ist es einem möglich, den Körper völlig durch den Geist zu regieren. Ich arbeite zum Beispiel daran, daß ich mich jederzeit im Handumdrehen nach New York versetzen kann, und daß die Leute mich da auch sehen. Ich bin kurz davor, das auch zu schaffen. Wie ihr seht, trage ich zwei Armbanduhren«, und er streifte seinen linken Jackettärmel hoch, »eine davon sollte ich eigentlich auf New Yorker Zeit einstellen, damit ich zu jeder Stunde bereit bin.«.

Das Gespräch wandte sich immer mehr dem Übersinnlichen zu. »Kennt ihr nicht auch das Gefühl, daß man plötzlich weiß: Hier warst du schon einmal. Gerade vorletzte Woche, als wir noch in Rom waren, entdeckte ich plötzlich in einer Seitenstraße einen Platz mit einer Kirche, der mir völlig vertraut vorkam, obgleich ich ihn natürlich noch nie gesehen hatte. Einem Mädchen, das mich dahingeführt hatte, war es genauso ergangen.«

»War das die von der Fernsehshow?« unterbrach Billy Higgins.

»Ja.«

»Die war Klasse.«

»Ach ja, Rom, da schien die Sonne wie bei uns in Kalifornien«, seufzte Don Cherry.

Henry Grimes, der sich bis dahin fast gar nicht am Gespräch beteiligt hatte, fuhr jetzt aus tiefem Sinnen auf und ergänzte: »Bloß das ewige Spaghetti-Essen!«

Rollins ließ sich nicht ablenken. Er war offenbar stark an parapsychologischen Phänomenen interessiert, wie man überhaupt in seinem Gepäck viel mystisch-kabbalistische, mit geheimwissenschaftlichen Emblemen gespickte Literatur findet. Er sprach davon, wie es an der Westküste einigen Gelehrten gelungen ist, die letzten Reaktionen Sterbender aufzufangen, und genau zu registrieren, was sie in ihren letzten Minuten denken und empfinden.

»All diese Schilderungen«, führte Rollins aus, »sind erfüllt von Heiterkeit. Der scheidende Mensch spürt das Glück des Dahinschwebens und bedauert die trauernde Gemeinde, die noch länger da unten ausharren muß. Er wirft einen letzten Blick auf den zurückbleibenden Körper, und vor allem, er hört Musik, denn auch die Musik ist etwas Mystisches.«

Und so waren wir dann bei der Musik angelangt, ohne daß ich durch erkältende Reporterfragen die unbefangene Atmosphäre zu zerstören brauchte.

Ganz unvermittelt sagte Rollins: »Beethoven war vor allem ein Improvisator. Was glaubt ihr, wie mühselig es für ihn war, all die Sinfonien zu Papier zu bringen. Immer wieder hat er die Stimmen umgelegt, durchgestrichen, radiert, und beim Notenschreiben geflucht, genau so wie wir. Doch beim Improvisieren hat er sich am wohlsten gefühlt. Es gab damals bei Hof ja richtige Wettkämpfe, und der Kaiser machte sich einen Spaß daraus, die einzelnen Pianisten um die Wette spielen zu lassen.«

139

Rollins staunte, als ich hinzufügte, daß der Fürst gelegentlich selbst ein Thema stellte, über das die Musikanten zu improvisieren hatten. Ich suchte in dem kleinen Musiklexikon, das natürlich sofort zur Hand war, den Abschnitt über das ›Musikalische Opfer‹ heraus, und Rollins fand großen Gefallen an dem königlichen c-moll-Thema.

Wir kamen durch Ulm; für das Münster hatten sie nur das temperierte Interesse von Touristen. Als ich erwähnte, daß Karajan hier angefangen hätte, meinten sie, daß sie doch von Furtwängler mehr hielten.

»Das ist hübsch«, sagte Don Cherry, »die Sonne auf dem Schnee!« Wir kamen auf modernste Musik. Don Cherry hatte Stockhausen bei dessen Amerikabesuch an der Westküste kennengelernt. Rollins warf den Namen Edgar Varèse ins Gespräch, der schon 1931 eine sehr avancierte Komposition für Schlagzeug-Orchester und zwei Sirenen geschrieben hatte. Dann verebbte die Unterhaltung. Rollins wurde wieder zum Kaufmann und rechnete; die anderen schliefen ein wenig. Schließlich tat Rollins mehrere Scheine und einiges Silber in drei Couverts, leckte sie sorgfältig zu und weckte die Herren. Die Diskretion wäre überflüssig gewesen, sie zählten sofort nach. Ich sah, es war nicht wenig. Die Müdigkeit verschwand; alle waren heiter und ausgelassen.

»Mal was von Buddy Bolden gehört?«

»War das nicht ein Typ aus dem alten New Orleans?«

»Ja, und zwar ist er schließlich in der Irrenanstalt gelandet. Das kam so: Eines Tages, als sie gerade auf einem Leiterwagen saßen und spielten, rutschte ihm eine moderne Phrase heraus (und Don Cherry intonierte einen skurrilen Bebop-Riff). Gleich drehten sich die Kollegen um und sagten: ›Dieser Kerl ist wahnsinnig. Er muß sofort eingesperrt werden.‹«

Da waren wir in Stuttgart angekommen, setzten die Gepäckträger unter Brot, und ich machte mich auf die Suche nach einem Zahnarzt, denn Don Cherrys linke Gesichtshälfte war bedenklich angeschwollen.

Wieder unterwegs: Stuttgart – Frankfurt, 23. Januar 1963

»Seit drei Jahren habe ich meine Kinder nicht gesehen«, sagt Billy Higgins im Speisewagen, aber er zeigt keine Bilder, was mich überrascht. Percy Heath hat ja immer gleich mehrere zur Hand. Er inspiziert die Speisekarte und ist traurig, weil schon wieder »Chicken and Rice« nicht darauf steht. Er begnügt sich mit Geflügelsalat.

Frankfurt, 23. Januar 1963
Rollins geht mit großen Schritten in der Garderobe auf und ab und
bläst sich ein. Er spielt ›Flamingo‹ in sehr langsamem Tempo, nur
die Melodie, ohne jeden Schnörkel, in seinem vollen, warmen, runden
Ton.

Das Konzert beginnt. Ich fische einen Zettel aus meiner Brieftasche
und schreibe auf den Knien Stichworte mit: »Rhapsodische Intro der
beiden Bläser; Rufe; Beantwortungen; Marseillaise-Zitat; Trompeten-
solo ohne Rhythmusgruppe, aber im swingenden, schnellen Tempo;
Anklang an ›Oleo‹; Rollins dazu, freie Zweistimmigkeit, doch keiner
macht eigentlich Chorus; Ertasten von Klängen; Sekundreibungen, offenbar der Versuch, zu zweit harmonische Fortschreitungen auszupro-
bieren; alles sehr langgezogen; ein wenig klagend; Rhythmus setzt aus;
Rollins verlangsamt Tempo und paraphrasiert ›Solitude‹; afrokubani-
sches Intermezzo, viel Schlagzeug mit Paukenschlegeln; Rollins spielt
südamerikanisch gefärbten Riff an, den Cherry aufnimmt; Unisono
zum Drumsolo, dann ein fließender Übergang zu einem bouncenden
Teil; wieder auf einfachem Riff aufgebaut.

Plötzlich 6/8-Takt, leuchtend klirrendes Becken, dann wieder melancholische Beantwortungen, nachhorchen, alles ohne Rhythmus;
Schluß – überraschend wild. Kein Thema! Alles ein Stück!«

Das Ganze hat über zwanzig Minuten gedauert, dann folgt ›Oleo‹,
bei weitem nicht so vielgliedrig aufgebaut, wohl mit Rücksicht auf die
zahlreichen farbigen Soldaten, die offenbar etwas Herzhafteres erwar-
ten. Cherry hat wieder Ärger mit seinem Zahn. Er war doch nicht dazu
gekommen, zum Arzt zu gehen. Verbissen versucht er, die Höhen zu
treffen, wie jemand, der sich den Arm verstaucht hat, ihn trotzdem immer wieder bewegt und mit schmerzverzerrtem Gesicht sagt: »Wenn ich
so mache, tut es besonders weh.« Soweit das Menschliche! Es ändert natürlich nichts daran, daß das Solo zweitklassig ist. Eine Dreiviertelstunde
ist vergangen. Dann stellt Rollins sehr launig die Musiker vor, und geht
mit der Ansage in die Pause. Mal was anderes!

Im Flugzeug: Frankfurt – Berlin, 24. Januar 1963
Ich glaube fast, Beethoven hat es leichter gehabt. Rollins hat ein großes
leeres Blatt Notenpapier auf dem Schoß liegen und malt – recht unge-
lenk, wie ich feststelle – Violin- und Baßschlüssel hin.

Sehr langsam entstehen die ersten vier Takte einer Baßstimme zu
›I Believe‹. Gelegentlich holt er aus seiner Reisetasche eine Stimmgabel

hervor, schlägt sie auf der Lehne des Sitzes vor ihm an und summt die Intervalle. Über dem Sitz taucht ein entgeistertes Gesicht auf. Unbeirrt summt, stöhnt, flötet, flucht und gestikuliert Rollins weiter. Er bittet Don Cherry, Töne auszuhalten, während er sich Gegenstimmen ausdenkt. So viel Dynamik erdrückt mich fast. Dann geben sie es für heute auf.

Rollins meint: »In Berlin kann ich endlich meine Wäsche machen lassen. Heute habe ich schon meine alte Band-Uniform angezogen.« »Von welcher Band?« frage ich und sehe mir das graue Flanellsakko an.

»Es stammt noch aus der Zeit, als ich bei Max Roach war. Wenn man es schont und die Manschetten und den Kragen regelmäßig bürstet, kann man es noch sehr gut tragen.«

Wir landen. Berlin ist die letzte Station der Deutschlandtournee. Sechs Anschnallgurte werden gelockert. Vier Musiker, ein Baß und ich treten in die Wintersonne hinaus.

Nun ist es ein paar Jahrzehnte her, und ich glaube, ich kann jetzt etwas erzählen, was mich damals sehr bewegt, tief verstört hat, was ich aber für mich behalten wollte, dem ›twen‹ nicht anvertrauen mochte.

Nachgedanken

Schon als wir in München ankamen, wurde ich stutzig, weil die amerikanische Plattenfirma, die unsere Tournee von drüben aus bis in alle Einzelheiten durchorganisiert hatte, offenbar so geizig war, für uns ein klitzekleines, leicht angeschmuddeltes Hotel in unmittelbarer Bahnhofsnähe auszusuchen. Immerhin: Manches klappte da sehr gut. Als Sonny Rollins über dies Unwohlsein klagte, war ein Arzt so schnell zur Stelle, als habe er in der Portiersloge auf den Anruf gewartet.

Am nächsten Morgen schlug ich den Musikanten vor: »Laßt uns doch mit dem Zug nach Stuttgart reisen. Es geht wirklich schneller als mit dem Flugzeug.« Nur wenig später fuhren wir los, und da standen sie schon in Stuttgart auf dem Bahnsteig – eilfertig und gierig und warteten. Es waren nicht die Fans. Es waren die Dealer. So schnell funktionieren die Buschtrommeln im mafiosen Untergrund. So gräßlich intakt ist das Wechselspiel von Angebot und Nachfrage, und vor allem: So schwer das Entrinnen.

Die Welt, 1961

Jazz – konsequent atonal

Das neue Jimmy-Giuffre-Trio stellt sich in der Bundesrepublik vor

Seit einige Jazzmusiker das Experiment für sich entdeckt und dadurch ihren Schöpfungen die musikantische Unschuld geraubt haben, hat sich der kritische Zuhörer für diese Fälle gewisse Argumentationsmuster zurechtgelegt.

Er sagt: »Jazz im landläufigen Sinne wollt ihr nicht mehr spielen. Das alte Formschema ›Themenvorstellung – solistische Improvisationen – Wiederholung des Themas‹ langweilt euch. Stilisierungen wolltet ihr vornehmen. Moderne Kammermusik ist das angestrebte Ziel, und alle Errungenschaften der zeitgenössischen Konzerte sollen in eure avantgardistischen Klänge hineinverwoben werden. Nun gut! Bitteschön! Wir verlieren da keineswegs die Nerven. Es kann ruhig einmal etwas anderes sein. Aber was ist es dann? Den Raum des Jazz habt ihr verlassen. Aber auch im Saal nebenan herrschen strenge Gesetze. Könnt ihr vor denen bestehen?«

Mit diesen schon oft durchexerzierten Gedankengängen hatte man sich gewappnet, als man das Konzert des Jimmy-Giuffre-Trios besuchte. Denn es hatte sich herumgesprochen, daß Ungewöhnliches bevorstand, und zwar Jazz, der konsequent atonal ist und trotzdem improvisiert wird.

Daß Jimmy Giuffre seine Hörer mit einem so wagemutigen Unterfangen konfrontierte, durfte im Grunde niemanden überraschen. Dieser Klarinettist, Tenor- und Baritonsaxophonist, Arrangeur und Komponist begann seine Laufbahn mit einer Revolution, die nun schon Jazzgeschichte geworden ist. Er schuf den Klang des modernen Saxophonsatzes für die Woody Herman Big Band. ›Four Brothers‹ hieß das Stück, das er für drei Tenor- und ein Baritoninstrument setzte.

Dann wandte er sich kleineren, leiseren, aber nicht weniger alarmierenden Besetzungen zu. ›Tangents in Jazz‹ hieß nun das Album, in

143

dem er mit der Tradition des durchlaufenden Rhythmus zum ersten
Male brach. Zwar spielen Schlagzeug und Baß noch mit, aber sie wer-
den wie Melodie-Instrumente behandelt und setzen genau kalkulierte
Akzente.

Durchsichtig sollte alles klingen, und daher wandte Giuffre sich
immer mehr der amerikanischen Folklore, den Spirituals, den Blues,
ja den Western-Songs zu, wenn er die Themen für seine kleinen En-
sembles schrieb. Immer abgeklärter wurde seine Musik. Nicht selten
ging die kunstvolle Schlichtheit in Simplizität über, und da ist es nur konsequent, daß er, des milden Tones satt, einen neuen, zerklüfteteren Weg
einschlug.

Vor allem besticht die Redlichkeit dieses Musizierens, und das ist hier
nicht leutselig gemeint, im Sinne von »Die Künstler gaben ihr Bestes«.
Wie oft erlebt man es doch bei experimentellen Jazz-Ensembles, daß sie
ein recht komplexes Thema vorstellen, daß sich dann aber die Improvisationen in ausgefahrenen Geleisen bewegen. Nein, nichts von diesen
uneingelösten Versprechungen bei Giuffre. Ohne stilistischen Bruch gehen die notierten und die improvisierten Partien ineinander über. Die
Integration ist vollkommen.

Und das kann wohl nur gelingen, weil die Musiker – zu Giuffre gesellen sich der Pianist Paul Bley und der Bassist Steve Swallow – so gut
aufeinander eingespielt sind. Nur so können sie in dieser dornigen
Klangwelt improvisieren, und man zweifelt nie daran, daß sie das tun,
daß die Stücke Abend für Abend anders klingen, und das hat für den
Jazzfreund etwas Tröstliches, selbst wenn diese Gewißheit damit erkauft
wird, daß die Künstler eine ganze Konzerthälfte brauchten, ehe sie richtig warm geworden waren.

Allzu unvermittelt und verkrampft standen sich am Anfang die
Vokabeln aus dem Sprachschatz der Wiener Schule und die Schreie
aus der Welt des Hardbop gegenüber. Die Anklänge an Schönberg,
Webern, John Coltrane und Eric Dolphy wollten erst nach der Pause
zu schöner Selbstverständlichkeit verschmelzen. Nicht immer war es
künstlerisch sinnvoll und diente der – an sich bei einer so kleinen Besetzung legitimen – Bereicherung der Klangfarben, wenn der Pianist,
modernsten Strömungen folgend, von oben in die Saiten griff. Manchmal war es Manier, und ein Witzbold hinter mir sagte: »Er sucht die
Dominante.«

Ja, die Dominante hat mancher an diesem Abend vermißt. So paradox es jedoch klingen mag: Die schwächsten Momente hatte das Kon-

zert dann, wenn eben diese Dominante zu finden war, wenn Rückfälle
in die Tonalität, als Entspannung für den strapazierten Hörer gedacht,
einmal wieder demonstrierten, wie leicht gerade die Intellektuellen ins
Sentimentale abgleiten. Die ›Romanze in Moll‹ tauchte überraschend
als Zitat auf, Salonmusik und Kitsch wurden als Lyrismen ausgegeben.
Das Cocktailglas stand neben dem Abgrund.

Die Welt, 14. Januar 1964

Jazz an der Schwelle zur Ideologie

Der Schlagzeuger Max Roach und die Sängerin Abbey Lincoln
präsentierten die ›Freedom Now‹-Suite

Wir wollen unsere Freiheit jetzt, diese Forderung aller amerikanischen Farbigen hat der Schlagzeuger Max Roach in den
Mittelpunkt seiner ›Freedom Now‹-Suite gestellt. Radio Bremen hat den
norddeutschen Jazzfreunden die Begegnung mit diesem Protestschrei ermöglicht. Es wurde ein fesselndes, aufregendes Konzert im Sendesaal.

»Vor hundert Jahren hat Abraham Lincoln dem Neger die Emanzipation zugesichert«, so erläuterte Siegfried Schmidt-Joos, dessen Ini-
tiative der Jazz bei Radio Bremen so viel verdankt, »doch noch sind die
Forderungen unerfüllt geblieben. Immer wieder hat man die Farbigen
vertröstet: man dürfe nichts übereilen, die Integration könne sich nicht
mit abrupter Brutalität, sie soll sich schrittweise vollziehen. Doch nun,
nach hundert Jahren, werden die Farbigen – jedenfalls künstlerisch –
militant. Nicht in einer nebulösen Zukunft, sondern heute und jetzt wollen sie ihre Gleichberechtigung. Man kann nicht von der Freiheit der
morgen Geborenen leben.«

Jeder der fünf Sätze von ›Freedom Now‹ versucht, diese gesell-
schaftliche Situation in die Klänge des Jazz zu verwandeln. Max Roach
beherrscht mit seinen sprechenden, wirbelnden, dröhnenden Trommeln das Geschehen. Meist redet er von Wut. Seltener klingt Zartes auf.
Doch alles ist souverän artikuliert. Planung und Instinkt, Kalkül und
Besessenheit wohnen nebeneinander. Auch hier gibt es eine Virtuosität
der Verzweiflung.

Gleich im ersten Satz, ›Driva Man‹ betitelt, stellt Roach seine Gattin, die Sängerin Abbey Lincoln, vor. Im schweren, nicht langsamen

Blues-Tempo führt er den Hörer in die geschichtliche Situation ein. Von Sklaventreibern ist die Rede, von Peitsche und Hunden und von der Schwere des Schicksals, ein Schwarzer zu sein. Im 5/4-Takt wird gespielt und gesungen, und schon dadurch wirkt alles stilisiert, der ungebrochenen Folklore enträckt. Reflexion und das Bild geballter Fäuste – auch im anschließenden Schlagzeugsolo ist das eine ohne das andere nicht denkbar. Etwa 35mal schlägt Roach die 5/4 auf Trommel und Becken durch, mit einem wilden Akzent auf dem letzten Viertel.

Nichts Melodisches geschieht. Alle anderen Instrumente schweigen. Der bare Rhythmus triumphiert. Nur die Stärkegrade wechseln. Verschiedene Becken werden benutzt. So wechseln auch die Klangfarben. Erst ganz zum Schluß dieser beherrschten Trommelorgie löst Max Roach das erste Viertel in ein punktiertes Achtel und Sechzehntel auf.

Auf einen Schlagzeugrhythmus, wieder 5/4-Takt, jetzt aber ganz anders aufgeteilt, ist auch der zweite Satz aufgebaut. ›Tears for Johannesburg‹ heißt das Stück und ist einem scheußlichen Massaker in der Nähe der südafrikanischen Hauptstadt gewidmet. Kein Text, nur klagende Vokalisen der Sängerin!

Man scheut vor dem Wort zurück, aber den dritten Satz muß man das Herzstück der Suite nennen. Er trägt den Titel ›Triptychon‹ und besteht aus den ineinander übergehenden Teilen ›Gebet – Protest – Frieden‹. Auch hier verzichtet Abbey Lincoln auf jeden Text, ja auf jede Begleitung durch Melodie-Instrumente. Wimmern, Stöhnen, Schluchzen, Wutgeschrei von exhibitionistischer Vehemenz, dazwischen Melodiefragmente voller Süße und Inbrunst – zum Schluß dumpfes Winseln – so geht der Bogen dieses kühnen Duetts, denn Max Roach spricht natürlich mit, anfeuernd und beschwichtigend, ein Dialogpartner von Gewicht.

Königlich steht sie da, die Künstlerin.

In ihrem eleganten großen Abendkleid, dessen lichtes Streifenmuster noch einen entfernten Abglanz von Kattun und Baumwollpflücken ahnen läßt. Von überzeugender Innigkeit die Gebärde der zum Gebet verschränkten Hände mit ihren silbrig überlackten Fingernägeln, und fast wagt man nicht, soviel Identifikation und Verausgabung vor Augen, ein Wort der Kritik anzumelden.

Und dennoch: Dem Stück fehlt die gerade bei einem solchen Vorwurf nötige Distanz, und wenn man die Sache recht betrachtet, fühlt man sich unfair behandelt, weil einem durch das weltanschauliche Engagement der Künstler die Hände gebunden sind und man nicht rufen kann, was man rufen möchte: »Mehr Kunst, weniger Inhalt!«

Bei ›All Africa‹ hat uns die Erde wieder; doch magisch, beschwörend geht es auch jetzt noch zu. Die anderen Musiker: der Tenorsaxophonist Clifford Jordan, der Pianist Coleridge Perkinson und der Bassist Eddie Kahn, gesellen sich wieder dazu. Abbey Lincoln ruft die Namen der afrikanischen Stämme: Ashanti hören wir, Watussi, Bantu, Zulu. Abwechselnd wölbt sie die linke und rechte Hand vor dem Mund. Immer mehr Stämme ruft sie auf, und der unmittelbar anschließende letzte Satz ›Freedom Day‹ ist eine jubelnde, ekstatische Feier der endlich errungenen Freiheit für alle Farbigen in Amerika und Afrika. Die Sängerin ist kaum noch ihrer Stimme mächtig. Fast schmerzhaft klirren die Becken.

Nicht nur das Publikum, auch Max Roach selbst zeigte sich begeistert. »Es war ein inspiriertes Konzert«, meinte er anschließend bei einem Bremer Krabbencocktail. »Sie müssen wissen, das ist unsere ganz kleine Tourneebesetzung. In New York haben wir die Suite sogar mit Tänzern aufgeführt, aber nur in einem Nachtclub. Noch nie haben wir das Werk in Amerika auf einer Konzerttournee gespielt. Deshalb bin ich gern in Europa. Harlem ist nicht mehr das, was es früher war. Langston Hughes, der Dichter, lebt noch da, aber die modernen Autoren wie James Baldwin wohnen in Greenwich Village. Meine Frau und ich haben uns an den Rand von Harlem zurückgezogen, in moderne Appartementhäuser, in der Nähe vom Central Park. Unsere nächsten Nachbarn sind Duke Ellington, Ray Charles, Coleman Hawkins, Horace Silver und die große Volkssängerin Odetta.«

Bei, aber nicht in Harlem wohnen – auch das ist ein Beitrag zum Thema ›Freedom Now‹.

Süddeutsche Zeitung, 29. Januar 1982

Chamäleon, Alleskönner

Der Jazzpianist Joachim Kühn in Hamburg

ER FÜLLT GRÖSSERE RÄUME als das »Pö« in Hamburg, darf kühn Tourneen durch die Konzertsäle und Riesenhallen wagen. Aber das kleine Ecklokal mit dem großen Ruf hat es dem Pianisten Joachim Kühn in diesem Winter angetan. Der Wanderer zwischen den Kontinenten und den Stilen scheint eine Heimat gefunden zu haben. Daß es eine endgültige ist, wird niemand vermuten wollen, der den vor Ideen Übersprudelnden, Getriebenen und Umtriebigen kennt. Und selbst wenn es nur ein Zwischenspiel ist: Hamburgs Jazzpublikum jubelt ihm zu.

Am Dienstag hat Joachim Kühn im »Onkel Pö« unbegleitete Soli gespielt. Am Mittwoch ist er mit einem Jazz-Quartett aufgetreten, und daß ich nicht den ersten, sondern den zweiten Abend besucht habe, hängt unmittelbar mit der Person des Künstlers zusammen. Sein Feeling fürs Instrument ist phänomenal. Pianistischer kann kaum jemand Piano spielen. Nur eben und wie so oft: Das Alleskönnen verführt zum Allesmachen oder hat doch gelegentlich dazu geführt.

Aus dem Sächsischen stammend und geradezu blödsinnig musikalisch wie sein klarinettespielender Bruder Rolf, war ihm der westliche Teil Deutschlands bald zu eng, und das Fernweh, fast schon sprichwörtlich für die Menschen aus seiner Heimat, trieb ihn rund um den Globus. Schnell eroberte er Paris, wo das Avantgardistische so wohltuend mit dem Modischen zusammenfällt. Bald wurde Los Angeles einer seiner festen Wohnsitze, und die kalifornische Szene bescherte uns die phonetische Delikatesse seines sächsischen Englisch, ihm die Begegnung mit den amerikanischen Spitzenmusikern, die ihn mit einer ja keineswegs

selbstverständlichen Bereitwilligkeit als einen der ihren willkommen hießen und in ihren Reihen, den weißen wie den sehr viel dichter ge-
schlossenen schwarzen, aufnahmen.

Seitdem ist er international auf schon beängstigende Weise präsent,
hat bei über hundert Langspielplatten im Zentrum gestanden, als Be-
gleiter mitgewirkt und kommt, eine Proteus-Natur zwischen Vision und
Trend, fast jede Saison als ein Neuer zu uns in Clubs und Säle: als Free-
Jazz-Virtuose und als Pop-Idol, als Sensibilissimus mit der Keith-Jarrett-
Allüre oder als Phon-Shocker zwischen Verstärkertürmen, als Rocker in
Leder oder als Page in Satin, immer sehr selbstvergessen und immer sehr
gestylt.

Manchmal beschert er uns ein kleines Wunder und ist so gut, wie er
sich findet. Nicht immer klappt das. So kam es, daß ich nicht das Solo,
sondern die Gruppe wollte und mit der Gruppe die Bewährungsprobe.
Einer, der neben dem klassischen Flügel alle Keyboard-Innovationen,
neben dem Naturlaut alle synthetischen Klänge ausprobiert hat, macht
mal wieder mit in einer Formation des klassischen modernen Jazz, im
fast schon rührend altbackenen Geviert von Saxophon, Baß, Schlagzeug
und auch Klavier.

Keine Elektronik und keine Traumtänzereien mit sich selbst ..., das
ist eine Herausforderung für den soundversessenen Virtuosen, und
Joachim Kühn hat die Herausforderung angenommen, hat das – mitt-
wochs wie dienstags – ausverkaufte Haus vier unvergeßliche Jazzstunden
erleben lassen.

Klug hat Kühn eine starke Crew geheuert, keine Stichwortbringer,
sondern Dialogpartner. Der junge, aber sich schon machtvoll nach vorn
zupfende Bassist Detlev Beier hat Technik und Timing. Vor allem jedoch: Sein Instrument klingt, und das macht ihn zum idealen Partner
des Mannes, der neben ihm sitzt. Gerry Brown, der schwarze Trommler, ist natürlich auch ein Alleskönner und mit allen polyrhythmischen
Wassern gewaschen. Aber er ist mehr, ist auch Farbenzauberer und
Alchimist krachender, zischender Legierungen. Es wird ja nur zu leicht
vergessen: Den großen Schlagzeuger machen nicht die wirbelnden
Stöcke, sondern der Klang, der aus den Hölzern dringt. Nur dieser
eigene, durchaus melodisch sich artikulierende Ton verwandelt das
Rhythmus-Instrument in eine *vox humana* wie das werbende Tenorsaxophon, die flehende Gitarre. Gerry Brown hat ihn.

Saxophon bläst Christoph Lauer, ein Musiker, dessen Renommee
längst über den Frankfurter Raum hinausgedrungen ist, weil er die

Renaissance, die den Bebop-Klängen der späten vierziger, mittleren fünfziger Jahre im Augenblick widerfährt, nicht als etwas aufgreift, das weltweit in der Luft liegt. Er hat sich die musikalische Sprache anverwandelt, völlig zu eigen gemacht und sich mit leuchtendem Ton, einer anrührend nervösen Kraft von den Vorbildern, der kinderverschlingenden Vatergestalt John Coltranes eingeschlossen, gelöst.

Und Joachim Kühn? Er blüht auf in dieser Gesellschaft, mißt frisch und freudig seine Kräfte an den jungen Mitstreitern und den alten Standards. Denn viel eigenes Repertoire hat man natürlich noch nicht, wenn man erst so kurze Zeit zusammenspielt. Aber das hat auch sein Gutes. Bei eigenen Kreationen kann man sich leicht in kosmische Nebel hüllen. Bei ›Milestones‹, ›Now's The Time‹ und ›I Wanna Talk About You‹, einer Ballade von Billy Eckstine, muß man Farbe bekennen, und bei einem Chamäleon wie Joachim Kühn ist es diesmal die Farbe der Erde.

Die Musik öffnet sich. Gut möglich, daß hier Joachims Rock-Erfahrungen zu Buche schlagen: nicht als stilistische Melange, sondern als das Bedürfnis, wieder ans Publikum heranzukommen.

Das vergöttert ihn, macht ihn zum Helden, der seinerseits Dankbarkeit zeigt. Ob er Silvester bei einer einheimischen Blues-Band einsteigt oder sich einen Schemel auf die Bühne holt, um neben dem Piano-Kollegen Christoph Spendel das Vierhändigspiel zu zelebrieren ... vor Joachim Kühn ist momentan in Hamburg niemand sicher.

Modern Jazz

Süddeutsche Zeitung, 20. Oktober 1983

Mit Segen von höchster Stelle: BRD-Jazz in der DDR

Das Manfred-Schoof-Orchester aus Köln spielt in Halle, Meerane, Ostberlin, Rostock und Brandenburg

Toasts und Empfänge! Reden von protokollarisch abgesicherter Herzlichkeit! Es gibt ein Ereignis zu feiern: die Bigband des Trompeters Manfred Schoof gastiert in der DDR. Nun haben zwar schon vorher Jazzmusikanten aus der Bundesrepublik im anderen deutschen Staat gespielt, aber noch nie zuvor haben sie das auf so hochoffiziellem Plateau getan, als Teil eines Kulturaustauschs, beschlossen von dem Ministerium für innerdeutsche Beziehungen (BRD) und der Unterhaltungskunstabteilung das Ministeriums für auswärtige Angelegenheiten (DDR).

Durch fünf Städte – Halle, Meerane, Berlin, Rostock und Brandenburg – geht die Blitztournee. Der Kapelle, immerhin neunzehn hochkarätige Solisten, werden noch drei Glanzlichter aufgesetzt: Albert Mangelsdorff (Posaune), Eberhard Weber (Baß) und Wolfgang Dauner (am Flügel). Dazu kommen zwei Techniker; die für den Auf- und Abbau sorgen; Rainer Haarmann, Kulturreferent beim Bonner Ministerium, und als alter Schoof-Fan Initiator des Projektes; natürlich der Busfahrer und ich.

Das »Haus der jungen Talente« liegt nicht weit vom Alexanderplatz. Mein erster Eindruck: Berlin bleibt Berlin. Die jungen Leute, die da die Riesenaula bis auf den letzten Platz besetzen, unterscheiden sich nicht von denen, die ich im »Quartier Latin« an der Potsdamer Straße in Westberlin treffe. Aufgeweckt, sachkundig, von lernwilligen Musikern

155

Manfred Schoof

durchsetzt ist das Publikum; also wie bei uns in den raren Oasen des Modern Jazz. Nur mit dem liebenswerten Unterschied: Entflammbarkeit herrscht und noch keine Übersättigung.

Beim anschließenden Empfang im kleinen Kreis, einem dieser Ereignisse von hermetischer Herzlichkeit, begrüßt Bernd Zabel, Chef der Abteilung Unterhaltungskunst im Kulturministerium der DDR, die Gäste im finessenreichen Dreischritt. Zunächst freut er sich sehr, weil die Beziehungen zwischen den beiden Staaten in diesem Fall so bemerkenswerte Fortschritte machen. Dann baut er, die vorschnelle und allzu rückhaltlose Umarmung abblockend, doch ein paar ideologische Widerhaken ein. Im privaten Gespräch ist er dann wieder ganz locker. Ich glaube fast, es hat ihm wirklich gefallen.

Am nächsten Mittag Abfahrt nach Rostock. Der Bus mit dem Kennzeichen D und dem Nummernschild aus Köln, dem Ausgangspunkt der Fahrt, schleicht durch Kiefernwälder durch die Oktobersonne. Mal eine Mühle, mal fern ein Dorf, sonst kaum menschliche Ansiedlungen und nur eine Landschaft, die aussieht, als habe jemand ein altdeutsches Märchenbuch aufgeschlagen. Ein Gruß aus Kindertagen. Eine Erinnerung an die mecklenburgische Großmutter, die dem Enkel so gern von ihrem Großvater erzählt hat, der beim Bau der Eisenbahn quer durch Amerikas Westen geholfen hatte, dann jahrelang verschollen war, weil er eine Indianerfrau geheiratet hatte, dann aber doch zurückkam ... nach Grevesmühlen. Manfred Schoof sitzt vorn und öffnet die Stapel der Autogrammpost, die ihm der Herr von der Künstleragentur der DDR, der irgendwie immer mitreist, an den Bus bringt. Die meisten Fans schreiben ausgesucht höflich, wählen »Werter Herr Schoof« als Anrede, fordern aber immer zwei Bilder mit Unterschrift »Zum Tauschen«, meint Sigi Busch, der Bassist, »zehn Manfred Schoofs gegen einen Udo Lindenberg«.

Rainer Haarmann, der Kulturmann aus Bonn, erzählt: »1982 schickte die DDR die erfolgreiche Schinkel-Ausstellung nach Hamburg. Jetzt entsenden wir den Schoof, wobei der Gegenvorschlag noch aussteht.«

Was das bedeutet, »Projekt auf Gegenseitigkeit?« will ich wissen. »Es bedeutet, daß der Entsendende alle Entsenderkosten bezahlt, der Empfangende die Kosten vor Ort übernimmt. Also: Wir stellen die Gagen, den Transport, das Programmheft und die Plakate. Die DDR übernimmt die Werbung, bezahlt die Saalmiete, übernimmt die Hotelkosten. Dafür hat der bundesdeutsche Steuerzahler noch etwa 150 000 Mark hinzublättern. Das Gastspiel einer klassischen Formation hätte ein Vielfaches gekostet.«

In Rostock ist der Jazzclub der Universität angeschlossen. Hans-Joachim Luther, der Leiter, erzählt mir: »Etwa 15 Clubs gibt es bei uns: in Wismar, Greifswald, Stralsund, Leipzig, Dresden, Brandenburg, Halle und an anderen Orten. Alle sind Organisationen angeschlossen, der FDJ, dem Kulturbund oder der Uni. Unsere Rostocker Gruppe besteht seit 1973, veranstaltet einmal im Monat ein Konzert und finanziert sich aus der Kneipe im Haus, aus dem Alkoholumsatz der Diskothek. Ganz recht ist mir das nicht. Aber was soll man tun? Dixieland gibt es nicht bei uns.«

Ein bißchen verlegen bittet mich Hans-Joachim Luther, doch keine Befragung des Publikums durchzuführen. Auf der Straße sei das möglich, doch die Mensa sei gewissermaßen Werksgelände; da bedürfe es der offiziellen Genehmigung des Dekans.

Die Luft ist zum Zerschneiden in dem schmalen Handtuch von Mensa. 700 Leute gehen rein, mehr als 1000 sind drin und scheinen mir noch wacher, noch dankbarer als in Berlin. Genau dosieren sie den Beifall für Eberhard Webers atmende Baßmelodien, den sehr beherzt aufspielenden Albert Mangelsdorff, die kristallklare Flügelarbeit Wolfgang Dauners, die Trompetenlyrik von Jon Eardley und das Trompetenfeuer von Manfred Schoof. »Der Eberhard geht unheimlich ab«, höre ich in der Pause, trete näher und erfahre gleich noch, daß dies die »totale Message« sei. Auf riesigen Pinnwänden im Vorraum dokumentiert eine Photoausstellung, wer hier schon alles gespielt hat: Brötzmann, Schlippenbach, Baby Sommer, die Creme der Avantgarde.

Endlich ist er gekommen, der langersehnte Moment. Keiner der Herren, die immer wie zufällig neben einem stehen und ganz woanders hinsehen, scheint in der Nähe. Doch die verschwörerisch bohrende Reporterfrage, welchen »Stellenwert« der kapitalistische Jazz nun im sozialistischen Staat einnimmt, bleibt mir im Hals stecken, denn ganz direkt kommen die Typen auf mich zu und sagen: »Du bist doch mit im Bus gewesen. Aus Hamburg kommst du? Ist die Fabrik noch gut besucht? Existiert das Logo noch? Wann macht das ›Pö‹ wieder auf?« Wohlinformierte NDR-Hörer habe ich vor mir, die mich auch gleich mit der rhetorischen Frage beschämen, ob ich nicht auch der Ansicht sei, daß in Hamburger Clubs die »improvisierte Musik« mehr und mehr durch seichten Disko-Sound verdrängt werde. Die Sicherheit, mit der sie den in der Tat zu eng gewordenen Begriff »moderner Jazz« durch den umfassenderen, im schönsten Wortsinn fortschrittlichen Ausdruck »improvisierte Musik« ersetzen, macht mir Spaß.

Am nächsten Morgen ist Rostock grau. Voll von Regen und Miliz. Die Kampfgruppen der Arbeiterklasse feiern ihr dreißigjähriges Bestehen. Klamm hängen die Fahnen auf dem Ernst-Thälmann-Platz, naß die Sprüche wie »Gegen NATO-Waffen – Frieden schaffen« von den Fassaden der Hanse-Häuser, Lübeck ist nah und sehr fern. Gleich hinter der restaurierten Backsteinpracht beginnen die Speicherzeilen, angeknabbert vom Verfall und wohl auch noch vom Krieg. »Unsere Republik versteht sich zu verteidigen«, schallt die Stimme über den Platz und herab auf die vielen Hundert, die zum großen Appell angetreten sind. Die Teenies hören überhaupt nicht hin. Mal sagt ein Mädchen: »Aber das weiß man doch alles so unheimlich.« Auch die alten Kämpfer, die im Rührteuch klönen, wirken nicht furchterregend, zucken vielleicht ein wenig zusammen, als die Stimme von der »Sicherung des Friedens durch militärische Stärke« tönt. Aber wer zuckt da nicht zusammen?

Schläfrige Stimmung im Bus: Rehe und Kraniche auf den Wiesen. Albert, der Ornithologe, beobachtet die kreisenden Pulks der Wildgänse. Stephan Diez zupft sich einen leisen Blues auf seiner Gitarre. Jo Thönes, der junge und schon seine ganz eigenen Geschichten trommelnde Schlagzeuger, hört Coltrane unter dem Walkman. Tom van der Geld, Vibraphonspieler aus Boston, erzählt Schnurren auf Bayerisch. Eberhard Weber schwärmt von der Callas.

In Brandenburg hat man die Kultur- und Sporthalle für uns gebucht. Sie liegt in der Industrievorstadt in der Straße der Aktivisten gegenüber vom Stahl- und Walzwerk. Zwölf Schlote rauchen auch am späten Samstagnachmittag. Ein Fan aus Berlin ist uns nachgereist, will unbedingt Albert sprechen, der sich, wie das so seine Art ist, gleich zurückgezogen hat. In den Arztraum. Zum Üben.

Ein ganz anderes Publikum sitzt heute im Saal. Es will erst noch erobert werden vom zeitgenössischen Jazz. Unter die Fans mischen sich blutjunge, wie abkommandiert wirkende Vopos und kulturbeflissene Musikfreunde der mittleren Generation. Zum erstenmal wohl werden sie mit solchen Klängen konfrontiert. Hart müssen die Jungs arbeiten, damit hier der Funke überspringt Der Beifall, der sich dann einstellt, nimmt die herzlichsten Formen an.

158

ALBERT MANGELSDORFF

Brücken sind geschlagen. Viel Fremdheit besteht noch, mehr zwischen den Mächtigen als zwischen den Menschen. Doch ein Anfang ist gemacht: Im märkischen Rathenow spricht weit nach Mitternacht der Fan aus Ostberlin mit Albert Mangelsdorff.

Modern Jazz

Süddeutsche Zeitung, 29. Juli 2000

Luftig, lärmfrei, heiter

Wynton Marsalis und Christoph Eschenbach im Holsteinischen

S EHR JUNG, KNAPP ÜBER ZWANZIG, sind die Töchter und Söhne der Musen, die sich während des »Schleswig-Holstein Musik Festivals« in Salzau zusammenfinden und den Herrensitz im Ostholsteinischen in einen sinfonischen Workshop verwandeln. Dafür, daß soviel Weltabgeschiedenheit nicht in Weltflucht ausartet, hat Leonard Bernstein gesorgt, der 1987 zum ersten Mal mit dem Nachwuchs aus aller Welt Programme erarbeitete und eine Orchester-Akademie gründete, deren garantiert unakademische Atmosphäre sich bis auf den heutigen Tag erhalten hat: Öffentliche Proben und ein großes, so vielleicht unwiederholbares Miteinander.

Im Jahr 2000 haben 1124 Bewerber in 29 Orten vorgespielt. Die 121, die ausgewählt wurden – 61 weibliche, 60 männliche Musiker –, kommen aus 27 Nationen. Ein buntscheckigeres Gemisch der Völker, Farben und Sprachen läßt sich schwer vorstellen.

Den zweiten Probenabschnitt im Jahr 2000 leitet Christoph Eschenbach, Chef des Festivals und der NDR-Sinfoniker. Er hat in Salzau schon bewiesen, wie trefflich seine Jugendarbeit ins Programm, ins Konzept des Festivals paßt. Doch nun kommt noch etwas hinzu. Das Millennium beschert dem Musikfreund eine Draufgabe.

Zur Klassikprominenz gesellten sich ebenso leuchtende Sterne aus dem anderen Lager. Der Jazztrompeter Wynton Marsalis und sein Lincoln Center Jazz Orchestra hatten sich eingefunden, um Seite an Seite, Pult an Pult mit den Jungklassikern Werke von Duke Ellington und von Marsalis selbst zu erarbeiten. Das große Miteinander und Ineinander war angesagt.

Und es war ein großer Magnet. Auch wer der allüberall so überschwenglich gepriesenen Wunderwaffe »Crossover« mit Skepsis begegnet, wollte es nun wissen und reiste hin. Sagte er sich doch: Wenn es auf diesem Niveau nicht klappt, ist es wohl wirklich nur ein Klingeln auf dem Markt und ein Beitrag zur Beschwichtigung all der Profilneurotiker, die sich weder auf den Jazz noch auf die Klassik ernsthaft einlassen wollen.

Doch dann die Probe in Salzau: Das Podium der liebvertrauten Scheune ist üppig besetzt. In der Mitte, ganz vorn sitzt die 15köpfige Marsalis-Big Band; links außen die hohen Streicher. Den großen Raum hinter den Jazzern füllen Bläser, Harfe und Schlagzeug, und die tiefen Streicher haben rechts ihren Platz. Das bleibt so während der Proben und während des Konzertes, das zwei Tage später in Neumünster stattfinden soll.

Man tastet sich heran, irrt noch ein wenig herum zwischen den Ellington-Kompositionen ›A Tone Parallel To Harlem‹, ›Afro Bossa‹, und dem Marsalis-Eigenbau voller Train-Whistle-Groove aus den Tagen der Eisenbahnromantik und dem *Latin Flavour,* das als leckere Zutat aus dem Karibischen dem Jazz seit den klassischen Tagen von Jelly Roll Morton beigemischt wurde. Damals hieß das Gebräu *Spanish Tinge.* Es kam aus New Orleans. Wie Wynton Marsalis.

Wer unten im Saal hockt, kriegt erstmal das große Zittern. So unüberhörbar ist die Unsicherheit auf dem Podium. Das gilt nicht für die Marsalis-Leute, die das alles schon oft gemacht haben, so sattelfest wie präsent bei ihrer Sache sind. Sorgen machen die Opus-Schößlinge, die total überfordert wirken, sich idiomatisch nur unter Mühen zurechtfinden. Jedenfalls während dieses frühen Probenstadiums kann man nur staunen, wie viel Mühe es diesen doch noch blutjungen Musikerinnen und Musikern macht, auf einem neuen, offenbar ganz und gar fremden Gebiet Fuß zu fassen.

Eschenbach hilft, zunächst aber nur im Technischen. Die ganz eigene Aura dieser Werke muß auch er erst erspähen, erfühlen, und so kommt es weder, wie in seligen Liebermann-Tagen, zu einem ambitionierten Concerto Grosso noch zu einem Dialog gleichberechtigter Partner. Eine erstklassige Big Band musiziert. Drum herum wuselt und wabert es amorph.

Wenn da nicht die Jazzer wären, lieb und selbstlos. Sie helfen. Victor Goines, der Klarinettist in der ersten Reihe, winkt plötzlich ab, läßt sich cool die Partitur reichen und zeigt dem klassischen Kollegen, wo es lang geht: heraus aus der Welt von Mozart und Weber, hinein in die bluesigen Landschaften des schwarzen Klarinetten-Sounds.

162

Wynton Marsalis sitzt als vierter Trompeter in der letzten Reihe seiner Band. Das zeigt einmal clever herausgestellte Bescheidenheit, erweist sich aber auch als nützlich. An dieser Schaltstelle kann er wunderbar unterbrechen und eingreifen. Er bringt den Streichern die Phrasierungen bei, räumt rhythmische Hürden beiseite und wiegelt ab: »Ist doch alles so einfach wie ein Ragtime.« Stimmt. Aber nur für Menschen, für die der Ragtime einfach ist.

Wynton Marsalis hat etwas Entwaffnendes. Längst ist er ja nicht nur als Instrumentalist, als trittfester Wanderer zwischen Blues und Barock eine Berühmtheit. Die Arbeit am New Yorker Lincoln Center hat ihn auch zu einem Pädagogen gemacht, zum Verkünder einer Botschaft, die mit heiter entspanntem Fanatismus die afro-amerikanischen *Roots* des Jazz rein erhalten will. Reaktionär hat man das genannt, dafür auch gute, sehr gute Gründe gefunden. Doch in Salzau wurde er auch deshalb zum Star, weil er ganz einfach mit jedem redete.

In jeder freien Minute saß er im Grünen auf der Bank, und um ihn herum stand ein gutes Dutzend aus der anderen Mannschaft und hing an seinen Lippen. Dabei ist der Typ doch erst 39, und redete doch schon wie der Alte hinterm Fluß. Ja, er sei nach Salzau gekommen, um Sound und Feeling an diesen Ort zu bringen. Nein, vom Crossover im allgemeinen halte er nicht viel, weil die Sache entweder den einen oder den anderen Teil verwässert. Nein, vom durchkomponierten Jazz rate er ab. »Dein Solo ist deine Identität. Sonst kannst du zuhause bleiben«, und auf die Frage, ob es ihn, den Jazzer, nicht nervös mache, mit Philharmonikern zusammenzuspielen, antwortet er schön scheinheilig: »Das kann ich jetzt noch nicht sagen. Aber im allgemeinen entwickelt sich während der Proben eine herzliche Kameraderie. Denn die klassischen Musiker sind genauso nervös wie wir.«

Nicht nur weise Worte hat der Guru für die Lauschenden, sondern auch Lippenbekenntnisse der besonderen Art. Er spielt gern vor, gibt in einer Zehnminutenpause einem jungen Trompeter, der sein Glück gar nicht fassen kann, ein paar Tips und läßt auch Round Midnight sein Horn nicht ruhen. In einem der Essensräume im Herrenhaus kommt er ins Erzählen, ins Vormachen, improvisiert mit seinem Altsaxophonkollegen Wess »Warmdaddy« Anderson einen Blues in alter *Call-and-response*-Machart. Dann zelebrieren sie ein kleines Wunder, komisch und bewegend zugleich. Sie satteln eines der ältesten Schlachtrösser aus dem New-Orleans-Stall, die fast schon zu Tode gerittene ›Bourbon Street Parade‹, und erschaffen mit zwei Bläsern und vier intrikate Rhythmen

163

tretenden Füßen ein minimalistisch verknapptes Porträt der alten Stile. Während der eine improvisiert, unterlegt der andere die traditionelle Stimme der Tailgate-Posaune. Alles atmet, ist luftig, lärmfrei, heiter ... ein Stück reflektierter Überlieferung.

Sonntag, Neumünster. In der Holstenhalle ist es zu hören: Die harte Arbeit hat Früchte getragen. Der erste Teil des Abends ist ja nie ein Problem gewesen. Die Sätze von Tschaikowskys ›Nußknacker-Suite‹ werden immer abwechselnd in der Originalfassung und der Duke-Ellington-Swing-Version musiziert, und man erwischt sich dabei, wie man beim klassischen Part immer schon mithört, was die Jazzer dann draus machen.

Eschenbach ist wie verwandelt, ist es auch nach der Pause, wenn die dicken Klötze kommen. Nun hat er wirklich die Fäden in der Hand, den Tonfall vor Ohren, und hat sich vom harschen Asketen in einen temperamentsprühenden Funk-Daddy verwandelt. Nun kann man natürlich einwenden, daß ein solcher, hart erarbeiteter und erfolgreicher Abend noch nicht den Sieg des Crossover bedeutet, daß Marsalis in den sinfonischen Teilen seiner Kompositionen gelegentlich den ›Tennessee Waltz‹ aus den Händen Gustav Mahlers entgegen nimmt. Aber Spaß gemacht hat es. Zugaben über Zugaben.

Beim abschließend improvisierten ›C Jam Blues‹ kam auch noch ein klassischer Trompeter und ein Grappelli-naher Geiger an die Rampe. Dann bliesen die Jazzer etwas wie beim Mardi-Gras-Umzug, und alle marschierten hinaus ... Heilige wie nicht ganz so heilige.

Modern Jazz

Süddeutsche Zeitung, 2. Mai 1991

Branford Marsalis – das Saxophon-Kompendium

WER EINE KULTFIGUR ERWARTET HATTE, lag falsch. Der Mann ist Musiker. Branford Marsalis, der das erste Deutschland-Konzert seiner Tournee in Frankfurts Alter Oper gab, hat sich als Saxophonist mit seinen gerade dreißig Jahren schon eine solche Fülle von Rollen zu eigen gemacht, daß man sich gespannt fragte, welche er an diesem Abend wohl spielen würde ... Den Exponenten der wieder so lebendig gewordenen Klänge in seiner Heimatstadt New Orleans, den schon erfahrenen Anwalt des modernen Jazz, den Komponisten von Soundtracks für die Filme seines Soul-Brothers Spike Lee oder den Mega-Star, der in der Begleitgruppe des britischen Sängers Sting die engen Grenzen des Jazz verlassen und die weite Popwelt erobert hat.

Kein Zweifel: Nicht zuletzt auf ihn und seinen vielfältigen Erfolg läßt sich zurückführen, daß der trendbewußte Mensch momentan den Ruf »Der Jazz ist wieder da« zum letzten Schrei erkoren hat, so wie er im vergangenen Jahr entdeckte: »Es gibt den Blues«; und alle waren richtiggehend verwundert.

In Frankfurt beginnt es nun so: Ein bunt gemischtes, aber in keiner Weise auffälliges Publikum füllt stetig den Saal. Vom Tonband lärmt nicht irgendein letzter Hit; man hört den ersten Satz von Mozarts F-Dur Klavierkonzert KV 459. Groß ist die Versuchung, den beschwingten Marsch als Motto und Signal zu deuten. Kein lautes und stumpfes Popritual steht ins Haus, das Konzert versteht sich als Konzert, und in den beiden ersten Reihen sitzen großäugig die Saxophonisten.

Branford Marsalis arbeitet auf höchstem Seil, kommt, seit der Pianist Kenny Kirkland nicht mehr dabei ist, nur mit dem Schlagzeuger Jeff »Tain« Watts und dem Bassisten Robert Hurst. Eine solche Triobesetzung, vom Harmonischen nicht abgestützt, von Mono-

chromie bedroht, birgt Gefahren, fordert aber auch das Selbstbewußtsein heraus.

Daran herrscht kein Mangel. Ein Bebop-Einstieg voller Attacke,
doch ohne Hektik. Ein reifer, fast ein wenig blasierter Musiker läßt sich
von der Bürde der Vergangenheit, von der Riesenlast all des schon Ge-
spielten, nicht unterkriegen und erweist sich als ein Saxophonkompen-
dium. Er gebietet über Coltranes Aufruhr und über das unwirsche
Knurren von Sonny Rollins, aber auch über den werbenden Swing von
Ben Webster und den Bluesatem der Tenorsaxophonisten aus Texas. Nie
zitiert er direkt. Immer ruft er Erinnerungen wach, kocht sich etwa aus
›How High The Moon‹ und ›When The Saints Go Marchin' In‹ ein
Themensüppchen, in dem das Mississippiwasser vorschmeckt.

Doch erst einmal müssen die drei sich freispielen, müssen sie die
Leute kriegen, und deshalb übertreiben sie es ein wenig mit der imponierenden Virtuosität. Dann kehrt bald Ruhe ein. Der Trommler groovt
sich ins Funktionale. Der Baßmann kommt ins Erzählen, und wenn
Marsalis zum Saxophon greift, wird er ganz Abgesandter des tiefen
Südens, klingt das Balzen bukolisch, erhebt sich der ›Big Easy Swing‹ wie
ein Pastorale aus den Sümpfen. In die Pause gehen die drei mit ›Royal
Garden Blues‹, einer Komposition aus dem Jahre 1919, einer Domäne
von Louis Armstrong und Sidney Bechet.

»Es ist für uns ein großer Spaß, aber auch etwas völlig Neues, Stücke
im alten Stil zu spielen«, hatte mir Branford Marsalis Anfang März in
Hamburg erzählt. »Für uns ist es schließlich das Natürliche, Musik auf
unsere moderne Art zu machen. Aus *der* Welt kommen wir, in ihr sind
wir aufgewachsen. Das Traditionelle müssen wir beim Spielen oder besser noch von Platten hören, anders geht es heutzutage ja gar nicht. Nur
so sind wir in der Lage, anschließend auf die Bühne zu gehen und die
alten Songs von Armstrong und Bechet zu spielen.«

Einleuchtend klingt das. Ganz glauben mag ich es nicht, höre vielmehr als Oberton das Bedürfnis eines Weitgereisten, in der großen Welt
zu Ehren Gekommenen, sich von seiner Herkunft abzunabeln, deren
traditionsreiche Roots ihm längst wie provinzielle Enge vorkommen.

Herablassend, wegwerfend meint er: »Musik ist in New Orleans
nichts weiter als ein Geschäft, hat nichts mit Kunst zu tun. In New York
kann ich dem Clubbesitzer sagen: ›Ich bin soundso viel Geld wert, denn

BRANFORD MARSALIS

ich kann dir soundso viele Besucher am Abend garantieren, die meinetwegen kommen.‹ In New Orleans sagt der Clubbesitzer: ›Es ist scheißegal, ob du spielst oder ob Joe Schmo spielt. Zu mir kommen jeden Abend hundert Leute, denn dies ist New Orleans, die Wiege des Jazz.‹ Alles ist Tourismus, nie lernen Publikum und Musiker einander wirklich kennen, und wo diese Bindung fehlt, kann keine Kreativität entstehen.«

Wieder haben diese Worte einen mehrfachen Boden, enthalten eine Prise Wahrheit, eine deftige Portion Arroganz und aufs neue den Wunsch, sich abzugrenzen; diesmal von Wynton Marsalis, dem Trompete blasenden jüngeren Bruder. Der ist der Traditionalist in der Familie, hat mit der Popmusik nichts am Hut, sogar schon als höhensicherer Strahlemann in Barockkonzerten regiert. Da hat sich Bruder Branford gesagt: »Das kann ich auch«, beließ es allerdings bei gesoftetem Ravel, bei Debussy für den Fahrstuhl, und schon heute ist ihm leicht unangenehm, was er da 1985 aufgenommen hat; sinnigerweise im selben Jahr, in dem er zu Sting stieß und den ›Moon Over Bourbon Street‹ aufgehen ließ.

Und wie wär's, wenn er sich selbst etwas Anspruchsvolles schreibt? »Nein, denn ich habe zu großen Respekt vor richtigen Komponisten. Ich will keinen dieser Jazz-Bastarde auf den Markt werfen, mich zum klassischen Meister ernennen, und es war nichts anderes als seichte Unterhaltungsmusik. Noch einmal: Mein Respekt vor den richtigen Komponisten ist zu groß. Heute morgen habe ich gerade die Fünfte von Mahler gehört. Wie kann ein einziger Mensch all diese Sounds hören?! Das findest du nur in moderner Musik. Barockmusik erinnert mich an Schallplatten mit alten Swingbands, du weißt immer, was kommt. Diem-tatta-Ratarata-Tam. Bei Mahler weißt du nie, wohin es geht. Du hörst zu, und du denkst: Jetzt verfolgt er diese Richtung. Aber er landet ganz woanders. Das werde ich nie können. Ich müßte noch einmal ganz von vorne anfangen, müßte alles aufgeben, was ich jetzt mache, und das will ich nicht.«

Soll er ja auch nicht. In Frankfurt beginnt er nach der Pause mit ›Django‹. Mit diesem umflorten Klassiker des Modern Jazz Quartet eröffnet er den zweiten Teil, und Robert Hurst knetet die traditionellen Baßfiguren von Percy Heath. Nach einer weiträumigen Ballade zieht das Tempo wieder an, doch seltsam: Das Material für die großen Steigerungen entnimmt er eher dem klassischen Vokabular von Coleman Hawkins als den neuen Welten Coltranes, dessen Muezzin-

Emphase Branford Marsalis an der Seite Stings oft sehr viel näher war als heute.

So wird zur Sensation des Abends eine ganz eigentümliche Klassizität. Keine formalen Experimente! Keine publicityträchtige Synthese von Jazz und Rock! (Die Popjünger sind während der Pause am Bartresen hängengeblieben.) Vor einem reinen Jazzpublikum ereignete sich ein reines Jazzkonzert, mit allen Macken der Routine, mit allen Pausen, die zu Löchern werden, aber auch mit all den inspirierten Höhepunkten, die sich ein Vollprofi fürs Finale aufspart.

Besser noch für den Zugabenteil! Da gelang Branford Marsalis über den brütenden Dschungelrhythmen der Trommeln ein ›Mood Indigo‹ von Duke Ellington, das unverstellt zur Sache kam, einen ganz eigenen Ton des Meditativen, des In-sich-Hineinhorchens anschlug, und den brauchte ein Teil der Zuschauer inzwischen dringend. Näherte er sich doch nur so einer Antwort auf die Frage, die ihn während des ganzen Abends beschäftigt hat: »Was du alles kannst, lieber Branford Marsalis, das wissen und bewundern wir jetzt. Wer und wo aber bist du selbst?«

Süddeutsche Zeitung, 17./18. September 1983

Die Wahrheit des Ekstatikers

Keith Jarrett spielt in Manhattan Jazz-Standards ein

Klassischer Form sich nähernd, hat er den Soloabend zum Ritual (und zur Goldgrube) gemacht. Keith Jarrett, längst nicht mehr nur Jazzpianist, sondern Anwalt einer alle Schubfächer sprengenden Weltmusik, hat sich die leuchtendsten Triumphe erspielt, wenn er auf die Rhythmusgruppe und auf die übliche, zwischen Standardtiteln und Eigenkompositionen wechselnde Programmfolge verzichtet, wenn er als einzelner allein seiner Imagination vertraut. Wunder einer hymnischen Beredsamkeit sind so entstanden. Doch als Jarrett im Oktober des vergangenen Jahres in der Hamburgischen Staatsoper musizierte, stellte sich – wen wundert's? – heraus, daß auch ein Künstler seines Kalibers die Phantasie nicht Abend für Abend zu kommandieren vermag, daß der biorhythmische Fluß seines Improvisierens, das Anschwellen und Verebben, auch ins Stocken geraten kann Der Eindruck, daß im Atemholen auch allerlei heiße Luft mitgeführt wurde, verlor sich erst im Zugabenteil. Da spielte Jarrett ›Over The Rainbow‹ und ›All The Things You Are‹, Jazzklassiker also, und ich schrieb, dem Seiltänzer zum Netz ratend, »daß ja auch die alten Standards für einen Pianisten von heute durchaus noch eine Aufgabe und eine Gelegenheit sein können, sich an ihnen zu messen«.

Solche Dinge liegen wohl in der Luft. Schon tags darauf erfuhr ich, daß Keith Jarrett und Manfred Eicher, der Chef seiner Schallplattenfirma, in New York eine Platte mit ebensolchen Evergreens aufnehmen wollten. Der Schlagzeuger Jack DeJohnette und der Bassist Gary Peacock sollten mit von der Partie sein und so den denkbar, viel-

leicht auch nur scheinbar bravsten musikalischen Kontext herstellen: den des Trios mit Klavier, Schlagzeug und Baß. Das Vorhaben wurde realisiert. ›Standards Vol. 1‹ ist gerade auf den Markt gekommen. Zeit zu erzählen, wie das damals war, im Januar, im Studio, in Manhattan.

Ein Dienstag, morgens um halb zehn. Das Power Station Studio liegt in der 53. Straße West, da wo die Luft in Hudson-Nähe schon nach Hafen schmeckt und die Gegend mit Lagerschuppen und Gebrauchtwagendepots schäbiger wird. Der Aufnahmeraum, in den ersten Stock wie ein Holztempel eingebaut, erinnert an eine Sauna hoch im Norden. Flach, achteckig, fast rund ist er, und wie ein Ring umschließen Tonmeisterkabine, Abhörraum, Kaffeeküche, Sitzecke und Ersatzteillager mit Kabeln und Trommeln dieses Zentrum. Ein halbes Dutzend junger Leute schließen Mikrophone an, rollen Teppiche aus – nicht für den Meister, sondern für den Sound. Alle sind offenbar Morgenarbeiter.

Sehr amerikanisch das professionell Entspannte in der Hochspannung, das Etablieren einer Atmosphäre vor dem Beginn. Frank, der Klavierstimmer, legt letzte Hand an. Er reist mit Keith Jarrett quer durch die Staaten, hat sich mit ihm am Abend vorher bei Steinway einen Flügel für die Produktion ausgesucht: nicht das größte Modell, sondern ein kleineres, damit die Sanglichkeit erhalten bleibt, es zum ausladend Konzertanten gar nicht erst kommt. Jan Erik Kongshaug, der Toningenieur, ist aus Oslo mit herübergekommen. Manfred Eicher: »Das ist zwar ein bißchen illegal, aber ich hole ihn immer, arbeite nie mit amerikanischen Toningenieuren. Die Musiker kennen Jan Erik, brauchen nicht lange herumzuprobieren, und die Identität des Sounds über all die Jahre hinweg gehört ja zu ECM.« Dann geht er wieder aufbauen helfen.

Der Bassist Gary Peacock und Jack DeJohnette, der Trommler mit der unvermeidlichen Schiebermütze auf dem Kopf, trudeln ein. Dann schleppt Bob Hurwitz, der ECM-Mann in New York, riesige Stapel mit Noten, Alben mit Standards und allerlei vollgekritzeltes Manuskriptpapier herein.

Griffbereit liegen die Konvolute im Studio. Während Gary seinen aufrechten Holzbaß, die gute alte Hundehütte, Jack seine Trommeln stimmt, wächst auch in mir die Spannung, bedrängt mich die Frage, ob ich den Griff ins Füllhorn der Broadway-Melodien als neokonservatives Einlenken oder als ein Auftanken, als Gesundbad im schon lange sprudelnden, aber immer noch heilenden Quell deuten soll.

10.05 Uhr. Der Meister kommt. Jeans trägt er und den gelben Kaschmirpullover über dem rotgrünkarierten Hemd, dazu Sonnenbrille und die zeitgemäßen Turnschuhe. Mit ihm kommen seine Frau und sein Sohn Gabriel. Der ist etwa sechs und läuft sofort zum Schlagzeug hinein. Jack, der sein Mützchen auch unter den Kopfhörern aufbehält, gibt dem Jungen gleich Unterricht, klopft ihm ein paar Rhythmen vor.

Nur das Schlagzeug ist im Kabäuschen hinter Glas isoliert. Der Baß steht neben dem Flügel. Denn die Technik soll wohl zu Trennschärfe und Durchhörbarkeit verhelfen. Doch überborden und das humane Miteinander gefährden soll sie nicht.

Jarrett blättert wie zerstreut in den Noten, tippt im Stehen ein paar Takte von ›It Never Entered My Mind‹ an, von jener Zwielichtballade also, deren Verszeile »Uneasy In My Easy Chair‹, sich Frank Sinatra einst wie süßes Gift auf der Zunge zergehen ließ. Ich möchte hineinrennen und rufen: »Ja bitte! Das ist's!« Natürlich verkneife ich es mir, werde dafür Zeuge, wie Keith Jarrett schon jetzt und auch hier, wo doch nun wirklich niemand zusieht, kein Schwert zwischen sich und seinen Flügel legt, mit wiegendem, sich windendem Körper um die Gunst des Instrumentes buhlt, brünstig stöhnt, orgiastisch jubelt. Es ist also nicht Show. Die Oberschlauen haben mal wieder Unrecht, mögen wohl auch vor sich selbst nicht zugeben, daß da ein Ekstatiker seine Wahrheit spielt.

11.25 Uhr. Erster Probedurchlauf, während die Technik noch an der Balance der drei Instrumente bastelt. Mit Bobby Troups ›Meaning Of The Blues‹ wird eröffnet. »Harmonisch so einfach wie möglich; doch wenn das Feeling trägt, darf es ruhig länger werden«, lautet die Losung, die Jarrett vorher ausgegeben hat.

Sie müssen sich erst wieder aneinander gewöhnen, die drei. Schließlich ist jeder ein Fürst in seinem Reich; hat Gary Peacock nach Jimmy Blanton und Oscar Pettiford in den vierziger Jahren, mit Scott LaFaro und Charlie Haden in unseren Tagen den Baß vom Sklavendasein des Nur-Rhythmus-Instruments befreit; hat Jack DeJohnette an der Seite von Miles Davis ›Bitches Brew‹, das Hurengebräu, diese bekömmliche Mischung aus Jazz und Rock mitangerührt. Aber in diesen Regionen gibt es keine Eifersucht, herrschen Fähigkeit und Wille zur Integration, Respekt, Liebe.

Man tastet sich heran an die »Bedeutung des Blues«, steckt sofort *173* den Weg ab, dessen Ziel schon nach zwei Minuten zu ahnen ist: Kein Virtuose läßt sich begleiten. Drei gleichgewichtige Stimmen verweben sich.

Beim ersten Abhören agieren die drei Musiker jeden Ton, den sie gerade gespielt haben, mit Händen und Füßen, mit dem ganzen Körper aus, summen und schluchzen – allen voran Keith Jarrett, klar! – jede der just entstandenen Phrasen mit, freuen sich wie erstaunte Kinder über Gelungenes und urteilen wie Profis – »zwölf Minuten sind zu lang. Wir müssen auf acht, höchstens neun kommen« – stürzen wieder ins Studio und an die Arbeit.

Ein Rhythmus will gefunden sein, nicht derb konventionell losmarschierend, aber auch nicht zu sphärisch zerfasert. Beim vierten Anlauf haben sie ihn im Griff. Ein Furor des Miteinander, der den Atem stocken macht, verzaubert den nüchternen Januarmorgen. Da schaukeln sie sich wie von selbst in eine Art Beguine-Rhythmus; Jarrett braucht seinen Baßmann nicht einmal anzusehen, wenn das Solo beginnen soll; die strophischen Konturen des Liedes bleiben zwar erhalten, werden aber weggeschwemmt und aufgelöst durch die Fluten der Imagination. Das früh erahnbare Ziel wird früh erreicht. Diese Vergangenheit ist keine neue Heimat für Nostalgiker. Sie wird überdacht, im Heute gespiegelt, und es spricht für Jarretts Ehrlichkeit, daß er nicht stracks unreflektiert in die schwarzafrikanischen Rituale der strotzenden Ethno-Vitalität zurückflieht. So morbid ist er nicht. Er sucht seine Americana in der Show-Business-Welt von Musical und Tonfilm.

Nun gibt es kein Halten mehr. Nach einem fliegend virtuosen ›All The Things You Are‹ fragt Gabriel den Vater: »Das willst du doch nicht etwa noch einmal machen?!« Der will nicht. Fast immer wird der erste Take genommen. Auf ein ›It Never Entered My Mind‹ von erkämpfter Schlichtheit folgen Easy-Swinger wie ›The Masquerade Is Over‹ und ›In Love In Vain‹. Dann mein Lieblingsstück: Billie Holidays heimsucherisches ›God Bless The Child‹ als tänzelndes Funk- und Gospelstück, eine Viertelstunde lang, harmonisch skelettiert und das nicht aus Unsicherheit, sondern weil man »nicht in die Falle tappen« (Jarrett) und zu bombastisch werden will. Schlankheit und Helle herrschen. Wo musikalische Interaktion zum schönen Gespräch wird, findet das Projekt ›Standards heute‹ endgültig zu sich selbst. Eine ekstatische Bluesfloskel, die Peacock geistesgegenwärtig in ein Phrasierungsloch placiert, wird im Abhörraum einstimmig mit Gospel-Jauchzen belohnt.

174   Immer wieder wechselt Jarrett Wollhemden und Pullover. Immer wieder stecken die Musiker über den Noten die Köpfe zusammen, halten sich aber nie lange dabei auf, so als wollten sie sich gegenseitig nicht zuviel verraten, sich die Freude am kreativen Wagnis nicht selbst neh-

men. Von irgendwoher werden Sandwiches gebracht. Jarrett trinkt ein Bier aus der Flasche – und ich hatte vermutet, er würde in seinen frivolsten Momenten an einem Chablis nippen.

15 Uhr. Am Nachmittag lassen sie sich auf jedes Abenteuer ein. Keith: »The world of standards is open to us.« Bahnt sich ein Doppelalbum an? Der Vorrat ist eben unerschöpflich. ›So Tender‹ würzen sie mit Bossa-Nova-Rhythmen. Doch der Weg ›Over The Rainbow‹ will diesmal nicht ins beschworene Paradies führen. Die polyphonen Achtel verkrampfen sich. Die Fassung wird verworfen ... leider, aber rechtens.

16.15 Uhr. Atempause, Kaffee, Donuts. Jack massiert Keith den Nacken. Gary streckt sich irgendwo aus. Als sie wieder anfangen und das nächste Stück allzu selbstsicher, begreiflicherweise auch erschöpft, auf den Topos »Klavier mit Rhythmusgruppe« zurückführen, bricht Jarrett ab, meint: »It has to be hard to be nice.« Die Behauptung, daß etwas schwer erarbeitet sein will, damit es leicht wirkt, ist der einzige programmatische Satz, der an diesem Tag fällt.

Mittwoch, 10 Uhr. Wieder strahlende Wintersonne. Frühstück in einem Coffee-Shop neben der Carnegie Hall. »Drei Tage hatten wir veranschlagt. Aber heute werden wir wohl fertig«, erfahre ich und weiter: »Weißt du, daß Gary Peacock zweieinhalb Jahre in Japan gelebt hat? Überall erschreckt er die Touristen, wenn er deren Sprache beherrscht.«

10.10 Uhr. Keith Jarrett ist schon da, spielt sich vergnügt etwas Debussy-Ähnliches, scheint gelöster Stimmung zu sein, hüpft herum. Pünktlich sind die beiden anderen zur Stelle, spielen, ohne aufzublikken oder zum Abhören herauszukommen, drei Stücke ein; perfekt, reif zur Veröffentlichung, eine ganze Schallplattenseite in einer halben Stunde.

Dann aber geht eine Veränderung vor. Es ist, als ob die Musikanten fürchteten, die Sicherheit könnte zur Routine werden, die Wurzeln hätten ihre Kraft hergegeben, seien leergelutscht. Eine Komposition von Keith Jarrett macht den Anfang, schafft den Übergang. Dann brechen sie auf in die Freiheit des rundum und kollektiv Improvisierten; Keith Jarrett stößt, nun wieder schwindelfrei, vor in seine Welten der Turbulenzen und der Stille, der Flutkämme und Wellentäler. Es ist wie früher und doch wieder nicht. Kein Zweifel: Die Beschäftigung mit der Tradition hat Keith Jarrett eine neue Sicherheit im Umgang mit der eigenen Freiheit gegeben.

175

15 Uhr. Alles ist im Kasten. Knapp zwei Aufnahmesitzungen haben Material für drei Langspielplatten (zweimal Standards, einmal Eigenes)

gebracht. Alles wird nochmal abgehört, abgeschmeckt. Die Stücke, da inzwischen vertraut, wirken kürzer, wie Wege, die man in fremden Städten zum zweiten Mal geht. Bei ›God Bless The Child‹ jauchzt alles wieder an derselben Stelle und wie dieselbe Gemeinde.

16.30 Uhr. Keith Jarrett sagt zum zweiten und letzten Mal während der Aufnahmen etwas Grundsätzliches: »Ich glaube, die Typen, die das damals geschrieben haben, hätten ihre Freude gehabt.«

Modern Jazz

Süddeutsche Zeitung, Frühjahr 2001

Für John Lewis, die Seele des Modern Jazz Quartet

Er hat der Welt ein leises Wunder beschert. Er hat der Jazzmusik zu filigraner Ausgewogenheit verholfen, ohne ihr das Feuer zu rauben. Auf ernsthaft verspielte, dabei nie trendgeile Weise führte er afro-amerikanische Roots und europäische Musiktradition zusammen, imaginierte für sie eine Welt, eine Bühne, auf der Blues und Barock einander als Freunde begegnen konnten.

Am 3. Mai 1920 in LaGrange, Illinois, geboren, in Albuquerque, New Mexico, aufgewachsen, mit klassischer Musik in gutbürgerlicher Familie groß geworden, begann er seine Laufbahn – untypisch schon jetzt – fernab von allen Ghettos und ihren rabiaten Mythen. Das änderte sich, als er 1941 zur Army mußte, dort in der Big Band den Schlagzeuger Kenny Clarke kennenlernte und mit ihm, der den Swing jener Tage in die Bebop-Zukunft trommelte, nach New York ging.

Wer auf diese Mittvierziger im düstereichen Dunstkreis der 52nd Street zurückblickt, muß auch heute noch darüber staunen, wie schnell es John Lewis, dem nobel Behutsamen, gelang, in den inneren Kreis dieses Hexenkessels einzudringen. Die Stars der ersten Stunde holten ihn, weil er, ganz ein »Musicians' Musician«, nie nur die Flamboyanz der eigenen Klaviersoli im Kopf hatte, sondern immer auch den Zusammenhalt des Ganzen. Charlie Parker brauchte am Klavier einen Blues-Menschen, der durch die leise Insistenz seiner Gegenstimmen die Ausbrüche von ›Parker's Mood‹ einfing und rettete. Daß da einer konzeptionell zu denken wußte, hatte sich bald auch zu Miles Davis rumgesprochen. Beim legendären ›Birth Of The Cool‹-Projekt (1949) sorgte Lewis als Komponist, Arrangeur und Pianist dafür, daß sich der Sound pastellfarben bedeckt hielt.

Als Dizzy Gillespie 1951 seine Big Band auflösen mußte, tat John Lewis, bislang Pianist und Schreiber (›Two Bass Hit‹) der Kapelle,

177

etwas erfrischend Unfeines, garantiert Zukunftweisendes: Er griff sich den Rest der Rhythmusgruppe und gründete mit dem Vibraphonisten Milt Jackson, dem alten Kumpel Kenny Clarke und bald auch dem Baßmann Percy Heath ein Quartett, das man bald nicht mehr »Milt Jackson Quartet« nennen mochte. Kein Star wurde begleitet. Integration war angesagt. Das Modern Jazz Quartet kam und blieb, und es blieb über Jahrzehnte in ein und derselben Besetzung. Einzige Ausnahme: Clarke zog es wieder nach Paris. Seinen Platz übernahm der feinsinniger klöppelnde, also passendere Connie Kay.

Was John Lewis da für seine Gruppe schrieb, mit ihr musizierte, entpuppte sich bald auch als architektonisches Mirakel, baute es doch Brücken zwischen hochherrschaftlichen Anwesen und Hitparade-Quartieren. Wie ein Talent-Scout mit Abitur durchstreifte Lewis das Abendland, spürte auf, was jazztauglich erschien. Die Commedia dell' Arte, diese Stegreifkomödie mit ihrem Ineinander von Rahmen und Freiheit, kam gerade recht. Französische Schlösser inspirierten durchsichtige Fugen mit improvisierten Zwischenspielen. ›Vendôme‹ und ›Concorde‹ wurden, was die Popularität anlangt, nur noch übertroffen von ›Django‹, diesem Lobgesang auf den französischen Zigeunergitarristen Django Reinhardt – längst ein Klassiker.

Der Erfolg hatte etwas Globales. Vor soviel Niveau an ungewohnter Stelle öffneten sich auch die heiligsten Hallen; denn jeder wollte dabei sein, wie die schwarzen Herren im schwarzen Tuch die Grenzpfähle zwischen den Call-And-Response-Praktiken afro-amerikanischer und der Polyphonie unserer abendländischen Musik niederrissen. Nicht jeder im Publikum spielte da mit. Mancher war von so viel Feinsinn genervt, witterte das ambitionierte Krippenspiel. Doch alle waren entwaffnet, wenn sie sich wieder in Kreativität verwandelte, diese archaische Haßliebe zwischen den Protagonisten John Lewis und Milt Jackson, dem kristallklaren Kopf und der bluesnahen Seele. Jackson war der Typ, den man bei Hamburgbesuchen an die einschlägige Gasse führte und selber in der Kiezkneipe gegenüber wartete, bis er wieder zum Vorschein kam. Mit John Lewis ging man tagsüber ins Steinway-Haus und kaufte Partituren von Mozart, Strawinsky und Schönberg.

John Lewis und Milt Jackson wußten genau, was sie aneinander hatten, spielten souverän ihre Rolle im Ensemble, boten fast archetypisch

JOHN LEWIS

das verspiegelte Bild der Protagonisten als Antagonisten, und stets war auch eine dezente Dosis Humor mit in diesem Spiel.

Natürlich machte Lewis, wenn er am Klavier saß, so gut wie überhaupt kein Gesicht, war ganz Werktreue und schien doch immer mal wieder gütig zu schmunzeln, wenn Milt Jackson mit einem rotzig souveränen »Nun reicht's aber« aus dem abgezirkelten Raum der Inventionen und Engführungen ausbrach und wie erlöst ›Plenty, Plenty Soul‹ verbreitete.

Nein, ein Tastenlöwe mit der Pranke Oscar Petersons ist John Lewis nie gewesen. Aber für das, was im Modern Jazz Quartet von ihm gefordert wurde, und das heißt ja immer: was er im Modern Jazz Quartet von sich forderte, reichte es allemal und mehr als das.

Er konnte als Herr des Überblicks darauf achten, daß das Stimmengeflecht weder lasch wird noch in unschicklich grellen Farben aufleuchtet. Und vor allem: Er konnte und kann ein Zauberer sein, und wer ihm verfällt, hat das Gift der Schönheit nicht nur angeschaut mit Augen oder angehört mit Ohren, sondern auch eingeatmet mit der Seele.

In seinen letzten Jahren hat er dann ein kleines Wunder vollbracht. Er, der stets Untertreibende, ist noch sparsamer geworden, hat wortkarg alte Evergreens wieder zum Blühen gebracht. Als er im Frühjahr 2001 starb, wenige Wochen vor seinem 81. Geburtstag, hinterließ er, dem lautes Schreien auf dem Markt stets zuwider war, denn doch eine Botschaft: Man kann leise sein, ohne leisetreterisch zu werden. Mit der Kraft, die man hat, muß man nicht protzen. Das war vielleicht sein größtes Geheimnis: Er ließ immer nur ahnen, wieviel Feuer im Hintergrund seiner Stille brannte, und wer ihn liebte, ertappte sich bei Tonio Krögers Wunsch: zu sein wie du.

Süddeutsche Zeitung, 6. Oktober 2001

Die Gute-Laune-Posaune

Alter Schwede, da bläst er: Der Jazzmusiker Nils Landgren wurde
in Hamburg mit einem Drei-Tage-Festival geehrt

ALLER GROOVENDEN DINGE SIND DREI. In Hamburg wollte man den schwedischen Jazzposaunisten Nils Landgren ehren und schenkte ihm gleich ein Drei-Tage-Festival. Das hatte nichts mit praktiziertem Größenwahn zu tun, sondern mit Realismus. Der vielseitige Musikant nennt im Hause nicht nur des Jazz so viele Wohnungen sein eigen, siedelt so selbstverständlich auf dem Gelände der Avantgarde, der Folk-Lyrismen wie des Losgeh-Funk, daß man schnell begreift: Schon die Spielorte sind Teil der Dramaturgie. In der Musikhalle gibt es kammermusikalischen Jazz, neudeutsch »acoustic night« genannt, in der Johanneskirche Geistliches in Choralnähe und in der Fabrik das Finale Furioso mit Funk vom feinsten und wildesten.

Das Fest begann verhalten im Kleinen Saal der Musikhalle. Landgren musizierte mit den G-Strings, einem Quintett, bestehend aus den Geigern Stefan Pinter, Rodrigo Reichel und Boris Bachmann, dem Cellisten Vytas Sondeckis und dem Bassisten Frank Skriptschinski. Die fünf sind erfahrene Grenzgänger, haben auch längst so viel Selbstbewußtsein, daß sie den Star nicht duckmäuserisch begleiten, sondern hineinnehmen in ein blitzsauber artikuliertes Stimmgeflecht. Da schleimt nichts. Da vibrieren auch die Stücke von Nat Adderley, die Bebop-Kreuzungen Ecke »Fifty Second-Street«. Vielleicht könnte der gute Nils ein, zwei Stücke weniger singen. Aber wer schon mehrfach erleben mußte, wie gern sich Schlagzeuger als Sänger betätigen, der verzeiht gern.

Nach der Pause schlug die Stunde der großen Duette, vertiefte Landgren sich ins Zwiegespräch mit seinem Landsmann am Flügel, Esbjörn Svensson. Sie kennen sich seit langem, und das »seit langem« kommt hier zum letzten Mal. Denn alle, die sich in der Hansestadt versammelt hatten, sind Weggefährten, alte Freunde. Doch der Mann am Klavier

besonders! Gemeinsam haben Landgren und Svensson 1994 beim Salzauer Festival »Jazz Baltica« der Welt vor Ohren geführt, mit welcher Autonomie der Jazz Skandinaviens im internationalen Konzert seine Stimme erhebt.

Sie muß nicht laut sein, diese Stimme. Privaten Tones spricht sie zu dir, und das ist schon zu spüren, wenn Landgren das Publikum zu Familienmitgliedern macht, in seinem skandinavischen Deutsch immer nur »euch«, nie »Ihnen« erklärt, welche Choräle aus der großväterlichen Kirche stammen, wie weit und flach Gotland ist, und daß sie sich gleich zu zweit in einen Volkstanz stürzen werden ... Sonnenwende oder so. Die Duette, schon auf der CD »Swedish Folk Modern« ein Wunder so diskreter wie beherzter Gesprächskultur, entfalten im Konzert eine wunderbare Harmonie.

Es spricht für die nicht eben selbstverständliche Selbstlosigkeit Landgrens, wenn er, ohne sich die Butter vom Brot nehmen zu lassen, immer wieder zu verstehen gibt: Das ist nicht mein Begleiter. Das ist mein Partner. Und Svensson, längst international gefragt wie nur wenige an den schwarz-weißen Tasten, behauptet sich nicht nur. Mit leiser Insistenz schafft er es, daß sich das Bühnentier Landgren zurückpfeift, wieder zum Träumer wird. Begleitfloskeln im Stile pentatonisch-nordischer Landschaftsmalerei verwandelt er, bis sie polyphon werden, der zweistimmigen Invention sich nähernd. Er nutzt jede Phrasierungspause des Bläsers zu vorantreibenden Einwürfen und findet in den langsamen Stücken Akkorde, die ganz kristalline Einsamkeit sind. Vielleicht ist man als Deutscher kein bekloppter Lokalpatriot, wenn man von schwedischen Musikern die Botschaft entgegennimmt, daß der Jazz in Europa momentan sehr viel frischer daherkommt als der aus den Vereinigten Staaten.

Die Johanneskirche am Turmweg, neugotisches Gemäuer zwischen Pöseldorf und dem ehemaligen, jetzt zur Betonsiedlung für Neureiche verkommenen HSV-Sportplatz, umgibt den geistlichen Abend mit den Farben des Backsteins. Man ist zu dritt; neben Landgren der polnische Trompeter Tomasz Stanko, ein Überlebender aus den Anfangsjahren des europäischen Free Jazz, ein fast eigenbrötlerischer Individualist, über Trends und Moden leuchtenden Tons erhaben. Stanko weiß nicht nur alles. Er kann es auch immer noch spielen.

183

NILS LANDGREN

Claus Bantzer, der Mann an der Orgel, ist musikalischer Hausherr dieser Kirche, hat noch nie Berührungsängste vor den jazzigen wie poppigen Tönen von außerhalb gehabt. Auch diese drei haben schon miteinander musiziert und wissen, wie man das Choralhafte durch Blue-Notes spiritualisiert. Bantzer berauscht sich nicht am Sound seiner Orgel, bleibt sparsam, findet aber in allen Phrasierungspausen der Bläser Raum für klerikale *fill ins*.

Dialog also auch hier. Zwischendurch stellen die Bläser ihre Themen immer mal wieder in schönem Unisono vor, schaffen so den Rahmen für die Freiheit. Weite Ausflüge werden unternommen. Manchmal signalisiert ein herrisches Sforzato der Posaune dem Organisten einen spätgotischen Stop-Time-Chorus. Zugaben in der Heil'gen Halle.

Tags darauf konnte Landgren dann in der Altonaer Fabrik jede Art Feinsinn in alle vier Winde blasen. Der Laden kochte bis Mitternacht. Unter den vielen Einsteigern entdeckte man auch den Tenorsaxophonisten Christoph Lauer, einen sonst vorbildlich spröden Künstler, der sich hier einmal lustvoll in den Wonnen der Funk-Gewöhnlichkeit suhlte. Funky Funky Landgren, und natürlich auch Funky Funky Altona.

Süddeutsche Zeitung, 14./15. November 1979

Welcome to L. A.

Rock, Blues und Musical im südkalifornischen Alltag

AUF EINER VERKEHRSINSEL, kaum größer als ein Wagenrad, dreht sich ein Rollschuhläufer im Kreise, den Rücken nach außen, den Blick nach innen und immer auf einen, auf den Mittelpunkt gerichtet. In der linken Hand trägt er ein Kofferradio, über den Ohren riesengroße schwarze Kopfhörer, die ihn zu einer Walt-Disney-Figur machen. Völlig isoliert ist er, sieht nichts, hört nur seine Rock-Musik, kreist um sich selbst ... ein kalifornischer Narziß.

Westwood, eine Art Schwabing oder Pöseldorf in Los Angeles, liegt im Westen dieses Molochs von Stadt, auf die man mit dem Jumbo herunterschwebt wie auf das Planquadrat des schönen Spiels »Schiffe versenken«. In Westwood, zwischen Beverley Hills und UCLA, dem Universitätsgelände von Los Angeles gelegen, schlendern Studenten und allerlei betuchte Müßiggänger herum, wird man in Alice's Restaurant mit kalifornischer Freundlichkeit bedient, stehen die Schlangen – Hollywood ist nah – schon morgens um zehn vor den Uraufführungskinos ... bis zur dritten Querstraße und hinter der Wells Fargo Bank noch um die Ecke herum.

Im »Westwood Playhouse« kann man der ›Evolution of the Blues‹ beiwohnen. Jon Hendricks hat sie ersonnen, diese Geschichte schwarzafrikanischer Musik in den Vereinigten Staaten. Schon vor einigen Jahren hat er das getan. Aber diese Mischung aus Dokumentation, Tanz, Konzert und Show hat nichts von ihrer überrumpelnden Frische verloren. Das Prinzip hat Ähnlichkeit mit den Strickmustern, die im Augenblick auch am Broadway Erfolg haben: Die Produktionskosten sind niedrig. Die Hautfarbe ist schwarz.

Doch von Dilettantismus, gar von Primitivität kann nicht die Rede sein. Nein, das nun wirklich nicht. Die Musiker, eine Siebenmannkapelle wie in den Zeiten des Dixieland und des frühen Swing, sitzen hinten rechts auf der Bühne. Die kommt mit karger, aber suggestiver Dekoration aus; nur zwei, drei wechselnde Hintergrundvorhänge, auf denen die Speerspitzen afrikanischer Krieger, der gestirnte Himmel des amerikanischen Südens, die Feuerleitern der Blues-Stadt Chicago und das Glitzergold des großen Nachtclubs Harlem erscheinen.

Jeder versteht diese Signale. Gutbürgerliches Publikum hat sich hier versammelt, mittleren Alters, vorwiegend schwarz und wie aus der Gospelkirche kommend. Irgendwie gerate ich immer, wenn Ethnisches anfällt, in die Sonntagnachmittagsshow. Hier singt alles mit und greift ein mit hymnischen, genau placierten »Amen«-Rufen. Denn vor den Blues haben die Jazzgeschichte und Jon Hendricks die Gospelmusik gesetzt. In wallenden Predigergewändern rauscht das Dutzend der Mitwirkenden durch den Saal nach vorn. Hendricks besteigt die Kanzel, erzählt von den Tagen der Sklaverei, läßt sie auch lebendig werden. Genial werden die Möglichkeiten der optischen Vergegenwärtigung genutzt. Die Lanzen, mit denen die Jäger im dunklen Erdteil die Eingeborenen verfolgen, werden in den Boden gepflanzt, und so, von einem weißen wehenden Segel überwölbt zum Mast, unter dem sich die schwarzen Mädchen, eben noch auf der Flucht vor den Häschern, erschöpft und stöhnend winden. Blitzschnell geht das, und eine einzige dieser szenischen Erfindungen macht ›Roots‹ zu einer Art »Schwarzem Rößl«!

Denn Jon Hendricks weiß, wovon er spricht. Er gehört, immerhin Jahrgang 1921, zu der nicht eben großen Schar farbiger Musiker, die lange vor der Erfindung des Slogans »Black is beautiful« und den kämpferischen Parolen der schwarzen Muslims das Publikum mit seiner Musik nicht nur unterhalten, sondern es auch immer auf die afroamerikanischen Wurzeln eben dieser Musik hingewiesen hat. Schon vor zwei Jahrzehnten hat er die Improvisationen großer Instrumentalisten nachgesungen, intelligent getextet und so ihren künstlerischen Rang kenntlich gemacht. Phantasie, Intelligenz und Humor haben ihn auch heute noch nicht verlassen. Den Übergang vom Spiritual zum Blues sieht er als einen Wechsel der Anredeform: Aus der »Sister« wird das »Baby«. Knapper kann man den Schritt vom geistlichen auf das weltliche Gelände nicht klarmachen.

186 Die alten Kirchenlieder ›Steal Away To Jesus‹ und ›Swing Low, Sweet Chariot‹ singt er nicht nur als Glaubensbekenntnisse eines lyrischen Ichs. Er stellt sie in einen historischen und sozialen Zusammenhang, erinnert daran, wie in diesen scheinbar harmlosen Gesängen Zeitpunkt und

Transportmöglichkeiten der Flucht am Ohr des weißen Herrn vorbei bekanntgegeben werden. Die Not macht doppelzüngig. Inbrünstig wird ein Weg besungen, der zum geistlichen wie zum körperlichen Heil führt. Jon Hendricks ist kein Onkel Tom. Er liefert nicht die Verklärung des alten Südens, sondern Aufklärung über dessen Verhältnisse.

Doch bietet er keine One-Man-Show. Er läßt auch die anderen. Hannah Dean darf ihre beseelte Altstimme mit klassischen Liedern aus dem Repertoire von Mahalia Jackson und Bessie Smith aufglänzen lassen. Levon Campbell, ein fabelhafter Tänzer aus Chicago, darf sogar eine Entwicklung vorführen. Als abgetakelter Strizzi tritt er auf, wischt sich den Schuh am Hosenbein blank, versucht, mit angefeuchteten Fingern die Bügelfalten in die Lumpen zu kerben. Doch dann, in der nächsten Szene, erscheint er als Inbild schneidender Eleganz im Nachtclub. Smoking und Rüschenhemd trägt er. Am Arm einer reichen, mit Flitter und Klunkern behängten Alten kreuzt er auf ... in seiner miesen Würde gebrochen, ein ausgehaltener Zuhälter. ›Gimme A Pigfoot‹ singt Hannah Dean dazu, ein Lied aus jenen Harlem-Tagen, als eine Jazzparty eigentlich erst durch eine Razzia und das Eintreffen der Grünen Minna schön wurde. Da singt in Westwood jeder mit, kann sich vielleicht sogar noch an jene Tage erinnern. Als Foster Johnson einen Steptanz hinlegt, nach guter alter Sitte nicht nur akrobatisch, sondern auch musikalisch aufgebaut, flüstert mein Nachbar seiner Frau »wie damals Bojangles« zu; freut sich diebisch, als ich einverstanden nicke.

Wieder draußen in der Nachmittagssonne, muß ich zum zweitenmal schmunzeln über eine Geschichte, die Jon Hendricks erzählt hat: Mitte des vorigen Jahrhunderts hatte es einen Neger in den noch ziemlich wilden Westen verschlagen. Wie er nun in ein Drecksnest von nur wenigen Häusern kommt, fragt er den Sheriff: »Wie heißt der Ort?« »Er heißt noch gar nicht. Am besten, du gibst ihm jetzt einen Namen.« »Ich denke gar nicht daran«, kontert der Farbige, »das macht ihr Weißen gefälligst unter euch ab!« Da fragt der Sheriff drohend ein zweites Mal: »*Wie* soll der Ort heißen?« Der schwarze Mann schweigt. Der Sheriff drückt ab und muß von dem sterbenden, im Straßenstaub sich wälzenden Neger den Fluch und die Antwort hören: »You mo ... Die abgebrochene Verwünschung – sie ist als »Yuma« in die Geschichte eingegangen. So kommen weiße Städte zu schwarzen Namen. Auch dieser »Double Talk« gehört zur »Evolution of the Blues«, zur Entwicklung des Blues ...

Wer den Sunset Boulevard entlangschlendert, den zum öden Kiez heruntergekommenen Strip hinter sich läßt und das Villen-Eldorado von
Beverley Hills betritt, findet sich in einer Kulissenwelt. Immer wieder
werde ich von Sightseeing-Bussen, von ebenfalls mit Touristen vollgepfropften Riesenlimousinen überholt. Vor den besonders üppigen Häusern der Filmstars und Texasmillionäre halten sie besonders lange. Einer am Mikrophon redet sich den Mund fusselig. Nicht jeder hört mehr
zu. Eine Show rollt ab.

Viele Häuser werden gerade umgebaut, und auch das ist im theatra-
lischen Sinne zu verstehen. Der Umbau führt von einem Bühnenbild
zum nächsten, von einem Dekorationsstil zu dem in der Mode folgenden. Doch gibt es Dauer im Wechsel. Lieblingsmodelle scheinen zeitlos.
Das elisabethanische Landhaus und das Maurenschloß unter Palmen
liegen ganz vorne. Gern getragen wird auch der Typ gotische Ritterburg,
Herrensitz im Süden und Casino Baden-Baden. Auch Millionäre haben
ihre Träume. Öl macht sie möglich. Der mexikanische Gärtner hält sie
am farbigen Leben. Plötzlich ist sie vorübergehend aus, die Pracht. Auf
einem verlassenen Grundstück sprießt das Unkraut nicht nur im Garten und auf dem Gelände, sondern auch zwischen den Fliesen des – darf
man noch so sagen? – Bürgersteiges. Ich schreite die Strecke ab. Fünfzig Meter stapfe ich durch die Verwahrlosung. Kein Geld, keine Kultur.
Etwas weiter, so bei der Hausnummer 10000, hören dann plötzlich auch
die hellgrauen Fliesen des Gehsteiges auf. Ein dichter Busch hat sich in
den Weg gewuchert. Dahinter ist es aus für den Fußgänger: Der Rasen
wächst bis zur Straße. Ich kehre um.

Ich tue es ohne Groll gegen die Autofahrer. Freundlich sind sie. Keine
Kolonne ist ihnen zu lang, keine Rush-Hour zu hektisch … sie halten an,
lassen dich rüber. Die Vereinigten Staaten brauchen keinen Dr. Grzi-
mek, der darauf achtet, daß die letzten Exemplare einer aussterbenden
Rasse geschützt werden.

Was in Los Angeles musikalisch läuft, das läuft augenblicklich im
»Roxy«. Die Leuchtreklame über dem Eingang des Clubs gibt den
ersten Hinweis: Ein großes R aus roten Buchstaben, das auf einem
Kreissegment steht, neigt sich nach vorn und nach hinten; es erinnert
an einen Schaukelstuhl und stellt die Verbindung her zwischen dem
»Roxy« von heute und dem »Rockin' Chair« aus den alten Jazztagen des
Louis Armstrong. Das ist ein Programm. Weder der spartanische Jazz
noch der seichte Disko-Marsch erklingen in diesem etwa dreihundert

Leute fassenden Lokal. Der Schlagzeuger Tony Williams, die Sängerin Flora Purim, Klaus Doldingers »Passport« und die »Average White Band« sind für die nächsten Wochen angekündigt, aufgeklärte Musik also für Hörer, die zum Zuhören kommen. Sie erlebten in diesen Wochen einen Neuling, der immer mehr von sich reden macht: Rickie Lee Jones.

Aus dem Stapel von Schallplatten, die Tag für Tag bei mir eintreffen, hatte ich die Debüt-Platte der gerade fünfundzwanzig Jahre alten Sängerin herausgefischt, mit glücklicher Hand und, wie sich bald herausstellen sollte, im schönen Einklang mit der hörenden, schreibenden Umwelt. Es war Liebe auf den ersten Ton, und das gleich aus zwei Gründen, einmal, weil eine Frau sang, und dann, weil diese Frau sang.

Endgültig vorbei sind die Zeiten, in denen James Brown von der Rock- und Blues-Szenerie rechtens singen konnte: ›It's A Man's, Man's World‹. Die Frauen haben aufgeholt, und nicht nur die braunen Soul-Sirenen; auch Joni Mitchell, Laura Nyro, Emmylou Harris und Nicolette Larson stehen ja nicht als Glitzerstars vor irgend einem Begleitorchester und singen, was man ihnen sagt. Viele schreiben sich ihre Lieder selber, spielen Klavier und Gitarre, geben so ihren Stimmen Atmosphäre und den eigenen Background, sind Musikantinnen unter Musikanten.

Aus Kalifornien, wo es im Umfeld von Hollywood und all der Schallplattenfirmen diese so ausgebuffte wie inspirierte Gruppe der Studiomusiker gibt, kommen die meisten. In Kalifornien lebt auch Rickie Lee Jones. Doch geboren ist sie in Chicago, der »Windy City« also, in der schon Anfang der zwanziger Jahre die Blues-Musiker, die aus der drückenden Enge des Südens heraus wollten, eine neue Heimat gefunden hatten und nicht mehr die Baumwollfelder, sondern den Asphaltdschungel mit seinen ganz anderen Abenteuern besangen.

Dieses Blues-Aroma aus dem alten Chicago schmeckt immer noch durch, wenn Rickie Lee Jones singt. Obgleich sie seit einigen Jahren in Los Angeles seßhaft geworden ist, hier mit einem Jazztrio getingelt und ihren ersten Schallplattenvertrag ergattert hat, klingt, was sie sich schreibt und was sie singt, immer noch mehr nach den Nächten in der Großstadt als nach der Sonne an der pazifischen Küste. Der Highway bleibt spürbar, doch führt er direkt in die Blues-Kneipe. Ihre Lieder handeln vom leicht verdienten Geld der leichten Mädchen (›Easy Money‹) und von den menschenleeren Straßen des mitternächtlichen L. A. (›Young Blood‹); von kühlen Typen, schnellen Wagen und der ersten

Liebe. Jedes Wort, jeder Ton stammt von Rickie Lee Jones selbst. Die Stimme jubelt in mädchenhafter Höhe, knautscht bluesartig im Alt-Register.

»Auch wenn sie jetzt nie wieder einen Ton sänge«, sagt mir Tom Ruffino, der bei der Firma Warner Brothers für das Internationale zuständig ist, im »Roxy«, »auch dann würden wir von Rickie Lees erster Platte eine Million Exemplare verkaufen. Noch nicht ganz drei Monate ist sie auf dem Markt. Eine Goldene haben wir schon bekommen. In der Bestsellerliste des ›Billboard‹ ist sie inzwischen auf den fünften Platz geklettert. Uns selbst geht das inzwischen fast ein bißchen zu schnell.« Er bittet um Verständnis dafür, daß die Künstlerin für Interviews nicht zur Verfügung stehen könne. Sie soll vor dem zerstörerischen Publicityrummel geschützt werden.

Auch an den Nebentischen war man gespannt auf diesen ersten Auftritt nach dem Senkrechtstart der ersten Platte. Es summte vor Erwartung. Dem Komiker – ein Vorprogramm muß wohl sein – und seinen Scherzen über die Benzinknappheit hört niemand zu. Das Publikum – reichlich Branche, viele Musiker, kaum Plastik-Typen – weiß, worauf es wartet. Jeder kennt jeden. Dann gibt der rotsamtene, rechts hinten über Eck angebrachte Vorhang den Blick frei auf die Bühne und auf Rickie Lee.

Sie geht aufs Ganze. Sie beginnt, nur von ihrem Pianisten, dem fabelhaften Neil Larsen, begleitet, mit ›Something Cool‹, einer ganz langsamen, im freien Tempo stetig sich verdichtenden Blues-Ballade. Dabei kauert sie stilsicher, auch etwas gestylt auf dem Barhocker, als habe Raymond Chandler das Libretto von ›Guys And Dolls‹ für Lauren Bacall aufbereitet. Sie trägt einen schwarzen Hosenanzug, dessen Schlichtheit täuscht, und ihre rote Baskenmütze. Die ist, neben dem schmalen Zigarillo, ihr visuelles Markenzeichen und gleichzeitig ihr wichtigstes Bühnenrequisit. Man kann sie auf- und wieder absetzen. Man kann den Blondschopf energisch darunter verstauen und wirkungsvoll wieder freischütteln. Man kann sie traurig in die Stirn drücken und kiebig wieder zurückschieben. Vor allem jedoch ist man schnell Kumpel, wenn man sie aufhat: Sie stiftet Vertrautheit und Vertrauen zwischen oben und unten.

190 Rickie Lee Jones hat das Publikum denn auch gleich mit dem ersten Lied gewonnen, winkt sich zum zweiten den Rest ihrer sechsköpfigen Begleitgruppe auf die Bühne, singt – ein größeres Repertoire hat sie offenbar noch nicht – die Stücke von ihrer Platte. Doch von Routine ist

keine Spur. Einmal, weil sie beim Live-Auftritt viele andere Musikanten als im Studio um sich geschart hat und, zum Beispiel, dem hochbegabten David Sanborn Gelegenheit zu ausgedehntesten Altsaxophon-Soli im bizarren Blues-Stil von Charlie Parker gibt.

Dann aber auch, weil sie sich mit ihrem Publikum so trefflich ins Benehmen setzen kann. Ihre Ansagen sind knapp, aber von explosiver Natürlichkeit. Sie weiß und artikuliert es auch mit, daß Heimspiele neben all ihren Vorteilen auch Tücken haben. »Es ist wie ein Wunder! Früher saß ich da unten. Heute stehe ich hier oben«, sagt sie, wohl wissend, daß die unten, wenn jemand aus ihrer Mitte plötzlich ganz oben ist, leicht wegwerfend auftrumpfen: »Die kannte ich schon, als sie noch ...«

Am Samstagabend nach Pasadena. Nein, ich wollte mir hier nicht das gleichnamige Roof-Orchester anhören. Man hatte mir eine Rockgruppe empfohlen, die noch ziemlich neu ist und die im Audimax des Pasadena-State-College auftreten sollte. Sie nennt sich »Couchois«, und das etwas rätselhafte Wort erklärt sich ganz einfach: Drei der fünf Musiker sind Brüder und hören auf den französich-kreolischen Namen Couchois. So zu heißen ist nichts Besonderes im Süden mit seinen aristokratischen Traditionen. »Couchois« kommt aus Alabama.

Das College liegt ein wenig außerhalb; zwei große Bassins mit Fontänen vor dem Hauptgebäude, viel schwarze Campus-Polizei auf der Freitreppe und auf der anderen Straßenseite die Baptistenkirche. Ein diesiger Sommerabend. Langsam und trödelnd versammelt sich das Publikum.

Mehr wie Oberschüler als wie Studenten wirken die jungen Leute in ihrer Aula; mit einem eifrigen Konzertansager aus den eigenen Reihen, der offenbar die Gruppe an Land gezogen hat, und mit einer Mai-Bowle im Vestibül, wie von den Mädchen der Handarbeitsklasse frisch gebraut Auch hier geht es nicht ohne Vorprogramm. »Desire« heißt die »local group« mit hochtoupierter, narzistischer Ekstase vorn an der Rampe und mit muffig dreinblickenden Roadies, die hinten im verschwitzten T-Shirt hasten und stöpseln ... also das Übliche.

Langsam füllt sich der Raum, in dem man sich sehr gut allerlei akademische Festlichkeiten vorstellen kann. Es ist wie Kindervorstellung am Sonntagnachmittag. Auch eines dieser blutjungen Ehepaare mit einem großäugigen, verschreckten, wie an der letzten Raststätte abgenabelten Kleinstkind hat sich hereinverirrt.

191

Endlich, nach lästig langer Pause, treten die fünf Typen von »Couchois« auf, noch jung, aber schon gestandene Musiker. Weinende Gitarren hallen durch den Saal wie über eine Ebene. Der Blues ist ihre Muttersprache. An die Südstaaten-Rocker »Lynyrd Skynyrd«, an deren Song ›Sweet Home, Alabama‹, erinnert, was nun der Nachwuchs aus derselben Heimat spielt.

Die Gruppe, die wohl auf dem Wege, aber noch nicht ganz angekommen ist, schien sich vollkommen darüber im klaren zu sein, daß hier in dieser Aula die Hörer ihrer Zukunft sitzen. Die Musikanten arbeiten hart, fordern das Jungvolk zum Mittanzen auf, gönnen sich den wirklichen, den langsamen Blues erst spät in ihrem Programm, erst dann, wenn sie ihn sich auch verdient haben, und verteilen immer mal wieder Exemplare ihrer letzten, also ihrer ersten Langspielplatte. Leider haben sie sich von den Truppen, die es endgültig geschafft haben, schon jetzt zwei besonders ärgerliche Statussymbole abgeguckt: Sie fangen viel zu spät an und spielen viel zu laut.

Das »Pantagenes«-Theater auf dem Hollywood-Boulevard hat etwas von den Ufa-Palästen alten Stils: braungoldener, dezent orientalischer Stuck an den Wänden, monumental der Balkon, breit aber kurz die Bühne. Doch kein Film, sondern ein Musical wird hier gespielt, ›Oklahoma‹, der Klassiker von Rodgers und Hammerstein aus dem Jahr 1943. Die Geschichte aus den Westernzeiten, in denen Farmer und Cowboys einander befehdeten und ein Romeo-und-Julia-Pärchen zunächst für Spannung, dann für das Happy End sorgt, ist über 2000mal am Broadway gelaufen. Es läuft auch heute noch und zwar mit denselben Schritten wie damals. Denn auch im Jahr 1979 tanzt man das Werk noch in derselben Choreographie, die Agnes de Mille für die New Yorker Premiere geschaffen hat. Reichlich Staub liegt inzwischen auf den Cowboy-Boots, wirbelt aus den Röcken der Landpomeranzen. Denn der Square Dance in seiner originalen Form ist 1943 noch nicht broadwayreif gewesen. Folklore war erst tragbar, wenn sie sich zur Kunst geläutert hatte. Was man da heute sieht, ist das Schrittvokabular des klassischen Balletts mit rustikalen Abweichungen, und etwas albern wirken sie heutzutage schon, diese Kuhhirten mit ihren besorgniserregenden Entrechats.

192

Überhaupt muß ein Besucher von heute, in der Welt einer wieder selbstbewußt gewordenen Volksmusik aufgewachsen, voller Staunen feststellen, wie sehr dies Musical, das da so beflissen unter freiem Himmel spielt, ein Kunstprodukt ist. So kann sich nur in die Luft der reinen Natur sehnen, wer im Gestank der Lower Eastside großgeworden ist, wer die Traummeile vom Broadway zu den Country Roads zurücklegen möchte. Schließlich steht und fällt ein solches Unternehmen mit der fast übermenschlichen Perfektion, die im Theaterviertel Manhattans an der gleißenden Tagesordnung ist. Wenn der muntere Buffo, der das Lasso um den eigenen Leib kreisen läßt, nur ein einziges Mal über das Seil stolpert, die Soubrette nur um eine Schürzenbreite zu zickig ist und die Tante das Herz allzu offensichtlich an jenem Fleck hat, den man in einem so vergangenheitstrunkenen Kontext rechtsaußen nennen muß ... dann wird aus dem Musical schnell eine Country-Operette.

Die Melodien aber sind herrlich und frisch wie am ersten Tag. Jeder kann sie mitsingen, und jeder singt sie auch mit. Die Hausfrauen mit ihren Einkaufstaschen, ihre mitgebrachten Kinder und sogar die gottergebenen Ehegatten schmettern aus vollem Hals ›Oh, What A Beautiful Morning‹ und ›People Will Say We're In Love‹. Wie schön, daß die Sänger auf der Bühne ihre versteckten Mikrophone haben.

Nur zwanzig Figuren sitzen im Orchestergraben, musizieren aber immer abwechselnd wie eine Big Band und wie ein Operettenorchester, sind mit guter Laune bei der Sache. In der Pause versucht der Pianist, mit der rechten Hand ›Oh, What A Beautiful Morning‹ und mit der linken die Pferdegetrappel-Oktaven aus dem Trio von Chopins großer As-Dur-Polonaise zu spielen. Die Kollegen lachen sich einen Ast. Es geht ja harmonisch auch wirklich nicht auf.

Und einen Schurken gibt es auch in diesem Stück. Jud heißt er, worüber sich lange nachdenken ließe. Er ist als Finsterling hinreichend dadurch gekennzeichnet, daß er, vom gesunden Frohsinn der anderen angeödet, weitab in der Scheune pennt und dasselbe Mädchen liebt wie der Held. Dieser – Cowboy Curly, der mit dem ›Beautiful Morning‹ – tritt nun zu dem Bösen in den Verschlag, an dessen Wänden auch noch Photos nackter Mädchen hängen, und will ihn überreden, sich aufzuknüpfen. »Sieh' mal, alle finden dich zum Kotzen. Erst wenn du tot bist, wird man dich richtig lieben, und geliebt werden willst du doch. Alle werden dann sagen: ›Da liegt er nun in seinem Sarg, unser armer Jud. Gleich ist er unter der Erde, und die Ratten werden ihn als einen der ihren willkommen heißen. Endlich liegt Frieden auf seinem Gesicht. Der Abschied fällt schwer. Aber es ist Sommer, und das Eis wird knapp.‹«

Über den schwarzen Humor dieser Szene lacht im Parkett denn

193

auch der Nachwuchs, in dessen Gesichtern vor der Pause auch schon mal zu lesen war, daß man nur Mam und Dad zuliebe gute Miene zum schnulzigen Spiel machte. Während ich den Saal verlasse, spielt das Orchester immer noch »Die schönsten Melodien aus ...«

Das durch allerlei Live-Mitschnitte bekannt gewordene Civic Auditorium in Santa Monica am Pazifischen Ozean ist eine dieser geräumigen Mehrzweckhallen. Sie liegt weiß im weißen Geviert der städtischen Gebäude. Palmen überragen das Haus. Davor blühen kalifornische Blumen, grünt kalifornischer Rasen. Drinnen ereignet sich ein mittlerer Steppenbrand. Soviel Gras qualmt da in die Höhe, wird vom Publikum geraucht.

Hellwach, keineswegs blöde verkifft, folgen die jungen Leute der Musik von Pat Metheny. Dieser Gitarrist, der im Quartett von Gary Burton zu einem Jazz-Rock-Musiker der ersten Garnitur herangereift ist, hat sich bei uns in Deutschland durch Schallplatten, durch Konzert- und Club-Auftritte schon einen Namen gemacht. Aber auch bekannte Musik klingt anders, wenn man sie in anderer Umgebung hört. Zunächst hängt das natürlich damit zusammen, daß der Künstler vor Landsleuten steht, die Ansagen nicht auf das Nötigste zu verknappen braucht und auch mal erzählen kann, daß man sich das nun folgende Stück auf der Anreise zum Job im Auto ausgedacht und daß es noch keinen Titel hat. »Wenn einem von euch einer einfällt, soll er doch in der Pause hinter die Bühne kommen.«

Aber auch das Musikalische gibt sich freier, schielt nicht so angestrengt nach künstlerischen Weihen. Keiner aus der vierköpfigen, mit Gitarre, Piano, Baß und Schlagzeug besetzten Gruppe muß müden Kennern seine Tagesform beweisen. Die Offenheit des Publikums öffnet die Musik, läßt sie insofern amerikanischer erscheinen, als sie die Elemente von Folklore, von ländlichem Lied und Großstadt-Blues, stärker in den stilistischen Kontext mit einbezieht. In einer sehr, sehr langen Kadenz drängen sich die Zitate aus der Welt des Rhythm & Blues und der gängigen Hit-Parade, wimmelt es von Anspielungen, die vom gleichaltrigen, in der gleichen Tradition großgewordenen Publikum sofort kapiert und belacht werden. Ein Musikant ist nach Hause gekommen.

194   Als vor einem Vierteljahrhundert das Modern Jazz Quartet durch seinen Kult des Leisen Furore machte, passierte es von Zeit zu Zeit, daß der Vibraphonist Milt Jackson aus dem klassizistischen Vierer-Team ausbrach und sich hinter dem Rücken des nobel-strengen Chefs John

Lewis irgendwo den schmutzigen, den wüsten Blues gönnte. Wenn Pat Metheny vom Boß seiner Schallplattenfirma, dem geschmackssicheren und ins Geschmackvolle verliebten Manfred Eicher von der Münchner ECM, durch den amerikanischen Kontinent und den Atlantischen Ozean getrennt ist, scheint es, wie ein Aufatmen durch seine Musik zu gehen. Nun muß nicht mehr jeder Ton wie das Produkt einer unbefleckten Empfängnis klingen. Nun werden die Blue-Notes nicht mehr rationiert.

Daß der Jazz kein ferner Klang zu sein braucht, daß er vor allem Gebrauchsmusik zum Anfassen ist, hier konnte ich es am eigenen Leib erfahren ... glücklich und von all den Düften mitberauscht.

Die Welt, September 1962

Twist für Barbaren?

Little Richards Erfolgsstrategie

Little Richard hat eine neue Art entwickelt, seine Fans zu bedienen. Das erfuhr ich, als ich vor einigen Tagen in ein Lokal auf St. Pauli geriet, wo der farbige Twistsänger und Pianist zweimal am Abend, um neun und um elf, je eine Stunde auftrat.

Wenn man den Raum betritt, glaubt man, noch nie vorher so laute Musik gehört zu haben. Die rechte Hälfte der Bühne wird fast gänzlich von einem riesigen Verstärker eingenommen. Die Hinterwand wirkt wie eine Ausstellung von Elektrogeräten. Eine Lautsprecheranlage mit grün- und rotschillernden Glühlämpchen steht neben der anderen. Der Star Club, das populärste aller Hamburger Twist-Lokale, ist noch vor kurzem ein Kino gewesen. Dort, wo früher die Leinwand hing, hängt jetzt ein Hintergrundsprospekt mit der New Yorker Skyline.

Die Pausen zwischen den Auftritten des Stars füllen andere Twistgruppen. Sie stammen fast immer aus Birmingham, Manchester oder Liverpool. Es ist vielleicht typisch, daß gerade die jugendliche Bevölkerung dieser Industriestädte einen Hang zu dieser Musik hat, und so stehen sie denn da, die »Kellerkinder«, mit einschlägig loderndem Gesichtsausdruck und hartem Cockney-Akzent, der bei ihren Ansagen immer durchschlägt, so beflissen sie in den Liedern selbst auch sich des amerikanischen Slangs bedienen.

Das Tanzen selbst macht offensichtlich nur den Mädchen Spaß. Die Jünglinge sind allzusehr damit beschäftigt, den erloschenen Gesichtsausdruck beizubehalten, den sie zu Hause vor dem Spiegel eingeübt

197

haben. Bläulichweiß erglänzen die Hemden in der schummrigen Trick-beleuchtung.

Gelegentlich probieren einige Paare den allerneusten Modetanz, den Madison, aber es geht noch etwas holprig. Still ist es nie. Noch während der Vorhang sich schließt, hört man die unmäßig verstärkten Gitarren weiterspielen, kann man den charakteristischen Twist-Rhythmus er-kennen. Monotoner Viervierteltakt mit zwei Achteln auf dem zweiten und einem Viertel auf dem vierten Schlag.

Nach einer knappgehaltenen Ansage öffnet sich der Vorhang wieder. Die Band Little Richards erscheint, vorerst noch ohne ihren Meister. Der Organist verschwindet fast hinter seinem Instrument. Gelegentlich sieht man den hochgeworfenen linken Arm, dann seitlich den rechten Fuß. Einer der Saxophonisten springt unversehens aufs Klavier, ohne sich da-bei im Spiel zu unterbrechen, bleibt zwei Chorusse lang oben und ver-gißt beim Absprung die Kniebeuge nicht, wie beim Barrenturnen. Aber das kann noch niemanden im Publikum begeistern. Man sieht gar nicht einmal besonders aufmerksam hin. Man kennt das, hat wohl auch schon akrobatisch eindrucksvollere Leistungen bewundern können.

Doch dann tritt Little Richard selbst auf und begrüßt sein Publikum, vor allem die Mitglieder der Gospeltruppe »Black Nativity«, die am sel-ben Abend in der Hamburger Musikhalle ein Konzert gegeben hatte. Ich war nicht sehr überrascht, sie in dem Lokal zu finden. Es mag man-chem, der die Mentalität der Farbigen nicht kennt, etwas seltsam an-muten, daß diese Sängerinnen und Sänger, die vorher mit gläubiger Inbrunst ihr Evangelium verkündet haben, sich eine Stunde später in einem Lokal der Reeperbahn genauso wohlfühlen können. In der Pause des Konzertes hatte jemand zu mir gesagt: »Die sind jetzt völlig erschöpft, gehen ins Hotel zurück, sprechen noch ein Abendgebet und legen sich sofort ins Bett.« Ich hatte daraufhin nichts geantwortet, nur etwas ungläubig gelächelt. Man kennt schließlich seine Künstler. Und man weiß seit langem, wie bruchlos bei den Farbigen Geistliches und Weltliches ineinander übergeht. Immer wieder haben sich Liebhaber der Spirituals und Gospelsongs darüber gestritten, ob es sich bei diesen religiösen Gesängen nun um kindliche Gläubigkeit oder um entdämo-nisierte Reste afrikanischer Riten und Kulte handelt, und dabei ganz vergessen, daß mit der Beantwortung dieser Frage noch gar nichts ge-wonnen ist. Vieles nämlich spielt noch in diese Musik hinein, vor allem eine nie zu unterdrückende Sinnlichkeit und die Freude am Komö-diantischen, am Showbusiness. Daher wirkten diese Sänger religiöser

Lieder in dem Twistkeller gar nicht fehl am Platze, hatten doch kurz zuvor auch sie die Menge erweckt, mit anderem Ziel, aber mit fast identischen musikalischen Mitteln. – Denn Little Richard, der eine Zeitlang Prediger gewesen ist, hat in seinem Gesang und seinem Klavierspiel genauso wie sein größerer Kollege Ray Charles Elemente der Gospelmusik absorbiert. Durch die Emphase seiner Vortragstechnik und durch den physischen Einsatz mit flatternd emporgehobenen Händen (›Shake It‹), mit Tanzschritten und rollender Bewegung des Unterleibs, also durch dieselben optischen Mittel, die seine Kollegen aus dem geistlichen Bereich anwenden, macht auch er sein Publikum zur Gemeinde.

Plötzlich stand er auf dem versilberten und offensichtlich sehr haltbaren Flügel und begann – kaum wagte ich meinen Augen zu trauen – mit einem Striptease. Sein Auftritt hatte sich dem Ende zugeneigt, die Menge war auf die Tanzfläche geströmt, ganz ruhig und selbstverständlich, sie kannte das schon. Zuerst entledigte sich der Künstler seines Jacketts, tat es aber vorläufig behutsam neben sich auf den Flügel. Daraufhin band er sich den Schlips ab, hielt ihn lange hoch, so wie man seinem Hund das Stöckchen zeigt, ehe man es in den Garten wirft.

Dann schob sich plötzlich der Pulk der verzückt Starrenden auf jenen Teil der Tanzfläche, wo die Trophäe niedergefallen war. Mit zitternden Fingern, aber sehr langsam, knöpfte der farbige Rattenfänger dann sein Hemd auf, das in kurzer Zeit, in viele Fetzen zerrissen, neue Besitzer gefunden hatte. Dabei lächelte er nicht. Sein Gesicht blieb todernst und starr, und wenn ich mich nicht sehr täusche, lag Verachtung darin, eine gute Portion Verachtung. Die Manschettenknöpfe folgten. Plötzlich hatte er seine Brieftasche in der Hand, nahm umständlich Geld, Familienbilder, Ausweispapiere heraus und warf sie hoch in die Luft. Die Schuhe folgten, und schließlich segelte das braune Jackett durch den Raum und wurde, wie das Hemd, zerfetzt.

Und das geschieht Abend für Abend, aber er war noch nicht am Ende. Er band seine Armbanduhr ab, hielt auch sie hoch über sich, und ich dachte: Er wird doch nicht? Aber mit der Fixigkeit eines Varieté-Magiers hatte er die Uhr gegen einen Stapel Autogrammpostkarten vertauscht, die nun wirbelnd auf die Menge herabregneten.

Dann schloß sich der Vorhang: Der Schweißüberströmte warf nochmal einige Luftküsse herunter, ließ nochmals den Bauchnabel kreisen, und es wurde hell. Hier könnte man nun den Pinsel tief in die Farbe tunken und über die allzu dünne Schale lamentieren, durch die die Zivilisation vom Magischen, Chthonischen und Barbarischen getrennt ist,

199

aber das wäre zu einfach. Es geschieht nichts Ungebührliches, brav geht man wieder an den Platz zurück. Man verliert nicht die Fassung bei solchen Exzessen. Man ist es gewohnt, hat es hier schon häufig erlebt und kann danach wieder zur Tagesordnung übergehen. Ich habe das Gefühl, nicht so sehr einer bedrohlichen Entladung als einem Spiel mit festen Regeln beizuwohnen.

P. S. 2002: Nun sind vier Jahrzehnte ins Land gegangen und mir macht es nichts mehr aus zuzugeben: Auch ich habe mich damals in die zupackende Menge gestürzt, habe es geschafft, mir vom braunen Sakko das dreieckige Revers herunterzureißen und jahrelang als Reliquie im Keller zu bergen.

Willkommen im Feuilleton: Die Beatles

NEIN, EIN BEATLES-FAN DER ERSTEN STUNDE bin ich nicht gewesen, habe die Kiezgegend rund um den Star Club vor allem dann aufgesucht, wenn das musikalische Angebot irgendwie mit dem Blues zu tun hatte und so mir, dem Jazzfreund, eine Brücke hinüber ins Neue baute. Ein bißchen staune ich noch heute, daß ich, doch mehr Ohren- als Augenmensch, ausgerechnet durch den Beatles-Film von Richard Lester zum Fan wurde und als fast Vierzigjähriger mit der Leidenschaft des frisch Bekehrten der Gruppe entgegenreiste, als sie 1966, bei ihrer denkwürdigen Deutschland-Tournee, vor ihrem Hamburger Konzert in der Essener Gruga-Halle auftrat.

In der ›Welt‹, für die ich damals noch arbeitete, machte man große Augen, als ich, der Jazzkenner, meinte, man müsse diese Schmuddelmusik dem »Vermischten« entreißen und in die Höhen des Feuilletons emporliften. Aber die ließen mich. Denn sie waren lieb zu mir.

Der Star Club und die Beatles

Die Welt, 27. Juni 1966

Mähnen, Moden und ein Stück Musik

Die Beatles gestern und heute – Der Weg vom Show-Geschäft zur Kunst

Sie sind nicht das Produkt ihres malerischen Aufzugs und ihres Managements. Sie sind nicht das Produkt der Schallplattentechnik und ihrer Möglichkeiten zum Mogeln. Sie sind nicht einmal nur das Produkt ihres Filmregisseurs Richard Lester. Die Beatles sind sie selbst. Sie sind es aus eigener Kraft und mit der Kraft, Tausende zu begeistern.

Dabei war man ein wenig skeptisch gewesen; hatte gefürchtet, sie würden das Publikum, durch das sie groß geworden sind, nicht mehr erreichen; hatte gemutmaßt, sie könnten sich ihren Fans durch Verfeinerung entfremdet haben. Denn abenteuerlich ist nicht nur die Story ihres Werdeganges. Abenteuerlich ist auch ihre künstlerische Entwicklung, genauer: ihre Entwicklung ins Künstlerische.

Als Schmuddelkinder in Liverpool haben sie begonnen. Man weiß das. Haben in den einschlägigen Schuppen mitgemischt, als der Rock'n'Roll in den Twist, der Twist in den Beat überging. Rock'n'Roll, Twist und Beat – diese drei, sie sind ja nie etwas anderes gewesen als Umformungen des amerikanischen Folk-Blues; Umformungen allerdings ins Primitive, von dem sich die Farbigen nie etwas haben träumen lassen, ins Effektbetonte und garantiert Nuancenfreie. Man wollte etwas Kräftiges und Neues, und man wollte für sich sein.

Doch nicht in Worten protestierte man, wie später die Folksinger in den Vereinigten Staaten, sondern in Tönen. Nicht der Gesellschaftsordnung sagte man den Kampf an, sondern der Alleinherrschaft des Broadway-Schlagers. Dessen Cleverneß und dessen melancholische

Paul McCartney und John Lennon

Zwischentöne zerhämmerten sie. Die Beatles mischten mit, und von ihren Beat-Kollegen – ebenfalls Liverpool – unterschied sie vorerst nur ein Ton jauchzend gepreßten Überschwangs. Die Weisen schüttelten das Haupt und führten den Erfolg – wer weiß heute noch, ob zu Recht oder Unrecht? – allein auf den Rummel und die Mähne zurück.

Doch dann kam der Film ›A Hard Day's Night‹, zu deutsch ›Yeah, yeah, yeah‹, und alles machte ganz große Augen. Nicht nur die hochmütigen Jazzfreunde, sondern sogar die vielleicht noch hochmütigeren Cineasten wurden plötzlich zu Beatle-Fans. Mit vorverlegter Schadenfreude war man hingegangen, hatte mit einem der üblichen Musikfilme gerechnet: alternder Star erkrankt; Jugend springt ein und steigt auf.

Doch nie und nimmer gerechnet hatte man mit einer so genialisch unüblichen Dramaturgie, mit soviel schnoddriger Kamera-Poesie und vor allem nicht mit einer solchen komödiantischen Anstelligkeit der vier Akteure.

Richard Lester heißt der Mann, dem die Beatles die Anerkennung, ja Begeisterung nun auch der engeren Kreise verdanken. Er nennt sich selbst einen glücklichen Pessimisten und kommt vom Fernsehen. Das eine nimmt für ihn ein; das andere kennzeichnet seine Art, Regie zu führen. Er hatte die United Artists durch einen Kurzfilm auf sich aufmerksam gemacht, und ihm übertrug man nun den ersten Beatles-Film.

Die Herren Direktoren werden ganz schön überrascht gewesen sein. Da gab es keine Handlung. Da wurde nichts ernst genommen. Da machten sich die Vier mit Gossencharme und Vorstadtwitz daran, den eigenen jungen Ruhm zu entmythologisieren, und dieser Mut, sich im ersten Spielfilm gleich selbst auf die Schippe zu nehmen, führte zum Erfolg. Der Verzicht auf jede Story brachte künstlerischen Reingewinn.

Man hatte hart gearbeitet. Man hatte kühn geschnitten. In der Kamera steckte Musik, und nie verleugnet Lester seine Herkunft vom Fernsehen. In den Szenen, die im Tele-Studio spielen, bringt er nicht nur die vier selbst ins Bild, sondern auch deren Abbilder im Monitor und auf den Kleinschirmen des Regieraumes.

Und zur gleichen Zeit sieht man: Die Beatles selbst, die Beatles im Monitor und die Beatles in den vielerlei Einstellungen, einzeln und in Gruppen, im Profil und *en face*, so wie die Kameraleute sie dem Fernseh-Regisseur anbieten. Vor lauter Bildern sieht man kaum noch Beatles. Soziologen könnten da tief in die Kiste greifen.

Und eine Szene ist in dem Film, da wird es plötzlich mehr als nur Albernheit für Anspruchsvolle. Dies geschieht: Der Zuschauer hat etwa eine Stunde lang erlebt, wie verplant der Tag der Vier ist. Reisen, Autogrammpostkarten, Schallplatten, Fernsehen, und immer wieder die Schar der Verehrerinnen und Verehrer. Da haben sie ein paar Minuten frei, brechen aus über die Feuerleiter, spielen auf einem großen, freien Gelände.

Sie rennen von einem Ende zum anderen, springen Bock und schweben – jeder Kameratrick ist erlaubt! – durch die Lüfte. Das ist urkomisch, zwerchfellerschütternd und zugleich ein modernes »O wüßt ich doch den Weg zurück«, eine Utopie von unbeschwertem Glück, die Sehnsucht nach einem Leben, in dem man nicht zu einem bestimmten Zeitpunkt da oder dort sein muß. In diesem Moment melancholisch prästabilierter Harmonie weist sich der Beatles-Film ›A Hard Day's Night‹ endgültig als Kunstwerk aus.

Sie machten noch einen Film mit Lester, ›Help‹, immer noch sehr ulkig, doch schon etwas beflissen um die Gunst der Cineasten buhlend, doch dann standen sie ganz auf den eigenen Füßen. Texte und Musik schreiben sie jetzt fast nur noch selbst, und Erstaunliches ist da zu hören.

John Lennon hat ein Tausend-Worte-Englisch-Vokabular soweit geschmeidigt, daß es auch Differenzierteres ausdrücken kann.

Paul McCartney schreibt dazu Melodien, deren Außergewöhnlichkeit anfangs kaum aufgefallen ist, weil sich am Klangbild so wenig geändert hat. Geblieben ist der treibende Beat. Geblieben ist – von der Aufnahmetechnik her – der Eindruck klirrender Härte im verhallten Raum. Dabei ist soviel geschehen.

Nicht mehr wird das Repertoire beherrscht vom vulgarisierten zwölftaktigen Blues wie bei den üblichen Beat-Kapellen. Immer wieder wird die überkommene Funktionsharmonik aufgegeben, werden die Akkorde unvermittelt nebeneinandergesetzt. Kein Ein- und Ausatmen mehr. Helles, grelles Licht ohne Schatten. Den Mollwendungen wird das Sentiment ausgebrannt.

Gern läßt Paul seine Songs mit einer Zeile beginnen, die aus der Mitte des Liedes stammt, scheinbar wahllos, aber markant herausgegriffen ist, und deren Platz im Themenablauf man erst erkennt, wenn das Stück halb zu Ende gespielt ist. Immer wieder baut er unregelmäßige Perioden, die sich vom Schema der aneinandergereihten vier Takte lösen, bizarr und selbstverständlich. Die Nuance, von allen Beat-5-Kapellen verachtet, anfangs auch von den Beatles selbst, triumphiert.

Das Publikum in Hamburg wie in Essens Gruga-Halle ist völlig aus dem Häuschen. Doch vom Chaos bleibt der Saal verschont. Ihre Show hat sich gewaschen und bleibt immer sauber dabei. Sie haben Spaß an ihrer Musik, sonst nichts.

Sie können es sich leisten, eine getragene Ballade wie ›Yesterday‹ zu singen, und niemand springt ihnen ab. Auch mit den lyrischeren Stücken, in denen der Protest längst in die Trauer über das Unabänderliche zurückgeführt worden ist, identifiziert sich also die Jugend selbstvergessen und voller Vertrauen. Nicht nur ihre Keßheit, ihren Humor und ihre Lebensfreude, sondern auch ihre Tristesse finden sie in ihnen wieder, und da gibt es ja Schlimmeres.

P. S. 2002. Zugegeben: Ich hab' damals ein bißchen geschönt – halb frischgebackener Fan, halb Taktiker mit Furcht vor dem Beifall von der falschen Seite. Friedlich ist es in den Konzerten gewesen, aber auch reichlich laut. Das rein Musikalische ist im Verstärkerlärm untergegangen, und genau erinnern kann ich mich eigentlich nur an das jähe Juchzen der Mädchen, die glaubten, Ringo hätte sie gesehen.

Der Star Club und die Beatles

Die Welt, 28. Juni 1966

Bescheid

Für ihre Fans verausgabten sie sich, die Beatles, gaben freundlich und liebevoll ihr Bestes. Doch in der Pressekonferenz lächelte nur der Mund. Das Auge sprühte Zorn und Verachtung.

Diese Sondershow, zwischen die beiden Hamburger Shows eingelegt, fand in einer Festhalle von Planten un Blomen statt, nicht etwa im Tierpark Hagenbeck, was niemanden überrascht hätte. Da standen die vier auf einem erhöhten Podium, ließen sich anglotzen, bestaunen und photographieren. Ob man sie hätte anfassen dürfen? Sie konnten einem leidtun, doch trugen sie es mit Fassung. Die Gage relativiert sicher das Gefühl für Menschenwürde. Paul pfiff sich ein paar Bluesphrasen.

Dann wurden die Photographen beiseitegescheucht. Die Fragestunde konnte beginnen. Ein Herr meinte, man solle sich immer nur einzeln an immer nur einen einzelnen Beatle wenden und möglichst in englisch, weil das einen flüssigen Ablauf gewährleiste. Und so stellten die anwesenden Damen und Herren ihre Fragen in einer Sprache, die sie für englisch hielten. Wer wissen wollte, wie es den Jungs in Hamburg gefiele, dem wurde der erhellende Bescheid »gut« zuteil. Wer sich nach den nächsten Gastspielen erkundigte, der nahm die Antwort: »Das weiß nur unser Manager« mit nach Hause. Das ging noch an. Doch dann wollte man wissen, was Paul von der Antibaby-Pille halte und ob er wollene Unterhosen trage, ob Ringo sich für besser hielte als Cassius Clay.

Der Ton der Antworten wurde schärfer. »Welche Träume haben Sie?« »Dieselben wie Sie, nur sind wir reicher.« »John, halten Sie Ihr Buch für Literatur oder haben Sie es aus Spaß geschrieben?« »Muß das eine das andere ausschließen?«

207

Da flüsterte Paul dem dolmetschenden Herrn neben ihm etwas ins Ohr. Der sagte: »Paul möchte wissen, ob einer der anwesenden Damen und Herren noch eine Frage habe, auf die zu antworten sich lohne?« Pause. Dann Paul selbst: »Sie haben nicht sonderlich nett gefragt. Wenn wir nicht sonderlich nett geantwortet haben, halten Sie uns bitte nicht für snobbish.«

Der Star Club und die Beatles

Die Welt, 7. Januar 1970

Tod um Mitternacht

Der Hamburger Star Club schloß seine Pforten

AN ALLTAGEN, ALSO AN JENEN ABENDEN, die nicht durch Star-gastspiele das versiegende Interesse noch einmal hochputschen, bot sich schon seit Monaten ein trauriges Bild. Wenn er nicht knüppel-dickevoll ist, wirkt der Raum schmuddelig und verwahrlost, ramponiert von fast zehn Jahren auf dem Boden ausgetretener Kippen, auf den Tisch geknallter Bier- oder Cola-Flaschen. Das Arbeitslicht der ersten Stellprobe wirkte anheimelnder als diese graue Atmosphäre von Tristesse und Vergeblichkeit. Der Hamburger Star Club vegetierte dahin, siechte seinem Ende entgegen.

Die Frau an der Kasse war angehalten, immer dann, wenn sie fünf-zig Mark zusammen hatte, das Geld in die Handtasche zu stecken. Der Mann, der zum Pfänden kam, wurde stündlich erwartet. Zum Jahres-wechsel war es dann soweit. Am Silvesterabend wurde noch einmal das Pop-Duo Hardin and York mit Beifall, Getrampel, Kanonenschlägen und verzücktem Jubel gefeiert. Dann wurde die letzte Nacht des alten Jahres auch gleichzeitig die letzte Nacht dieses wohl berühmtesten aller Beat-Etablissements.

Am 13. April 1962 hatte der Star Club aufgemacht, zu jener Zeit also, als der Beat noch Twist hieß, als Bill Haley noch der König des Rock'n'Roll genannt wurde.

Und als die Beatles noch ein kleines Häuflein unbekannter Rockmusi-ker aus Liverpool waren. So schnell hatte sich der Ruhm des schäbi-gen Schuppens verbreitet, daß für aufstrebende Provinzmusikanten in England der Weg von Liverpool nach London über Hamburg führte. Hier, in diesem umgebauten Lichtspielhaus, das etymologisch korrekt vorher »Stern-Kino« geheißen hatte, gastierten sie für vierhundert Mark pro Woche und pro Pilzkopf. Vielmehr: Hier wurde ihre Mähnenfrisur, dies phonstärkste Modesignal unseres Jahrhunderts, überhaupt erst ge-schaffen.

Eine Weltkarriere nahm hier ihren Anfang, doch auch Gruppen, bei denen das nicht der Fall war, mußten im Star Club einfach gespielt ha-ben. Sonst zerbröselte ihr Image. Und das wollte keiner. Aus England und aus den Vereinigten Staaten kamen sie, der Bluessänger John Lee Hooker und der schwergewichtige Rhythm-&-Blues-Star Fats Domino, der ein so vollgriffiges Boogie-Woogie-Piano spielte. Der eine Zeitlang geradezu irr populäre Rock'n'Roll-Ekstatiker Jerry Lee Lewis ließ hier sein mähnenlanges Wallenhaar auf die schweißnassen Tasten fallen.

Hier machte ein junger farbiger Gitarrist, schonungslos bizarr ge-wandet und mit damals avantgardistisch toupiertem Haar, seine ersten Gehversuche auf dem Kontinent, und erst viel später wurde er der Jimi Hendrix, dem heute Millionen gehören und hörig sind. Hier fiel uns Jazzern in der Spencer Davis Group, die mit ihrem Hit ›Keep On Run-ning‹ die Bestsellerliste triumphierend anführte, ein erst siebzehnjähri-ger Orgelspieler und Sänger auf, damals noch auf den Spuren von Ray Charles wandelnd, aber das mit imponierender Sicherheit: Stevie Win-wood, Idol der dann nachwachsenden Pop-Jugend.

Und hier – der Geschäftssinn des Etablissements war schon immer durch Fan-Idealismus geläutert – trat gegen eine astronomische Abend-gage Ray Charles persönlich auf. Sogar die feinen Leute hinten an der Bar vergaßen das Plaudern, hielten den Mund. Knut Kiesewetter und ich hatten uns auf den Sitz einer gegen den Unterbau der Bühne ge-stellten Bank gekniet, die Ellenbogen auf die Rampe gestützt und die Finger des Meisters nicht aus den Augen gelassen. Sternstunden der Beatzeit!

Sie sollten vergehen. Das St.-Pauli-Milieu schlug zu. Schläger mach-ten sich breit, vorbei waren die Zeiten, in denen der Laden seine eigene Zeitung, die ›Star Club News‹ verbreitete, in denen allüberall Schall-platten mit dem Star-Club-Stern als Firmenzeichen und Gütesiegel ver-kauft wurden, in denen es Anstecknadeln und viele, aber nie annähernd so erfolgreiche Konkurrenzunternehmen gab.

Der Besuch ging zurück. An der Phonstärke der Bands kann es nicht gelegen haben. Denn die elektronische Epoche der Pop-Musik – wie mir scheint, ebenfalls in der Blütezeit des Star Clubs mit überlebensgroßen Verstärkerarchitekturen und rot glimmenden Kontrollämpchen inau-guriert – war ja gerade erst angebrochen. Vielleicht war auch der Ser-vice nicht jedermanns Sache: Die Kellner, die einem manchmal das mit

Bier und Coca-Flaschen vollgestellte Tablett in die Hand drückten und sagten: »Halt mal, Alter, ich muß aufs Klo.«

Für die Snobiety hatte sich der süß proletarische Reiz bald vernutzt, und wer manchmal von einer tristen Party, von seinem Stammhirn geleitet, sich doch noch einmal in die ehemals heiligen Hallen verirrte, zog verdrossen wieder ab. Da liefen Platten. Da war nichts los.

Sicher lag das zum Teil mit daran, daß viele junge Leute sich inzwischen ihre Platten selbst kauften, lieber im kleineren Kreise feierten. Und wenn sie in eine Diskothek gehen wollen, dann meiden sie heute das Reeperbahn-Gelände. Vielleicht war auch die Musik zu anspruchsvoll geworden.

Da versuchte man Anfang 1969 ein Letztes: Man floh nach vorn. Michael Kuno Dreysse und die beiden Musikanten der Pop-Gruppe »Wonderland« Joachim Reichel und Frank Dostal versuchten die Rettung durch Qualität, ja durch Esoterik. Kühn ließen sie die Laufkundschaft, die Amüsierlinge und Erlebnishungrigen aus der Provinz links liegen und wandten sich an die kritikfähige, verwöhnte Pop-Jugend von heute.

Was im Blues und Underground Rang und Namen hat, »Vanilla Fudge«, »Taste«, »Nice 2«, »Steamhammer«, »Yes« oder »East Of Eden«, wurde herangeholt und einer nun nicht mehr kreischenden und Rabatz machenden, sondern kennerhaft und leicht verhascht lauschenden Schar von Insichgekehrten vorgesetzt. Lang und schön war dieser Schwanengesang. Das völlige Verstummen konnte er nur hinauszögern.

Denn es hatte nichts genützt. Die finanzielle Misere hatte zum völligen Debakel geführt. Die Schwingtüren standen still und werden erst Ende Januar wieder geöffnet. Allerdings werden sie dann nicht den Weg in einen neueren und schöneren Star Club freigeben. An dieser historischen Stätte wird in altbewährter St.-Pauli-Manier ein Erotic Theater eröffnet. Das sogenannte Leben geht also weiter, wenn eine Epoche zu Ende geht.

Der Star Club und die Beatles

Süddeutsche Zeitung, 5. Oktober 1989

Beginn am Beginn ... in Hamburg

Paul McCartney hat seine Deutschland-Tournee gestartet

Auf die Reeperbahn mittags um halb drei bittet Paul McCartney zur Pressekonferenz, auf die Große Freiheit in den Kaiserkeller, dahin, wo fast alles begann. Denn in diesem Gewölbe haben im Oktober 1960, nach zwei Schreckensmonaten im »Indra«, die Beatles angefangen, noch ehe sie im Star-Club auf der anderen Straßenseite auftreten durften und halfen, den Laden zum Mekka der Beat-Musik zu machen. Klarer Fall: Die Direttissima von Liverpool nach London ging damals über Hamburg.

Dies Gegenüber des Kaiserkellers, den Star Club, das ehemalige »Stern«-Kino, gibt es nicht mehr. Es ist abgebrannt, wegsaniert, und ein Polizist erläutert: »Das war alles vergammelt, das alte. Das mußte weg.« An die Stelle wurde ein schniekes Backsteinhaus gesetzt, postmodern, aber auch zeitlos. »Amiga Bar« heißt es. Auch in der strahlenden Oktobersonne ist zu erkennen, daß lockende Laternen in den Fenstern leuchten. Als Junge habe ich gelernt: »Nicht immer hält das rote Licht, was es dem Wandersmann verspricht.« Hier jedoch scheint kein Zweifel möglich. Noch läuft nichts auf dem Kiez, gehen die Menschen erhobenen Hauptes an dem kleinen Hotel vorbei, das ein Doppelzimmer mit Etagendusche für sechzig Mark anbietet. Wer im tiefen Keller sitzt, muß erstmal warten. Siebzehn, achtzehn waren die Jungs, als der Besitzer Bruno Koschmider von ihnen verlangte, jeden Abend aufzutreten, am Wochenende sechs Stunden auf der Bühne zu sein. Nicht ununterbrochen. Die »Hurricanes« traten als Alternativgruppe auf. Aber immerhin.

Paul kommt und hat gute Laune. Er kann noch ein paar Worte in unserer Sprache, ruft: »Unter achtzehn verboten«, und was ein junger Brite damals sonst so für typisch deutsch gehalten hat. Er nordet sich ein im

alten, altvertrauten Raum, weiß plötzlich: »Die Bühne hat früher da drüben gestanden«, wird wieder ganz jung mit seinen 47 Jahren und erinnert sich: »Koschmider, der Besitzer, wollte uns nie eine neue Bühne
geben. Die alte war total morsch. Da haben wir sie kurzerhand zu
Klump getrampelt und endlich eine neue gekriegt.«

Er ist wunderbar schlagfertig, dabei nie oberflächlich. Dumme
Fragen, die erfreulich selten kommen, kontert er mit einem: »Ich bin
leider taub.« Einer will wissen: »Man sagt, du hast lange Angst gehabt, nach all den Jahren wieder auf Tournee zu gehen. Wie kommt
es ...« Paul McCartney unterbricht: »Wer hat gesagt, daß ich Angst vor
Tourneen habe? Wollen wir uns prügeln? Das hier ist genau der richtige
Ort.«

Und er kommt ins Erzählen: »Wir sind in New York aufgetreten, erfolgreich. Danach hat keiner mehr Lampenfieber. Das Publikum mag
dich, oder es haßt dich. Warum ich wieder auf Tournee gehe? Das
Show-Business macht dich süchtig nach Publikum. Eines Nachts hatte
ich einen Alptraum. Ich sang während eines Konzertes ›Yesterday‹, und
das Publikum verließ scharenweise den Raum. Da wollte ich es wieder
wissen. Gewiß, wir singen jetzt wieder die alten Lieder. 75 Prozent unseres Repertoires ist altes Beatles-Repertoire. Die Leute wollen es so.
Aber langweilig ist es nicht. Wir haben ›Sgt. Pepper‹ und ›Hey Jude‹ damals nur im Studio für die Platte gemacht, nie im Konzert. Wir haben
die alten Songs lange nicht angerührt. Nach der Trennung von John
Lennon, nach dessen Tod konnten wir das nicht.«

Er lenkt ab: »Als wir hierherkamen, waren wir kleine Kinder, konnten uns nichts leisten und hatten nur das Gefühl des Anfangs. Die
»Everly Brothers« waren unser Traumziel. Niemand konnte voraus-
sehen, was dann kam. Wir kannten vor allem die Frikadellen-Stores.«
Er schmunzelt: »Ja, wir haben die Gegend hier sehr gut gekannt.« Eine
TV-Dame fragt: »Hat sich Ihr Leben nach dem Tod von John Lennon
verändert?« Sehr sachlich: »Das Leben eines jeden Menschen hat sich
nach dem Tode John Lennons verändert.«

Abends in der Halle der Achttausend. Fürs Heimspiel sind zwei Konzerte angesetzt. Friedlichster Auftrieb vor dem Aufbau, vor der Riesen-
bühne, die eine Hydraulik in ständiger Bewegung hält. Vor der gitar-
rensatten Rock-Band steht Paul McCartney; schwarze Hose, schwarze
Weste, aus der lange, flauschige, knallgelbe Ärmel fallen. Eher gemäch-
lich pegelt sich das Konzert ein. Linda, Paul McCartneys Frau, beteiligt
sich mit spröden, etwas faden Balladen. Ein leises »Na und?« zieht durch

mein Gemüt. Da geht es los. Paul setzt sich links außen an die kunterbunt bemalten Keyboards. Die fahren in die Mitte und dann gleich in die Höhe. Nun ist er ganz oben, der »Narr auf dem Hügel«, der sich dreht, in Lichtgewitter eintaucht. Wie von einer psychedelischen Kanzel predigt Paul McCartney.

Die ersten Feuerzeuge. ›Fool On The Hill‹ kann jeder mitsingen. Ein Ruck, fast ein Zusammenzucken dann vor der archaisch tumultuösen Wucht, die ›Sgt. Pepper‹ verbreitet, wenn er live einmarschiert. Der Zeitgeist der späten sechziger Jahre wird auch optisch beschworen. Diese zart kolorierten, ölig ineinander schlierenden Projektionen erscheinen auf dem Hintergrund; abstrakte, sich kräuselnde Muster, auf dem Trip imaginiert. Dann Schwarz-Weiß: ›Good Day Sunshine‹ in gleißender Helle, ›Eleanor Rigby‹ vor wechselnden Porträts knochig verhärmter Frauen, Arbeiterfrauen ... ›All The Lonely People‹. Da frage ich mich: Ist das endlich das richtige Beatles-Konzert? Ist es das, was du im Sommer 1968 vermißt hast, als du dem Quartett, das man damals noch albern-launig die »Pilzköpfe« nannte, von Hamburg nach Essen entgegengereist bist? Wie du enttäuscht warst, als die Vier sich nach endlosem Vorprogramm nur eine knappe halbe Stunde auf der Bühne zeigten, vom rituellen Gejohle der Fans fast übertönt wurden?

Farbwechsel! Knackig unkomplizierte Rock'n'Roll-Nummern, mit klingenscharfen Breaks und Triolen vom Vorstadtklavier, werden eingeschoben. Die Musikanten tunken Fats Dominos ›Ain't That A Shame‹ in den schweren Beat der Louisiana-Sümpfe. Paul greift zum Repertoire der »Wings«, der Gruppe, die er nach dem Bruch mit John Lennon gegründet, zum Erfolg geführt hat ... freundliche, hochprofessionelle, eingängige Pop-Musik. Da weiß ich: Es ist eben doch nicht das verspätet nachgeholte Beatles-Konzert. Sie waren immer zu zweit. Es fehlt der andere, der ironisch Skeptische und Schwierige, der Dunklere mit der Tiefenschärfe in den Finsternissen. ›Let It Be‹, singt Paul McCartney vor einem Sternenhimmel von Wunderkerzen. Bei ›Hey Jude‹ können alle das ›Laa-Laa-Laa-lallalla-Laa‹ auch ohne den Meister und die Band, *a cappella*, singen. Hymnischer Schluß. Abgang. Schnell die Zugaben ›Get Back‹, endlich ›Yesterday«.

Der Alptraum ist verscheucht. Die schwarze Magie hat sich in weiße
verwandelt: Niemand hat den Saal verlassen.

Süddeutsche Zeitung, 1974

Die Wiege der Beatles ist morsch geworden

Liverpool heute – Tony Sheridan singt mit Philharmonikern

DIE MYTHEN WUCHERN IN DIESEM LIVERPOOL. Die Stadt hat uns die Beatles geschenkt, und wenn da einer den Mund aufmacht, sagt er auch schon: »Als ich vor zehn Jahren mit John durch Spanien fuhr – er hatte da schon seinen schwarzen Rolls Royce! – warfen überall die Bauern auf den Feldern ihre Arbeit hin, stürzten an den Straßenrand und bekreuzigten sich.« Solche Sachen erzählt man sich gern in den Kneipen, und wenn einer einem aus Versehen auf den Fuß tritt, sagte er: »Sorry, Jim.« Da kommt kein Heimweh auf.

Wer als Hamburger zum erstenmal die graue Stadt am Mersey-Fluß besucht, kann das kaum unbefangen tun. Er muß immer fürchten, sich in einem Netz von historischen und atmosphärischen Querverbindungen zu verheddern, in einem Koordinatensystem des Erinnerns und der Erwartung den Kopf zu verlieren.

Alles fängt damit an, daß auch in Liverpool der Hafen das Herz der Stadt ist. Allerdings hat es mit der Ware, die an diesem Umschlagplatz gehandelt wurde, lange Zeit hindurch eine eigene Bewandtnis gehabt. Während der ganzen zweiten Hälfte des 18. Jahrhunderts ist Liverpool das Zentrum des Sklavenhandels gewesen. Die Transporte von Westafrika zu den Antillen sind zu fünf Sechsteln über den Mersey-Hafen gelaufen, sind auf Schiffen aus Liverpool durchgeführt worden, haben die frommen Liverpooler Kaufleute reich gemacht. Aber nur die Kaufleute. Die Armen blieben arm und wurden noch verstärkt durch all die Schwarzen, denen es irgendwie gelungen war, in den engen Gassen der Stadt unterzutauchen, ehe sie mit der anderen Fracht in Barbados ausgeladen wurden. Als dann in den vierziger Jahren des vorigen Jahrhunderts Irland von der schrecklichen Hungersnot heimgesucht worden ist, als alles nach Amerika auswandern wollte, blieben zusätzlich zu den

Farbigen auch noch die Iren in Liverpool hängen, für die kein Raum mehr auf den Schiffen war.

Zu finsterer Armut hat das geführt, zu Überbevölkerung, Arbeitslosigkeit und Tristesse in den Slums. Nie aber hat das Nebeneinander von Negern, Iren und Menschen jüdischer Herkunft das böse Bild der einander zerfleischenden Minoritäten geboten. Sicher, es gibt schöne Raufereien in den Kneipen, und ein Wirt kann sagen: »Meine Kellnerin ist auf Urlaub. Sie erholt sich in Belfast«. Aber das Rassenproblem, die kaltblütige Diskriminierung hat es hier nie gegeben, und diese brisante, sonst oft nur als Utopie erträumte Mischung aus sozialem Druck und freundnachbarlicher Koexistenz der Unterdrückten erinnert an die Aura eines anderen Hafens: an das New Orleans in der zweiten Hälfte des vorigen Jahrhunderts.

Hier wie dort das buntscheckige Völkergemisch aus aller Welt, das Bedürfnis der hart im Hafen arbeitenden Menschen nach genauso harter Zerstreuung und schließlich ein Klima von geselliger Toleranz, das auf die folgenreichste Art produktiv werden sollte. Es äußerte sich in einer Explosion von Musik. Denn stolz sind die Armen zwar hüben wie drüben gewesen – aber nicht verstockt, sondern aufnahmebereit, durchlässig, offen für Anregungen. Und wie sich an den Ufern des Mississippi aus europäischem Parademarsch und afrikanischer Trommel, aus Kirchenlied und Blues-Klage der Jazz zusammenbraute, so griffen sich die Jungs aus Liverpool den amerikanischen Rock'n'Roll der endfünfziger Jahre, mischten ihm noch etwas mehr Blues bei, härteten ihn, fügten ihm eine Prise rabiater Aufsässigkeit hinzu und lagen gar nicht so falsch, als sie – kühn wortspielend – den Fluß, an dem ihre Stadt lag, den Mersey-Sippi nannten.

Als »Beat aus Liverpool« hat diese Musik eine Epoche geprägt, und hier nun kommt der dritte Hafen ins Spiel: Hamburg. Hier haben sie alle gespielt, Rabatz gemacht und gelebt, bis sie ihren Puritanismus losgeworden und trocken hinter den Ohren waren. Hier haben die Beatles 1960 abgesahnt und, von Bert Kämpfert ins Studio geholt, ihre ersten Schallplattenaufnahmen gemacht, noch nicht unter ihrem eigenen Namen, sondern als »The Beat Boys« und lediglich als Begleitgruppe für den Mann, der damals in Hamburg der Rockstar aller Rockstars, der ungekrönte König von St. Pauli gewesen ist ... Tony Sheridan.

Seinetwegen war ich nun nach Liverpool gefahren. Der Beat Boy von damals wollte sich als Erwachsener, vorstellen und in der Royal Philharmonic Hall, begleitet vom Royal Philharmonic Orchestra, ein

Comeback wagen. Fünfzehn Jahre sind seit dem spektakulären Beginn dieser Karriere in Hamburg vergangen; Jahre, in denen es die großen Hits gab wie ›My Bonnie Lies Over The Ocean‹ oder ›Skinny Minnie‹; aber auch Perioden des Eingammelns in halber Vergessenheit; ein Jahr Truppenbetreuung in Vietnam; dann Tingeln in Australien und schließlich Rückkehr in seine geistige Heimat Hamburg. Im Dezember 1969 kreuzt er wieder auf, ein frühzeitig Ergrauter, Verwandelter. Immer noch ist er ein Chaotiker mit mürber Seele und stolz auf seine irischen Ahnen; ein Schwieriger, den der Jähzorn packt, wenn ein Klamaukpublikum in Sprechchören immer wieder dieselben Lieder, immer wieder ›Skinny Minnie‹ fordert, wenn er seine abgetragenen Hits nicht abschütteln kann. Doch wer genauer hinhört, entdeckt jetzt einen neuen Sheridan, einen gereiften Musiker, der manchmal in den frühen Morgenstunden, so ab drei, bei Onkel Pö ganz einfache, leise Lieder voller Trauer und Vergeblichkeit singt; selbstgeschriebene Lieder, in denen die Welt des Rock'n'Roll nur noch als Moment des Eingedenkens zitiert wird.

Ach, hätte Tony Sheridan doch auch in Liverpool seine Songs in dieser rauhen, aber ehrlichen Form präsentiert, statt sie in den Fluten eines großen Symphonieorchesters untergehen zu lassen! Oh, wäre es einem doch erspart geblieben, im Bereich des Rock noch einmal erleben zu müssen, was schon in der Welt des Jazz so beklemmend gewesen ist: falschen Ehrgeiz, den so herzbewegenden wie ständig scheiternden Versuch, mit der musikalischen Verfeinerung auch den sozialen Aufstieg zu signalisieren. Das Kellerkind, das in die gute Stube will, landet im Plüsch des Salons; ein Vorgang, der nicht nur den Klassenkämpfer traurig macht, weil er den Verrat an der Basis wittert, sondern auch den Musikfreund. Denn die soßig bombastischen Orchesterarrangements helfen dem Sänger nicht. Sie entfernen ihn von sich selbst. Der eigene Ton, der sich in diesen Balladen von verlorener Liebe, Wiegenliedern und Songs von der langen Straße leise meldet, kann sich nicht entfalten, wenn das von der Stange gekaufte Klanggewand die Gedanken in ganz andere Richtungen lenkt, mal an Herb-Alpert-Sound, mal an die schicke Burt-Bacherach-Melancholie erinnert. Niemand, der sich auf der späten Suche nach seiner Individualität befindet, kann das überleben, und so ist es ein Ende gewesen, nicht in Schönheit, sondern in Selbstmitleid.

Das Publikum applaudiert brav und wohlerzogen, ganz so wie man es von bürgerlichen Abonnenten kennt. Proletarischer Protest meldete

217

sich nicht in der festlichen Halle, um so neugieriger war ich am nächsten Tag auf die freie Wildbahn des richtigen Liverpool; auf die musik-
erfüllte Arbeiterstadt mit ihren Slums und Clubs; auf die Szene.

Ich habe sie nicht gefunden. Der Ort scheint sich in eine übliche Pro-
vinzstadt verwandeln zu wollen; strebsam, voller Leben in Straßen und
Kneipen, aber frei von jeder Romantik. Wo das Geviert des Einkaufs-
zentrums endet, beginnt der Verfall ... freudlose Gassen, Back Alleys,
leere Fensterhöhlen. Hier greift sich der Bulldozer bereits Schneisen in
die Backsteinzeilen. Abbruch aller Orten, und man registriert das nicht
ohne Beklommenheit. Denn so hochmütig es natürlich ist, als Betrach-
ter von Romantik zu schwärmen, während es beim Betroffenen durchs
Dach regnet, so unabweislich wird die Befürchtung, daß hier einmal
wieder mit dem Dreck auch der Humus wegsaniert werden könnte.

Ortskundige hatten uns Namen und Adressen von einer Handvoll
Clubs gegeben. Als erster steht ›She‹ auf unserem Zettel. Fehlanzeige!
Vor der Eingangstür steht einer im schwarzen Anzug und sagt mit dieser eisernen Höflichkeit: »Sorry, Sir, no denims in here.« Der Jeansanzug
ist hier also nicht gefragt. Gegenüber, bei ›Gatsby«, sieht es nicht viel anders aus, und wir fragen gar nicht erst. Live-Musik scheint ausgestorben,
der Discjockey an die Stelle des Gitarrespielers getreten zu sein. Aber
wir geben nicht auf.

Armes Liverpool! Wo ein Rocksänger sich von einem seifigen Sym-
phonieorchester begleiten läßt und einer, der Jeans trägt, nicht in die
Clubs gelassen wird, kommt im Besucher aus dem Nachbarhafen denn
doch Heimweh auf. Der große Pan am Mersey-Ufer scheint tot zu sein.
Die Mythen sind mürbe geworden.

Der Star Club und die Beatles

Süddeutsche Zeitung, 1. Juli 1991

Liverpool ... heute und yesterday

Das Oratorium von Paul McCartney in seiner Geburtsstadt uraufgeführt

DIE KATHEDRALE WARTET und scheint auf alles gefaßt zu sein. Der rötlich schimmernde Bau, ganz viktorianische Gotik und von gewaltigen Ausmaßen, ist Oratorien gewöhnt. Schließlich liegt Liverpool in England, auf der Insel mit der unzerstörbaren Chor-Tradition. Aber was da diesmal ins Hohe Haus steht, ist denn doch ein ander Ding. Aus Anlaß ihres 150jährigen Bestehens hat sich die »Royal Liverpool Philharmonic Society« etwas Repräsentatives komponieren lassen: ein Auftragswerk, das den programmatischen und selbstbewußten Titel ›Liverpool Oratorio‹ trägt und eine dicke Sensation bietet: der Komponist heißt Paul McCartney.

Wer vor Beginn der Veranstaltung einen Blick auf die sich versammelnden Künstler wirft, ist erst einmal perplex. Konventioneller geht es nicht. Ein richtiges Symphonie-Orchester nimmt Platz. Ein großer Chor baut sich auf, zu dem bald ein Kinderchor, später das mit Sopran, Alt, Tenor und Baß klassische Solistenquartett tritt.

Das ist mit Dame Kiri Te Kanawa, Sally Burgess, Jerry Hadley und Willard White hochkarätig besetzt. Denn eine solche Unternehmung läßt sich heutzutage ja nur noch auf die Beine bringen, wenn eine große Schallplattenfirma den Mitschnitt finanziert und schon mal Medienvertreter aus aller Welt einlädt. Festlich-offizielle Grußworte hallen durchs Kirchenschiff. Ihnen folgt der Dank an den Komponisten, an Paul McCartney, »den berühmtesten und vornehmsten Bürger unserer Stadt«.

Was muß der wohl empfunden haben, wie er da im Publikum auf seinem Kirchenstuhl saß, als hochseriöser Komponist geehrt wurde und einst einer der vier Pilzköpfe war, die das Abendland ins Verderben zu stürzen drohten. Sein Leben ist eine lange sich windende Straße, eine

»Long and Winding Road« gewesen. Als er zu Beginn der sechziger Jahre im Hamburger Star Club auf der Großen Freiheit auftrat, kriegte er 600 Mark die Woche und die Gruppe konnte sich kein Hotel leisten, kampierte auf der anderen Straßenseite im ersten Stock des Stripteaselokals »Kolibri«. Als der Dramatiker Joe Orton 1967 ein Drehbuch für die Beatles schreiben sollte, meinte Paul McCartney: »Das einzige, was ich vom Theater kriege, ist ein wunder Arsch.«

»Nein, ich wollte keine elektrischen Gitarren auf der Bühne«, hatte er am Nachmittag in einer Pressekonferenz gesagt. »Ich will kein Crossover, will nicht die Gegenüberstellung von philharmonischem Orchester auf der einen und dem Jubelsound der 60er-Jahre-Massen auf der anderen Seite. Die neunzig Minuten sollen aus einem Guß sein, ich will mich von der starren Songform, von dem Schema: Vorstrophe, Mittelteil, Refrain befreien.«

Offen und aufgeräumt gibt er zu, daß er diesen Befreiungsschlag allein weder gewagt noch geschafft hätte, daß es *with a little help from a friend* zugegangen sei. Denn Carl Davis, der erfahrene Komponist für Soundtracks jeder Art, hat das Werk nicht nur arrangiert, sondern überhaupt zu Papier gebracht. Paul McCartney kann nämlich keine Note schreiben. Immer noch nicht. Und warum sollte er es als Millionär jetzt noch lernen? Er erzählt, wie er die Themen vorgesummt, zur Gitarre vorgespielt hat, dann aber immer dabei gewesen sei, danebengesessen hätte, während Carl Davis Partiturseite um Partiturseite mit Noten bedeckte. »Wenn ich gut aufgelegt war, habe ich mir mal etwas erklären lassen, wollte wissen, was eine Rondoform ist. Aber ›A Young Person's Guide To The Orchestra‹ wollte ich mir denn doch nicht anhören. Dafür ist es zu spät, Leute.«

Mit einer ruhigen, vorbereitenden Streichermelodie beginnt am Abend das Oratorium. 1942, in einer Bombennacht, kommt ein Kind zur Welt und Paul McCartney, der im nächsten Jahr fünfzig wird, findet Musik und Worte für die Lebensstationen dieses Jungen. In acht Sätzen erleben wir Kindheit und Schulzeit, erste Liebe und frühe Wirren, Ehe und Ehealltag und schließlich die Geburt des ersten Kindes. Autobiographisch sind nur die ersten beiden Teile, dann geht die Geschichte einen anderen Weg, und dafür lassen sich gute Gründe finden. Zunächst einmal den von McCartney selbst angegebenen, daß die Geschichte der Beatles allzu bekannt sei. Aber auch Berührungsängste könnten eine Rolle gespielt haben. In die Fußstapfen von Tommy, dem Helden der Rock-Oper von *The Who*, wollte McCartney nicht treten, und mehr noch

220

drohte eine dramaturgische Notwendigkeit: John Lennon hätte nun auftreten müssen. Das ging nicht, das ließ sich nicht herstellen. Schließlich: Woher nehmen und nicht stehlen? Aber der andere, der Gescheitere, der gefährlich Gescheite fehlte anschließend doch sehr. Er hätte dem Nostalgisch-Bekömmlichen ein wenig Gift beigemischt.

So entwickelte sich ein Abend, an dem die Musik auf eine ganz andere Weise zur Dienerin zweier Herren wurde. Für McCartney und Davis mußte ein gemeinsamer Nenner für Inspiration und Handwerk, ein ähnlicher Ton gefunden werden. Wie das so geht: der Drahtseilakt brachte immer dann den größten künstlerischen Gewinn, wenn nicht gemogelt, wenn keine Pseudo-Synthese vorgetäuscht wurde. Wie unangetastet entfalteten die Songs ihre lyrische Überredungskraft. Immer glaubt man heraushören zu können, wann dann wieder das ausgepichte Kompositionshandwerk begann, und anfangs störte es nur wenig. Die symphonisch gearbeiteten Zwischenspiele hatten ja einen dramaturgischen Sinn, hielten sich wohltuend frei von ambitioniertem Schwulst. Bald aber setzte der Ehrgeiz ein, trumpfte immer mehr auf, und am Ende überschritt das Eklektische so sehr die Grenze zum Kleptomanen, daß man bei jedem einfachen Lied aufatmete und seufzte: Paul, da bist du ja wieder!

Als Melodienerfinder hat er nichts von seiner Kraft verloren, an Unverwechselbarkeit eingebüßt. Die stockenden, liegenden, magisch wiederholten Töne über wechselnden Harmonien saugen immer noch an Body and Soul. Der spröd-puritanische Folk-Ton steht ihm so zu Gebote wie das schmissig Derbe, sei es aus der Welt des Musicals oder aus den seligen Tagen der Music-Hall. Na schön, der Verzicht auf das Rock-Instrumentarium hat zur Folge, daß an den mehr rhythmischen Stellen jetzt diese zickigen Streicher-Achtel am Ohr vorüberschrubben. Dann aber gelingt der Zauber auch hier wieder und wie überall … »Here, There And Everywhere«.

Als Dirigent meistert Carl Davis nicht nur die Tücken eines solchen Sakralraums erstaunlich. Er inspiriert auch das Royal Liverpool Philharmonic Orchestra und ein Solistenquartett, das mit spürbarem Vergnügen und, weil im Angelsächsischen ja wie von selbst auch Musicalerfahren, mit idiomatischer Kompetenz bei der Sache ist. Sally Burgess, Mezzosopran, ist für Mütter und Lehrerinnen, Willard White, Maazels und Simon Rattles ›Porgy‹, für Väter und Kneipenwirte zuständig. Dame Kiri singt sich manchmal, ganz abgefeimte Schlichtheit, in die Nähe der Schwarzkopf, und Jerry Hadley, Bernsteins ›Candide‹ und

›Rodolfo‹, artikuliert bewundernswert und hat sich einen ganz schlan-
ken, einen ganz lichten Ton zugelegt, dessen unverschmierte Zartheit
hier genau richtig ist.

Der Erfolg war glänzend, gönnte sich aber auch, dem Anlaß ent-
sprechend, ein wenig noble Zurückhaltung. Nun warten die Studios,
erscheint die Hollywood Bowl am Horizont. So bleibt Paul McCartney
am klassischen Ball. Kann ja auch noch reichlich üben und ehe er sich's
versieht, ist es soweit. Dann hat er das Alter erreicht, das ihm in Beatles-
Tagen wie eine ferne Schreckensvision vorkam. Dann ist er 64.

Süddeutsche Zeitung, 1. Februar 1994

Blues in Blond

Achim Reichel ist fünfzig

ER WAR SCHON DABEI, als der Rock noch Beat hieß ... Achim Reichel, Sänger aus Hamburg. Nun feierte er seinen fünfzigsten Geburtstag in der »Großen Freiheit 36«, dem gemütlichen Schuppen gleich neben der Reeperbahn. Das geht auch geographisch in Ordnung. Achim ist in St. Pauli geboren, und »auf Paulo« steigt auch das Fest. Hier, wo es nie Berührungsängste gab, können sich auch Gegenwart und Vergangenheit mischen. Jetzt stehen Fernsehteams auf der Straße, drängen sich drinnen 800 Gäste, darunter haufenweise Musikanten. Einst stand auf der gegenüberliegenden Straßenseite der Star Club.

Bei dessen Eröffnung, also im April 1962, ist Achim als Mitglied der *Rattles* dabeigewesen, und wenn er ins Erzählen kommt, berichtet er von ganz früher, von jenen Tagen, als die jungen und unerfahrenen »Rattles« den genauso jungen und unerfahrenen Beatles auf die Finger gesehen haben, wie man schon mal Gitarrengriffe mit John Lennon austauschte. Der plietsche Junge aus der Hafenstraße schaffte es schnell. Als »deutsche Antwort auf die Beatles« empfand man seine Rattles.

Im Rauch und Nebel der Jahre ist das Bild Achim Reichels immer mal wieder verschwunden, immer wieder aufgetaucht. 1966 sehe ich ihn vor mir, in der Essener Grugahalle. Wir waren den Beatles entgegengereist und stolz darauf, daß unser Hamburger Blondschopf im Vorprogramm eine so gute Figur machte; eine fast *zu* gute Figur; denn die eifersüchtigen Beatles-Manager wurden fuchsteufelswild und setzten die Säge an.

Der Achim Reichel, der mir dann Ende der 6oer Jahre wieder begegnete, war bleich und voller Sorgen. Er hatte mit Frank Dostal zusammen den dahinsiechenden Star Club übernommen, hatte auf exklusive, auch leicht esoterische Programmpolitik gesetzt. Aber es half

223

nichts. Die Räume leerten sich. Silvester 1969 war Schluß, und richtig aufwärts ging es erst wieder, als Achim 1976 alte Shanties mit rockender Instrumentalbegleitung und auf plattdeutsch sang. ›Rolling Home‹ sprach von der Heimkehr auf den Kiez. Auf dem vertrauten Pflaster begann das neue, alte Spiel.

Er schmeißt immer noch den Laden, dieser Überlebenskünstler, der sich auf der Bühne mit vollkommen entspannter, in Jahrzehnten erarbeiteter Natürlichkeit bewegt. Alle feiern, singen jedes Wort der Lieder mit. Die Bühne füllt sich mit Musikern, Einsteiger sind willkommen. Sie geben den Songs aus den vielen Stationen dieser Lebensreise die jeweils authentische Farbe.

Beim Hit ›Der Spieler‹ darf der Bläsersatz nicht fehlen. Beim ›Blues in Blond‹ macht sich Karl Allauts Gitarre nützlich. Wenn Achim die Rock-Lady Inga Rumpf zum Duett auf die Bühne winkt, feiern sich zwei Unzerstörbare der Hamburger Rock-Szene, und Ulrich Tukur verwandelt ›Ein Freund, ein guter Freund‹ in eine Geburtstagshymne, auf der Reeperbahn nachts gegen halb eins. Joachim Witt stimmt ein. Udo Lindenberg ist da und bleibt fern. Das kann er inzwischen ja gut.

Nur Hans Albers hat gefehlt und hätte doch gern einem jungen Kollegen gratuliert, der es geschafft hat, in diesem Wahnsinnsberuf mit einiger Haltung erwachsen zu werden.

Von John Lee Hooker zu den Stones

SüddeutscheZeitung, 23. Juni 2001

Ein weites Baumwollfeld

»I'm In The Mood« – Zum Tod des Gitarristen und Sängers
John Lee Hooker

NICHT EINZIG AUS DEM VERGANGENEN, sondern auch aus dem vorvergangenen Jahrhundert schien er in unsere Welt zu kommen, und war doch ganz brennende, inspirierende Gegenwart. Nun hat er seinen Abschied genommen. John Lee Hooker, der als Gitarrist, Sänger und Komponist nicht nur die Blues-Landschaft geprägt, verwandelt und erneuert hat – er ist am Donnerstag im Alter von 83 Jahren in San Francisco gestorben. Friedlich und im Schlaf.

Wie ein Abgesandter aus exotischer Ferne ist er mir zum erstenmal begegnet, halb Schamane, halb Medizinmann. Es war am 18. Oktober 1962. Im Auditorium Maximum der Hamburger Universität fand ein Konzert statt, von dem man annehmen mußte, daß es sich an ein paar Käuze, Spezialisten und Sonderlinge wendet. Die Veranstalter hatten sich in den Kopf gesetzt, ein »American Folk Blues Festival« aus halb vergessenen Musikanten zusammenzustellen, auf die Reise zu schicken und so einem kleinen Kreis von Kennern zu beweisen, daß dieser Klang nicht in wogenden Mississippi-Fluten und Baumwollfeldern untergegangen ist, sondern als Big-City-Sound durchaus noch lebt.

Daß dies Minderheiten-Experiment zur Inspiration für ein ganzes Heer europäischer Bluesgitarristen werden sollte, konnte damals noch niemand ahnen. Bei dieser allerersten Tournee wollten die Veranstalter einfach sagen: »Hört sie euch an! Überzeugt euch vom Reichtum, der Vielgestaltigkeit dieser Kunst!« Immerhin: Helen Humes, T-Bone Walker, Memphis Slim, Sonny Terry & Brownie McGhee waren dabei.

Eröffnet aber wurde das Konzert von John Lee Hooker. Nur er, seine Gitarre, seine Stimme und als Rhythmusgruppe das Stampfen seiner Füße. Etwas düster Brütendes, ja finster Abweisendes ging von ihm aus.

Er wirkte wie ein stolzes Überbleibsel aus den Tagen, als der Blues noch nicht vom Land in die Stadt gewandert war. Das Archaische schien seine Welt. Drum pfiff er auf das zwölftaktige Formschema aus dem Lehrbuch, setzte beim Singen und Spielen auf raunende Tiefe, magische Kürzel und beschwor, wenn er zur zwölfsaitigen Gitarre griff, eine Landschaft von flirrender Weite.

Ganz bei sich selbst schien diese Gestalt. Und doch spielte John Lee Hooker eine Rolle, konnte auf dieser zu Lehrzwecken aufgeschlagenen Bluesbühne nur einen Teil seiner Möglichkeiten entfalten. Das sollte mir noch am selbigen Tage klar werden. Nach dem Konzert: Studio-Fete am Stadtrand. What a night! Und einiges verschwimmt schon in der Erinnerung. Doch nie vergessen habe ich die Verwandlung, die mit John Lee Hooker während des Festes, nach Feierabend also, vorging. Offenbar war er es leid, die ihm aus Gründen der Pädagogik oder Konzert-Dramaturgie zugewiesene Rolle »Einsamer Wolf der Louisiana-Sümpfe« weiterzuspielen. Er gesellte sich zu den anderen und stürzte sich vergnügt in den deftigen Rhythm and Blues der Großstadt. Und tat es freiwillig und tat es gern.

»Ich habe den Blues auf den Baumwollfeldern gehört, und spielen gelernt habe ich ihn, um von den Baumwollfeldern wegzukommen«, hat John Lee Hooker einmal gesagt, und das scheinheilig Simple einer solchen Aussage ist ja durchaus als Programm zu sehen, als Absage an die Ideologie verordneter Authentizität. In Clarksdale, im State Mississippi, kam er zur Welt, am 12. August 1917. Er selbst gab lange 1920 als Geburtsjahr an und fabelte sich die schönsten Begründungen zurecht. Auch schwarze Amerikaner sind Amerikaner, opfern nicht nur den Voodoo-Dämonen, sondern auch dem Jugendkult.

Mit elf Geschwistern ist John Lee Hooker aufgewachsen; mit vierzehn Jahren machte er sich auf den Weg. Ein bißchen Gitarrespielen hatte er von einem seiner Stiefväter gelernt. Er berührte Memphis auf einer dieser Wanderschaften, die der Blues damals, inzwischen 1943, immer noch, immer wieder durchstehen mußte. Er versuchte es in Detroit, der Stadt der Autos und der Schwarzen am Fließband, konnte noch nicht von der Musik leben, mußte in Fabriken die Fußböden und Klos schrubben.

227

JOHN LEE HOOKER

Die Schallplattenkarriere begann wirr, ließ sich juristisch nur unter so abenteuerlichen Pseudonymen wie Delta John und Birmingham Sam über die Runden bringen; doch Ende der Vierzigerjahre war es geschafft. ›Boogie Chillun‹ und ›Hobo Blues‹ wurden Hits. Von ›I'm In The Mood‹ (1951) wurde eine Million verkauft, ist längst ein äußerst durabler, tausendfach nachgespielter Evergreen geworden, nur noch übertroffen von ›Boom, Boom‹ ... seit 1962 und immer noch kein Ende.

Da senkte sich gerade mal wieder Dürre über das Blues-Land. Das Gros der Bevölkerung rockte und rollte durch andere Gebiete, und Hilfe kam aus einer ganz überraschenden Ecke, vom Campus der Colleges und Universitäten. Studenten brachte mit der Folkbewegung auch die alten Barden wieder ins Gespräch, stellten sie allerdings auch gleich ideologisch unter Kuratel. In vorbildlich sauberer Volksmusik wird die akustische Gitarre zur Gottheit, die E-Gitarre ein Instrument des kapitalistischen Teufels. Fast eine dialektische Volte – um vor dem Reinheitsgebot ihrer weißen Förderer bestehen zu können, hieß es zurück auf die Baumwollfelder.

Doch dann kam die nächste, die schönste Volte, und John Lee Hooker war wie immer mittendrin. Es waren die weißen Rock-Buben, die aus der Musik der Alten den Honig der eigenen Kreativität sogen. Jahr für Jahr saßen die blutjungen Schüler wie Mick Jagger und Eric Clapton zu Füßen der durchreisenden Lehrer. Doch das war immer auch Nehmen und Geben. Die Schwarzen profitierten vom Marktwert der weißen Pop-Idole. So hat die in den späten Sechzigerjahren sehr bekannte Gruppe »Canned Heat« John Lee Hooker mit auf Tournee genommen.

A Star Was Born, spät, aber doch. Es kam der Grammy, und es kam der Film mit den Blues Brothers, und vor allem standen immer wieder Star-Musikanten wie Santana und Bonnie Raitt, Robert Cray und Los Lobos Schlange, um mit dem großen Alten, längst Kultfigur, gemeinsame musikalische Sache zu machen.

Und immer ist es Geben und Nehmen gewesen. Aber am meisten gegeben hat doch er, der uns immer wieder den Traum von großer Magie erfüllt und den Nachthimmel über der Blues-Landschaft erhellt hat – John Lee Hooker.

Willkommen im Feuilleton: Die Stones

Es war Mitte der sechziger Jahre. Zum ersten Mal kamen da Musiker zu uns, die in jenen Tagen die größtmögliche aller Provokationen darstellten, die inzwischen vielleicht nicht gleich Klassiker geworden sind; zumindest aber alte leicht angemüdete Hasen. Ich meine die Rolling Stones, Mick Jagger und seine Blues-Rock-Buben. Ich weiß das noch sehr genau: Am Vormittag nach dem Konzert ging ich in die Feuilleton-Redaktion der ›Welt‹, für die ich damals noch arbeitete, und sagte: »Ich möchte etwas über diese Rolling Stones schreiben.«

Da machten alle lange Gesichter und meinten: »Über die Typen hat doch schon alles im Blatt gestanden; welche Whiskysorte sie backstage fordern; wie voll und stickig es im Saal war; wie provozierend die Ordner herummotzten, und auch, wie die Fans nach dem Konzert auf dem Heimweg von der Ernst-Merck-Halle bis zum Dammtorbahnhof über die Autodächer getobt sind ... eine akrobatische Meisterleistung und bei uns in der Zeitung hinreichend gewürdigt.«

Still entgegnete ich: »Mag ja sein. Aber ich habe da einen ganz neuen, überraschenden, ich darf wohl sagen: sensationellen Aspekt.« Ein neuer Aspekt? Wie dann das? »Ich möchte etwas über die *Musik* der Gruppe schreiben.« Da waren alle ganz baff, ließen mich aber. Denn sie waren lieb zu mir.

Die Welt, 1970

Schöner Festtag bei den Rolling Stones

Mick Jagger: »Wir entwickeln uns nicht mehr«

WIE LANGE WERDEN DIE ROLLING STONES noch zusammen-bleiben?« »Bis sie nicht mehr swingen.« Mick Jagger speit Schockrepliken in den Raum und auf die Notizblöcke der Journalisten.

Im luxuriösen Marina-Hotel zu Vaedbek, einem Fischerort mit idyllischem Jachthafen, zwanzig Kilometer außerhalb von Kopenhagen, gaben die »Rolling Stones« am Vorabend ihrer Europa-Tournee, die am Tag darauf im schwedischen Malmö beginnen sollte, eine Pressekonferenz. Vorher hatten sie im Freien vor knapp achtzig Photographen posiert, mal vor der sozusagen seelenlos modernistischen Hotelfassade, mal im romantischen Grün des Gartens.

Die Motive standen zur Auswahl. Dann hatte man sich in den Konferenzraum gedrängelt, und da saßen sie dann, die skandalumwitterten Rolling Stones, die Steine von so viel Anstoß, lieb auf einer improvisierten Estrade und ließen sich mit Fragen befeuern, mit abwechselnd präzisen, unqualifizierten und taktlosen Fragen.

Sie blieben cool, die fünf, tranken ihr Carlsberg, rauchten und grienten vor sich hin. Der einzige, der antwortete, war Mick Jagger, und die ganze Veranstaltung erinnerte mich an jene Pressekonferenz, die die Beatles vor vier Jahren in Hamburg gaben.

Nur geht es jetzt barscher und rauhbeiniger zu, und als jemand fragt, was er denn von den Beatles hielte, antwortet Mick Jagger kurz: »They don't exist«, milderte dann aber doch ab: »Und das ist eine große Schande.« Im übrigen macht er es sich leicht. Altamont? »Wir haben da nur gespielt. Wir haben keinen umgebracht.« Ob er nach Altamont an-

MICK JAGGER, BRIAN JONES UND BILL WYMAN

ders über Amerika denkt als zuvor? Ein cleveres Ausweichmanöver: »Mein Urteil hat sich nicht geändert. Ich würde da immer wieder gastieren.« New Style? »Wir haben uns neue Hemden und Strümpfe gekauft.« Pläne? »Wir entwickeln uns nicht mehr.« Einmal verliert er die Geduld. Als jemand ihn nach dem Drogenproblem fragt, knallt er den hellgelben Strohhut mit dem riesigen Blumenarrangement auf den Tisch und brüllt: »Ruhe im Gerichtssaal!« Leise Stimme neben mir: »Das hat er wohl schon mal gehört.«

Nur selten läßt er diese publicityträchtige Maske des ungehobelten Vorstadtproleten fallen, wird er halbwegs ernsthaft. »Warum wir diese Tournee machen? Nicht nur um Geld zu verdienen. Wir verdienen sogar sehr wenig, gemessen an amerikanischen Verhältnissen. Wir wissen einfach, daß vor Publikum zu spielen wichtiger und schöner ist als alle Filme und Schallplatten. Wir wollen live musizieren, und das tun wir viel lieber als hier mit euch herumzuquatschen.«

Entlassende Geste an die andern und alle. Schneller Abgang. Zehn Minuten hat das Ganze gedauert. Ein Kollege aus London meint erlesenen Tonfalls, die Stones wären »ingenious in their mocking way«. Die sind höflich, die Engländer.

In Malmö – fünfunddreißig Minuten im Flügelboot von Kopenhagen über den Sund – sammeln sich Schwedens Rolling-Stones-Fans vor den Baltiska-Hallen, einem bei aller Größe pavillonartigen Gebäude von beschwingter Sachlichkeit. Ein halbe Stunde lagert man noch auf dem Rasen und unter Bäumen. Die Halle liegt etwas vor der Stadt. Erster Eindruck: Heute sind die Freundlichen da. Altamont war eine Ausnahme. Krawalle liegen nicht in der milden Luft, und wer beklommen mit den durch weltweite Publizität berüchtigten skandinavischen Motorrad-Rockern gerechnet hatte, kann aufatmen.

Man sieht zwar Motorräder, aber nur ganz leichte, die in dieser Landschaft wirken wie ambitionierte Fahrräder. Auch ein paar Finsterlinge sehe ich, im schwarzen Glanzleder oder im schweren Drillich mit Eisernem Kreuz. Aber viele sind es nicht. Die Szene beherrscht der Typ des sanft und in Maßen verhaschten Gymnasiasten, und so ist auch von malerischer Bekleidung (abgesehen von manch indianischem Lederwams mit Fransen, aber auch das kennt inzwischen jeder!) nichts zu berichten. Denn wer wirklich der Musik wegen kommt, wer unangestrengt dazugehört, der putzt sich nicht heraus, der bevorzugt den eher etwas verdrossen angeschmuddelten Anti-Boutiquen-Look.

Buddy Guy und seine Leute sind angeheuert, das Eis zu brechen, und sicher haben sich die Veranstalter etwas dabei gedacht. Denn diese Gruppe von farbigen Blues-Musikern aus Chicago macht noch einmal lebhaft und lehrhaft klar, aus welchen Quellen die Stones geschöpft haben. So sehen die schwarzen Väter dieser weißen Söhne aus. Eine halbe Stunde machen sie ihre einfache, für einfache Zuhörer gedachte Musik, und sie hätten keine Sekunde länger spielen dürfen, denn auch innerhalb ihres Genres sind sie just tauglicher Durchschnitt, schlichtes Entertainment ohne den Stempel des Außergewöhnlichen. Sie gingen von der Bühne, ehe sich die Ehrfurcht des Publikums in Nachsicht verwandelt hatte.

20 Uhr 35. Es ist soweit. Gleich mit ›Jumpin' Jack Flash‹ hat Mick Jagger die Leute und läßt sie eineinviertel Stunde nicht mehr los. Er braucht kein Stück anzusagen. Schon nach dem ersten Takt der einleitenden rhythmischen Figur weiß jeder: »Nun kommt der langsame Blues ›Love In Vain‹, nun kommen ›Honky Tonk Women‹, ›Stray Cat Blues‹ oder der ›Midnight Rambler‹.«

Aus diesem Lied macht er ein sadistisches Manifest. Längst hat er den silbrigen Zylinder in die Ecke gefeuert, den zartlila getönten, mit Sternen bestickten Fummel von Tüllschal dazu. Nun schnallt er sich den Ledergürtel ab, wirft sich auf den Boden, singt im Liegen weiter und klatscht während des langsamen Teils dieser Blues-Orgie mit dem riesigen Lederriemen quer über die Bühne. Immer auf eins macht er das. Lecker, lecker! Lustvoll duckt sich die Menge, und durch die sensationelle Beleuchtungsanlage, die, an einer riesigen Leichtmetallkonstruktion befestigt, auch die ersten zehn Reihen noch greift, hat es den Anschein, als ob die unten im rotglosenden Höllenfeuer schmurgeln, während oben Satanas in Violett die Schönheit von Zerstörung und Untergang besingt.

Doch beschwört, was des Chaos wunderlicher Sohn so singt, keinerlei Inferno im Konzertsaal herauf. Vielleicht können die jungen Leute sehr wohl unterscheiden, was da hemmungslose Selbstdarstellung, was da Rollenlyrik als Imagepflege und was ganz einfach Kunst ist. Es wird hell. Zwei Zugaben, die ja auch der Chopin-Pianist bewilligt. Der Saal ist leer.

Die Zeit, 7. September 1973

Hits ohne Hut

Die Rolling Stones begannen in Wien eine Europa-Tournee

Schon auf dem Hamburger Flughafen beginnt sie, die Karawane nach Wien, die Völkerwanderung zu dem Konzert, mit dem die Rolling Stones nach dreijähriger Pause wieder eine Europa-Tournee beginnen. Ich entdecke den ersten Fan, erkenne ihn schnell am T-Shirt: knallrote, provokativ herausgestreckte Zunge auf weißem Grund, das neue Identifikations- und wohl auch Potenzsymbol der Gruppe. Wir bleiben nicht lange allein: In Frankfurt stößt Fritz Rau dazu, verantwortlich für den deutschen Teil des Mammut-Unternehmens und als Veranstalter natürlich wißbegierig. Wir begrüßen Ian Stewart, der sich mal wieder bei einigen Stücken als Pianist nützlich machen soll, und einen Jungen, den die Stones eigens aus Arkansas haben einfliegen lassen. Tim, glaube ich, heißt er, trägt ständig einen hellgelben Strohhut und ist ein Gitarrenverrückter. Er wird während der ganzen Tournee hinter dem einen Verstärker sitzen und Keith Richard die Gitarren zureichen, nachstimmen, ihnen neue Saiten aufziehen und sie notfalls auch blitzschnell reparieren. Schnell vergeht der Flug mit Fachsimpeln. Kollegen sehe ich kaum.

Denn die Premiere in Wien ist eigentlich keine Premiere. Sie ist das, was die PR-Leute der für die Stones zuständigen Schallplattenfirma in der Sprache, die sie inzwischen wohl für deutsch halten, mir gegenüber ein *Warming Up Date* nennen. Die rollenden Steine machen es also wie die Verfertiger von Musicals in den Vereinigten Staaten. Wie der New Yorker Premiere das Baltimore Try Out vorausgeht, so spielen sich die Stones erst mal in drei Konzerten auf dem Kontinent, eben Wien, dann in Mannheim und Köln, frei, damit sie auf der heimischen Insel, vor ihrem eigentlichen Publikum, in den darauf folgenden vierzehn Tagen sicher sind, bestehen können.

Die Wiener Stadthalle hat den diskreten Charme der Essener Gruga-Halle. Schon eine Stunde vor Beginn wälzt sich die sechzehntausend-köpfige Armee in hellblauen Jeansanzügen durch die Straßen. Ich spüre sie auf der Haut, die Atmosphäre knisternder, aber disziplinierter Spannung. Drei Jahre warten müssen...

Pünktlich der Beginn. Den ersten Rahmenkampf liefern, gewissermaßen als Vorgruppe vor der Vorgruppe, die »Krackers«, ein Haufen aus Chicago, den die Stones entdeckt, für ihre Schallplattenfirma produziert haben und den sie jetzt ihrem Publikum ans Herz legen wollen. Die Jungs tragen viel Glitzerndes, arbeiten hart, rocken hart; aber es ist nichts, um drüber nach Hause zu schreiben. Die Begeisterung, soweit ich von der elften Reihe aus durch den Qualm auf den wohl kilometerweit entfernten Rängen etwas erkennen kann, hält sich auch im Saal in Grenzen.

Doch Jubel empfängt Billy Preston, den eigentlichen Anheizer. Mit ›Day Tripper‹ stürzt er sich gleich kopfüber in seinen Auftritt. Der Mann erstaunt mich. Ein Vollprofi, dem es noch Spaß macht ... dies Genre ist also doch noch nicht ausgestorben. Denn Preston ist einer der gesuchtesten Studiomusiker der Szene, ein komponierender, viel zu selten genannter Hintermann auch der erlauchtesten Gruppen, und trotzdem in der Lage, sich das Publikum in Sekundenschnelle um den heißen kleinen Finger zu wickeln.

Er macht als Rock-Star Furore und empfiehlt sich gleichzeitig als das, was die Amerikaner *a musician's musician* nennen. Das Instrumentarium wendet sich zunächst einmal an den Kenner. Man spielt zu viert: ein Schlagzeuger und drei Musikanten, die eine Kollektion von sechs Tasteninstrumenten bedienen. Immer abwechselnd vom Fender-Piano zum Konzertflügel, von der Orgel zum Synthesizer rennen. Vielfarbige, dabei durchsichtig bleibende Klänge werden so gewebt. Die Orgel breitet Kantilenen aus. Der Flügelmann rhythmisiert sie mit trockenen Einwürfen, und das E-Piano pingelt und pinselt Stimmungen ins Klangbild.

Doch nie hat die Mischung etwas Gekünsteltes. Immer werden die Quellen angezapft, und die vier Herren mit der ausgreifendsten Afro-Krause, die ich je auf einem Negerhaupt gesehen habe, überrumpeln den Saal mit Soul. Da ist nichts abgeflacht oder angekurbelt, da stimmen die Tausende wie von selber in das Händeklatschen ein, und bewundernswert gelingt es Preston immer wieder, auf den wattig verhallten Vierteln des Saales mit messerscharf artikulierten Synkopen einzusteigen.

235

Einmal fiel das Gesangsmikrophon aus, doch das hatte sein Gutes. Preston mußte sich in ein langes, wundervolles Orgelsolo flüchten, und auch hier mischten sich wieder musikalisches Farbebekennen mit dem Show-Business. Er drückte einen hohen Gipfelton, klammerte ihn mit Hilfe der Mechanik fest, ließ ihn liegen, wanderte zum Schlagzeuger, unterhielt sich mit ihm eine Zeitlang und war dann genau wieder an seinem Platz, als jener Gipfelton nicht mehr in die Harmonien paßte und in eine Bluesphrase aufgelöst werden mußte. Zum Schluß spielte er seinen Hit ›Will It Go Round In Circles‹, ein Stück, das frische Erinnerungen an lange Fahrten und lange Programme aus dem Autoradio quer durch die Landstraßen Amerikas erweckte und dessen intelligent absurde Worte sich so schön mitsingen lassen.

Pause. In der Seitengängen entdecke ich die Chauffeure der drei blauen BMWs (Stones) und des Mercedes 600 (Preston), die den Künstlern für ihren eintägigen Wien-Aufenthalt zur Verfügung gestellt werden, damit sie ungestört von ihrem noblen Wohnsitz, dem Schloß Laudon, in die Stadt gefahren werden können. Nun wehen auch die ersten einschlägigen Düfte durch den Saal. Dies Rauchen hat man sich aufgespart bis unmittelbar vor dem Auftritt der Stones, und darüber ließe sich, besonders wenn man noch begeistert ist von der Musik Billy Prestons, längere Zeit nachdenken. Nun driften die ersten Pulks durch den Mittelgang nach vorne, setzen sich aber schnell, was die offenbar auch in Österreich alleweil einsatzbereiten Ordner eher verdrossen stimmt.

Die Pause ist zu lang. Natürlich muß die Bühne von Tasten- auf Gitarrensound umgerüstet werden, aber eine Dreiviertelstunde mag keiner mehr warten. Die Pfiffe werden fordernder. Es wird getrampelt, und dann kommen sie.

Plötzlich steht alles auf den Stühlen. Ich auch. Allerdings nicht ausschließlich, weil ich so verzückt bin, sondern ein wenig auch, weil man im Sitzen jetzt nichts mehr sieht. Ellenbogen legen sich von hinten auf meine Schulter. Ein Photoapparat steht auf meinem Kopf. Über mir blitzt es. Kleine Mädchen, die grelle Stones-Zunge auf das Jeans-Jäckchen genäht, springen zu mir auf den Stuhl. Mick Jagger singt ›Round Midnight‹.

Anderthalb Stunden sind die Stones auf der Bühne, und keine Minute verläuft im Sande der Routine. Mick Jagger tritt diesmal erstaunlicherweise ohne jeden Hut auf, trägt dafür um den Hals den roten Chiffon-Schal, der mich auch immer in der Hand von Cathy Berberian so entzückt, wenn sie die Salonlieder aus dem vorigen Jahrhundert zele-

biert. Mit ihm läßt sich allerlei artige Schelmerei veranstalten. Auch un-
artige: Man kann ihn, wenn man über die Bühne hüpft, kokett hinter
sich herwehen lassen, sich mit seinen beiden Enden genußreich die
Kniekehlen kitzeln, ihn um die Wangen schlingen, über die Backen strei-
chen lassen. Er ist schon eine rechte Hilfe, wenn man seinem Publikum
immer abwechselnd schmollenden Trotz und kommunikationsverses-
sene »O-Mensch«-Attitüde darbieten will.

Denn der Mann ist nicht nur einer der packendsten Rocksänger unserer Zeit. Er ist ein großer Schauspieler, dessen Rang selbst mit dem so
probat sich anbietenden Allerweltswort Entertainer nicht mehr zu greifen ist. Für jeden Song hat er andere Gesten, ein anderes Gesicht, und
ganz und gar hinreißend wird er, wenn er sich nicht im wohl allzu ge-
läufig gewordenen Szenarium seiner Millionen-Hits hin und her bewegt
mit Hüftschwung und dämonisch loderndem Blick, sondern wenn er es
ernst meint, wenn er aus den sehr langsam, sehr trauervoll introduzier-
ten ›You Can't Always Get What You Want‹ ein Lied des Verzichtes
macht, etwas von der Einsamkeit des nun auch langsam älter werdenden Rock-Sängers auf die Bühne bringt.

War das der Höhepunkt? Oder war es der ›Midnight Rambler‹, mein
Lieblingslied aus dem Repertoire der Stones, die Sonnenaufgangsplatte,
kurz bevor der letzte Gast gegangen ist? So etwas kann man als Sänger
nur dann so über die Rampe bringen, wenn man schon als blutjunger
Wahnsinniger sich aus den Scheiben der Blues-Barden Muddy Waters
und John Lee Hooker die Wahrheit herausgehört hat und dann sich das
Herz faßt, seine eigenen, wild taumelnden Idiosynkrasien in die alten
Säfte zu mischen. Es fehlt nicht der wie hingeflüsterte, ganz langsame
Teil, den man von der Platte, den man von der 1970er Tournee her
kennt. Es fehlt genausowenig die (erfolgreich) gewagte sadistische Ein-
lage, nur daß Jagger – man hat jetzt eine Riesenvilla in Südfrankreich –
den Fußboden nicht mehr mit dem einfachen, sondern mit dem versilberten Ledergürtel peitscht. Im Liegen natürlich, während im Saal nun
auch der letzte steht.

Zwischen das Bewährte streut Jagger immer wieder Lieder von der
neuesten Langspielplatte: Einen wilden Knaller wie ›Star Fucker‹, aber
auch Stücke wie ›A Hundred Years Ago‹ und ›Dancing With Mr. Dee‹,
in denen das Rockige und Bluesige zurückzutreten scheint hinter die
konventionellere, nach dem ABA-Schema des Broadways gearbeitete
Liedform. Nachdenklichere Töne werden angeschlagen. Aber der Sto-
nes-Ton setzt sich gegen Schluß des Konzertes immer mehr durch.

237

›Honky Tonk Woman‹! Mick Taylor preßt wimmernde Blues-Chorusse aus seiner Gitarre, spielt um sein Leben und steht doch noch immer ein bißchen wie der Neue zwischen dem Clan der Alt-Steine. Billy Preston steigt ein, veredelt den dümmlich larmoyanten Hit ›Angie‹ durch ein zur Sache sprechendes Orgelsolo. In den Gängen wird getanzt. Längst hat Mick Jagger Schal und Jeansjacke in die Ecke gefeuert. Im weißen, brustfreien, mit Silbersternen bestickten Artistentrikot steht er da ... »The Daring Young Man On The Rocking Trapeze«.

Eine letzte Licht-Explosion aus den raffiniert gesteuerten acht Scheinwerfern, deren Kegel wie bunte Finger aus dem dunklen Bühnenhintergrund schräg gegen die Saaldecke geschleudert werden, da auf einen schräg hängenden Riesenspiegel treffen und auf die Protagonisten zurückprallen. Dann ist es vorbei. Vom Band erklingt, schön schnulzig, das Trio des Marsches ›Pomp And Circumstance‹, wohl als säkularisierte Form des ›God Save The Queen‹ gedacht und als Signal des Aufbruches gleich von jedermann verstanden. Alle gehen still. Ein paar Stühle sind kaputt. Nebbich. Sonst geschieht nichts.

Aber eine Menge ist geschehen.

Süddeutsche Zeitung, Juni 1992

Ein Adler über dem Kiez

Glenn Frey von den Eagles in Hamburg

L ÄNGST HÄUFEN SICH JA DIE POPKONZERTE, für die der gereif-
tere Pistentreter nicht mehr das Richtige anzuziehen hat und die
er deshalb meidet; weiß er doch, daß in unmittelbarer Trendnähe das
Outfit wichtiger wird als die Musik. Doch er verzagt nicht. Ihm wird
Trost, wenn in jüngster Zeit neben den Frischlingen auch und gerade die
alten Rock-Heroen immer noch einmal zum letzten Gefecht antreten.
Da braucht der treue Fan keine Boutique. Er kann in seinen Kleider-
schrank greifen und Punkte sammeln.

Ich zog mein T-Shirt von der »Eagles«-Tournee des Jahres 1977 an –
metallgrauer Adler, knallrote Buchstaben auf weißem Grund – und zog
los, wieder Fuß zu fassen auf historischem Kiezboden.

Glenn Frey, prägendes Gründungsmitglied der kalifornischen
Gruppe »Eagles« trat in Hamburg auf; in der »Großen Freiheit« gleich
neben der Reeperbahn auf St. Pauli.

Die »Große Freiheit«, ein überschaubarer, fast gemütlicher Schup-
pen, liegt in der berühmten Straße Große Freiheit; nur nicht Numero 7.
Die Hausnummer ist 36. Vor dem Sexclub lockt der Koberer: »Mal
schön Pause machen, der Herr?« Der Star Club ist ratzekahl wegsaniert.
Etwas Schniekes in Backstein steht nun da, wo einst im September 1962
Little Richard seinen Striptease machte.

Glenn Frey, Sänger, Gitarrist, Stückeschreiber der »Eagles« und seit
dem Adler-Split, so um 1980, auf Soloflug, läßt es sachte angehen; und
das keineswegs, weil der Mittvierziger auf den Schongang angewiesen
wäre. Aber der Mann ist ein Profi und hat schon beim ersten Ton im
Kopf, wie er das Programm aufbaut, steigert. Auch muß er einen
diplomatischen Balanceakt leisten. Er hat gerade eine neue CD, ›Strange
Weather‹, herausgebracht, die er vorstellen will und muß.

239

Aber er weiß natürlich, daß fast alle im Saal auf die alten Eagles-Lieder lauern. Er weiß es nicht nur, er gibt es auch zu und sagt gleich zu Beginn ins Mikro: »Ich singe jetzt erst ein paar von den neuen Sachen. Doch keine Angst, ich greife auch tief hinein in meine reiche und bunte musikalische Vergangenheit.« Erleichtertes Lachen! Jeder weiß Bescheid.

Er schaukelt sich erst mal in so ein mittleres Westküstentempo, in etwas sanft Kalifornisches zwischen Großstadt und Blick in die Weite. Die Begleitgruppe ist üppig besetzt: Gitarren, Keyboards und mancherlei Schlagwerk. Fast eine halbe Stunde lang legt sie nur den flauschigen Teppich für den Schmusepop der mittleren Jahre. Eine Atmosphäre der sommerlichen Entspanntheit, des absoluten *Easy Going* kommt auf. Geduldig wartet Frey, bis sie sich im ganzen Raum verbreitet hat. Nun sind die Leute ganz bei ihm, nun kann er die Gangart verschärfen und sicher sein, daß er nicht allein bleibt.

Der Adler steigt auf. ›New Kid In Town‹ ist zu hören und es folgt der Song, der 1972 den Ruhm der Eagles begründet und einer ganzen Generation Mut gemacht hat, zur allumarmenden Lebensdevise geworden ist: ›Take It Easy‹. Ein Fiedler ist von irgendwo aufgetaucht und unterwandert mit seinen authentischen Country-Phrasen die Glätte der Hitparade.

Das Klima hat sich verändert, erhitzt sich noch stärker, wenn Glenn Frey nun das Gebläse auf die Bühne winkt: drei Saxophone und eine Trompete. Nun wird alles rockiger, bluesiger, souliger, will sagen: freier. Aus dem Star, der längst das teure weiße Sakko abgelegt hat, bricht immer mehr der Musiker hervor. Wie ein alter Rock'n'Roller wirbt er, leicht in die Knie gehend, mit der Klampfe um das Publikum, singt er den ›Smuggler's Blues‹, mit dem er 1984 die durchgestylte Armani-Welt von ›Miami Vice‹ aufgerauht hat. ›The Heat Is On‹, wenn der Beverley Hills Cop die Gegend unsicher macht, und von der neuen CD hat sich mir vor allem ein raffiniert an der Seele nuckelnder Blues-Rocker eingeprägt: ›Before The Ship Goes Down‹.

Die Stimmung in der »Großen Freiheit« könnte nicht besser sein, ist von Hysterie so frei wie vom blasierten Society-Glotzen. Ein Künstler, der Menschen wie Menschen behandelt, wird belohnt und singt: »Die Sonne geht auf. Die Sonne geht unter. Doch wenn die Party läuft, merkt das kein Mensch.«

Das langsame ›Desperado‹ hat er sich für den Zugabenteil aufgespart, nach fast zwei Stunden ist Schluß. Alle gehen glücklich und erschöpft. Ich will noch ein letztes Bier an der Bar trinken, da sitzt schon – wie hat er das nur geschafft – Glenn Frey und hält Hof. Wie er die Jahreszahl 1977 auf meinem T-Shirt sieht, springt er auf und grinst mich an: »Da waren wir beide aber ein ganzes Stück jünger.«

Die Welt, 17. September 1967

Mister Soul, Mister Dynamite

Die Show des James Brown in Höchst

GEBADET IN KALTEM SCHWEISS verläßt James Brown, der Ober-priester der Black-and-Soul-Bewegung, das Podium der Jahrhun-derthalle zu Höchst bei Frankfurt. ›In A Cold Sweat‹ krönt eine Show, in der Blues und Gospelsong, Revue und Konzert unter schier unvor-stellbaren Hitzegraden zu etwas ganz Neuem, Einmaligem zusammen-geschweißt werden.

Wer in der Halle sitzt, glaubt nicht mehr in Deutschland zu sein. Far-bige Soldaten in Zivil bestimmen das Bild und das Klima im ausver-kauften Haus. Ihre ekstatische Begeisterungsfähigkeit, die sich immer auf Sachkenntnis gründet, hat keine Grenzen.

Die Band heizt kurz ein. Dann kommt der Meister. Die Spannung kommt mit ihm. Sein Publikum reagiert auf Falsette, Kreischen und Grunzlaute, benutzt die bei dieser, bei jeder Art von Bluesmusik zur Form gehörenden Phrasierungspausen zu spontanen, rhythmisch genau placierten Einwürfen. »Sag uns alles«, heißt es dann, oder »Ja, so ist das Leben«. Wenn Mister Dynamite oder Mister Please-Please oder einfach Mister Soul gelegentlich erschöpft in die Knie sinkt und erstarrt am Bo-den hockt, dann rufen ihm die Leute zu: »Komm, steh doch wieder auf, Junge«, was im gutturalen Englisch der Farbigen »Come On Up Baby« heißt und einen Ton begütigender, eingeweihter Zärtlichkeit hat. Dann schnellt er wieder empor, klammert sich ans Mikrophon und singt wei-ter.

Ob er das hat, was man im landläufigen Sinne eine Stimme nennt, wird bei so viel Explosivität unwichtig. Er will das tun, was uns die Jazz-

243

musiker strenger Observanz seit einigen Jahren vorenthalten: er will eine Botschaft übermitteln, er will kommunizieren, und fast etwas geschwollen, mies programmatisch klingt dieses Wort bei einem so ungekünstelten, auf Anhieb hergestellten Einvernehmen zwischen Parkett und Podium.

Minutenlang wiegt er sich auf einem mittelschnellen Rhythmus und erzählt, was ihm in den Sinn kommt. Das ist dann nicht mehr nur Show, das kommt aus dem Augenblick, denn die Versionen dieser Monologe klangen nachmittags anders als abends. Da benutzt er etwa einen langsamen Blues als Sprungbrett. Vom Reisen ist in dieser Musik ja ohnehin oft die Rede, und so kommt er zwanglos zu einer Aufzählung all der Städte, in denen er schon gastiert hat, in denen aber auch der große Teil des Publikums, seines Publikums, zu Hause ist. Detroit und Philadelphia und überhaupt die anderen Orte, deren Industrie dem farbigen Bürger Amerikas Arbeit bietet, werden aufgezählt, und bei jedem Namen springt eine Stuhlreihe auf, jubelt, ist für den Bruchteil einer Minute zu Hause.

Das führt aber trotzdem nie zu Tränenseligkeit und Heimwehschmus. Hart und heiß ist die Show, von Experten ausgedacht und gelenkt, in eine Fülle flackernder Beleuchtungseffekte gebettet, ganz auf Eros und Dynamik abgestimmt. Jeweils zum Finale erklimmen die drei Gogo-Girls ihre lila beleuchteten Podeste und begleiten mit Hüftenschwenken und Armeschlenkern und in absolut unfaßlicher Kondition die letzte halbe Stunde.

Nun endlich singt Brown seinen letzten Hit, das von Zwischenrufen schon lange geforderte ›Cold Sweat‹. Danach bricht Brown endgültig zusammen. Ein rotlivrierter Diener kommt und hüllt ihn in einen weißglänzenden Mantel, führt ihn von der Bühne. Aber der Rhythmus läuft weiter, zwei Schlagzeuge, drei Gitarren, drei Geigen und alle Bläser stampfen weiter ihren Blues. Da wirft Brown den Mantel ab und singt unter Jubelrufen noch ein paar Takte. Nun bringt der Diener einen blauen Mantel und hat genausowenig Glück. Der bestbezahlte Soulist unserer Tage kann sich eben nicht von seinem Publikum trennen, verschmäht auch dieses Bekleidungsstück und räumt erst die Bühne, als man ihm einen dritten, jetzt feuerroten Mantel bringt.

Die Welt, 8. Mai 1968

Wenn sie singt, predigt sie

Aretha Franklins Konzert in der Höchster Jahrhunderthalle

JAMES BROWN HAT UNRECHT. Er, den sie Mr. Soul persönlich nennen, singt ›It's A Man's, Man's World‹, und alle haben ihm bislang geglaubt, weil in der Männerwelt des Soul, Blues und Beat die Damen wenig mitzureden hatten. Das ist nun anders geworden. Aretha Franklin was here.

Zur Welt gekommen ist sie 1942 in Memphis, Tennessee. Ihr Vater, Reverend C. K. Franklin, war ein berühmter Gospelprediger, und damit ist beinahe schon gesagt, daß ihr Leben ganz bestimmten, in der Biographie der farbigen Künstlerinnen und Künstler archetypisch sich wiederholenden Grundmustern folgt. Mit acht Jahren begann sie im Kirchenchor des Vaters zu singen, trat mit zwölf zum erstenmal als Solistin hervor, ließ aufhorchen und zog bald mit der väterlichen Gospelgruppe über Land, von Kirche zu Kirche.

Dann wandte sie sich weltlicheren Dingen zu, sang den Blues, wagte sich erfolgreich ins Harlemer Apollo-Theater, das als Mekka und Testplatz vom farbigen Entertainer so ersehnt und gefürchtet wird wie das Pariser Olympia vom Chansonnier. Doch die Säkularisierung vollzog sich gelinde. In ihrem Blues lebt die Gospeltradition. Wenn sie singt, predigt sie einer Gemeinde.

Sie tat das in Deutschland nur ein einziges Mal öffentlich, und zwar in der Jahrhunderthalle zu Höchst bei Frankfurt. Denn was Aretha Franklin verkündet, sind die Bekenntnisse einer zwar schönen, inzwischen aber auch sehr teuren Seele, und so konnte man die beiden Shows am Nachmittag und am Abend nur im Höchster Seelentempel mit seiner riesigen und treuen Gemeinde von dunkelhäutigen GIs riskieren. Es wurde ein Volksfest, ein Triumph des restlosen Einverständnisses zwischen oben und unten, ein hautnaher Dialog zwischen den Soulbrothers und der Seelenschwester, ein mystisches Hymen, Hymenaios.

Und es wurde ein großes, künstlerisch ernstzunehmendes Konzert. Aretha Franklin, die sie »Lady Soul« nennen, in so liebevoller wie berechtigter Anknüpfung an Billie Holidays Ehrentitel »Lady Day«, verfügt nicht nur über die Kraft des Geradezu, über das swingende »Los geht's«, sie gebietet auch über Zwischentöne, am Nachmittag fast noch intimer und gestufter als am Abend, da sie mehr aufs große Ganze ging. Sie zieht keine Show ab, wie es mancher Herr Kollege aus den Reihen der Seelenverkäufer tut. Sie improvisiert, reagiert. Sie kann es sich leisten, auch ganz leise und leichte Pointen fallenzulassen, denn sie weiß, ihre Leute fangen sie noch im Fluge wieder auf.

Ein aufwärtsgerichtetes Glissando wird, wenn es die leuchtende Gipfelhöhe erreicht hat, mit aufatmendem Jubel belohnt. Sie singt ›Sittin' Around‹, dehnt das zischende »s« über zwei Takte, und wenn dann – endlich! – das »i« artikuliert wird, brandet im Saal der Beifall von Erlösten auf. Als sie sich ans Klavier setzte, rief einer neben mir: »Play what you know, sister.«

Sie weiß einiges, auch am Piano. Sie beginnt mit einem langsamen Arpeggio, nimmt es etwas schwimmend ins Pedal, so daß mir schon bange wurde, bremst es dann aber mit trocken gehämmerten Blues-Triolen. Nach genau vier Tönen: Yeah-Rufe aus allen Reihen. Man hat das Stück erkannt, ›Dr. Feelgood‹, nicht nur ein Millionen-Hit, sondern auch eins der schönsten und schärfsten Blues-Lieder unserer Tage.

Der Text geht so:

> *Don't send me no doctor.*
> *Filling me up with all of those pills,*
> *I got me a man named Dr. Feelgood.*
> *Yeah! That man takes care of all of*
> *my pains and my ills.*

Aretha Franklin

Also etwa:

> *Schick mir keinen Arzt,*
> *der mich mit lauter Pillen vollstopft.*
> *Ich hab' jetzt einen Mann, der heißt Dr. Feelgood.*
> *Und der kuriert all' mein Weh und Ach!*

Wenn sie die Welt des reinen Blues verläßt und gelegentlich auf die Soul-Dörfer geht, wenn sie also vom Repertoire her den Konzertsaal zugunsten der Diskothek aufgibt, dann holt sie sich Verstärkung auf die Bühne. Drei junge Damen, im hochgeschlossenen Lichtblauen am Nachmittag fast noch verführerischer als im tiefausgeschnittenen Türkisfarbenen am Abend, treten auf. Doch sie vergißt man schnell. Weiß man doch! Im Konzert der Jazz-Primadonnen gibt es, nach Bessie Smith, Billie Holiday und Ella Fitzgerald, eine neue Stimme: Lady Soul, Aretha Franklin.

Die Welt, 19. September 1968

Kinder des Blues

Das einzige Deutschland-Gastspiel der Beat-Gruppe »The Doors«

MEINE EINTRITTSKARTE ZUR AUFERSTEHUNG gebe ich zurück. Zum Haus der Verdammten will ich. Da sind meine Freunde.«
So sieht Jim Morrison, der Vorsänger der »Doors«, seine Zukunft.

Was die vier »Türen« aus den USA – außer Morrison noch Ray Manzarek (Orgel), Robby Krieger (Gitarre) und John Densmore (Schlagzeug) – auf der Bühne treiben, hat man »Schock Rock« genannt und trifft damit nicht übel diese Mischung aus Blues und Beat, Hochmut und Zorn, panerotischem Freiheitsdurst und Visionen vom Weltenbrand. Die Schallplatte vermittelt einen Abglanz. Das Konzert zeigt das Bild.

Denn die »Doors« brauchen, um wirklich swingende, um Schwingtüren zu werden, Publikum, und zwar ein Publikum, wie Frankfurt es in der Kongreßhalle mühelos auf die Beine bringt: Mädchen in Mini und auch Maxi, Jung-Maharischis im Wallemantel und mit eigenhändig aufgemalten Blumen auf der Wange, und vor der ersten Stuhlreihe noch sechs Sitzreihen mit Fußbodenberührung. Und sie brauchen, so schien es, noch etwas: Ärger, produktive Wut.

Beides hatten sie in Frankfurt, allerdings erst gegen Ende der zweiten Show. Vor der Pause sangen die »Canned Heat«. Ihr Sänger, Bob Hite, ist optisch wie akustisch eine Art Falstaff des Blues: Schwergewichtig und quirlend, wohlgemut, verschlagen und laut. Sein Zorn – zornig sein ist alles! – richtet sich gegen spießige Nörgler, bleichsüchtige Spielverderber, und steht unter dem elisabethanischen Motto: »Meint ihr, weil ihr tugendhaft seid, dürfe es auf dieser Welt keine Torten und kein Bier mehr geben?« Doch so plakativ auftrumpfende Vitalität nutzt sich schnell ab. Nur laut wird langweilig. Die »Canned Heat« bieten keine konservierte Hitze. Sie liefern Blues aus der Dose.

Fast hat man sie vergessen, wenn dann Jim Morrison auftritt, des Chaos' wunderlicher Sohn in den schwarzblanken Lederhosen der kalifornischen Höllenengel. Die Publicity spricht von einem Sexidol und untertreibt. Das zu Illustriertenglück herabgewirtschaftete Wort »Sex« trifft daneben. Morrison zelebriert ein Ritual, umkreist winselnd und tänzelnd einen Eros Thanatos der Subkultur. Glücklich macht das nicht.

»Desire is sad«, meint Somerset Maugham, und nicht selten steht Morrison plötzlich verloren – natürlich: dekorativ verloren – da, umgeben von der Einsamkeit des Beatsängers, aber auch geprägt von der hochfahrenden Gleichgültigkeit dessen, der weiß, »ich tue nichts. Sie wollen mich. Sie kommen schon.«

Und sie kamen natürlich. Sie waren da. Sie ließen sich bannen vom Blues, und Jim Morrison machte es ihnen nicht schwer, gebannt zu sein. Denn er versteht etwas vom Blues und gibt auch öffentlich zu, warum das so ist. Eigentümlich: So arrogant und verwöhnt die jungen Beatmusiker auch erscheinen mögen, immer, ob im Interview oder sogar auf der Bühne selbst, sprechen sie von ihrer Verpflichtung gegenüber den großen farbigen Musikern des Folk- und Country-Blues, nennen sie voller Dankbarkeit Muddy Waters oder John Lee Hooker als ihre Väter, ohne die sie nichts wären.

Und Morrison hat viel von John Lee Hooker: die Kunst, über lange, sprechende Pausen hin die Spannung aufrechtzuerhalten, die dynamischen Kurven vom Flüstern bis zum Aufschrei, die magnetisch dräuende Personality, den Blues.

Doch nicht alle im Saal wollten ihn, den Blues, und hier setzte der Ärger ein. Die Schlagerfreunde, darunter nicht wenige frischgewaschene GIs aus den umliegenden Kasernen, verlangten von der Gruppe jene leichtfaßlichen Top Hits, die sie natürlich auch im Repertoire hat, und ohne die sie sich nie so unangefochten an die Spitze des Showbusiness hätte setzen können. Sie wünschten sich, erst zaghaft, dann immer drängender ›Light My Fire‹ und ›Unknown Soldier‹. Doch dazu hatte Jim Morrison keine Lust.

Zunächst ließ er noch mit sich reden, ging auf Wünsche ein, warf, damit jeder etwas vom Gespräch hat und damit sich die Unzufriedenen artikulieren können, ein Handmikrophon ins Parkett, fing es geschickt

Jim Morrison

wieder auf und bat: »Laßt mich doch bitte einen langsamen, leisen Blues singen. Mir ist so danach.« Aber die Leute wollten, was sie auf der Music Box immer unter B 12 drücken, wollten ›Light My Fire‹, und schließlich schrie Morrison: »Also gut, ihr Arschlöcher, dann sing' ich euch eben das Scheißlied.«

Er tat es, und rächte sich dadurch, daß er die erste Strophe lieblos heruntersang und an die Stelle des braven instrumentalen Zwischenspiels eine Collage aus elektronisch verzerrten Klängen setzte, aus denen der Haß sprühte, in denen die Dissonanzen jaulten.

Doch sein Zorn wuchs noch, als er sah, wie ein Trupp glücklicher und sehr in sich gefestigt wirkender GIs nach vorne stürzte. Die grüne Fahne ihrer kalifornischen Einheit, an einer hochaufgerichteten Bambuslanze befestigt, flatterte ihnen voran. Sie wollten zu ihrem Jim, doch der riß ihnen die Flagge aus der Hand, rupfte den Wimpel vom Mast und knüllte ihn zusammen. Dann ging er in Wurfstellung, reckte sich, visierte mit der Lanzenspitze das Publikum an und – trat ans Mikrophon: »Ich glaube, auf diese schlechte Publicity kann ich gut verzichten.« Das Fahnentuch warf er in die Menge. Unglücklich, traurig, enttäuscht suchten die Rekruten. Die Lanze zertrat er, mühsam. Bambus ist zäh. Das Konzert war vorbei.

Es schien vorbei zu sein. Foyer und Garderobe lagen schon fast verlassen da, die Programmverkäufer rechneten ab, da klangen aus dem Saal heraus und mitten hinein in die Öde nach der Ekstase verhaltene Gitarrenakkorde, eine menschliche Stimme. Die »Doors« machten weiter. Jim Morrison sang den leisen, langsamen Blues, nach dem ihm schon seit Stunden zumute gewesen war und den er im Konzert nicht hatte loswerden können. Die Lichter gingen aus. Es war dunkel. Nur die roten Lämpchen an den Verstärkern glühten.

Morrison sang über eine Stunde, bis nach halb eins. Er sang die alten Lieder vom roten Hahn und seinen vielen Hennen und von der langen Straße, deren Ende niemand kennt. Er versicherte glaubwürdig: »Der Teufel und ich, wir gehen Hand in Hand«, und immer wieder: »Komm zurück, Baby, versuch es noch einmal mit mir!«

Nun, da die Atmosphäre privater geworden ist, singt auch der Orgelspieler, und er singt, wie ihm ums Herz ist. Sehr liebenswürdig versichert er, daß er sich wohlfühle hier in Deutschland, und dafür, daß das deutsche Essen seine Erwartungen nicht enttäuscht hat, findet er die hübschen Zeilen:

The food was good,
as I knew it would.

Fast unmerklich verändert sich das Klima. Der musikalische Raum, den die »Türen« erschließen, wird moderner, der Blues-Vers surrealistischer. Morrison träumt: »Ehe ich in den tiefen Schlaf (Big Sleep) sinke / will ich den Schrei des Schmetterlings hören«. Er zeichnet – esoterisch vertrotzt, vom Ende der Zeiten raunend und leise kunstgewerblich – Reisebilder aus kristallinen Welten.

Längst hatte Morrison ein paar der treu im Saal Gebliebenen zu sich auf die Bühne gewinkt und ich konnte auf ihn herabblicken. Denn ich saß vor einer Verstärkerbox in der Mitte, während er, ganz schwarzer Todesengel im schwarzen Leder, neben mir auf dem Boden lag und, das Glas Wein in der einen, das Mikro in der anderen Hand, forderte: »We want the world – and we want it NOW«.

Die Welt, 15. April 1969

Die Claire Waldoff des Blues

In Höchst gab die amerikanische Sängerin Janis Joplin
ihr Deutschland-Gastspiel

Von »Big Brother And The Holding Company« hat sie sich nicht halten lassen. Janis Joplin hat sich von der Blues-Gruppe, als deren Sängerin sie berühmt geworden ist, gelöst, überrollt nun als Solo-Attraktion mit eigenem Begleit-Ensemble die Lande und hat ihr einziges Gastspiel auf deutschem Boden in Höchst bei Frankfurt gegeben, in der Jahrhunderthalle, deren moscheeähnlicher Kuppelbau zum Wallfahrtsort für die Gemeinde der Popmusik-Anhänger geworden ist.

Der Riesensaal war ausverkauft. Der Slogan »Mütter, sperrt eure Söhne ein! Janis kommt« hatte seine Schuldigkeit getan, aber nicht nur die Werbung hatte gelockt. Man kannte die Schallplatte, und man kannte die Stimme, diese wildverzückte, vor nichts zurückschreckende, immer kontrollierte, hochmusikalische Blues-Stimme, der man anmerkt, daß die Künstlerin ihre Ausbildung nicht im Konservatorium genossen hat.

Sie wurde vor 26 Jahren in Port Arthur geboren, einem texanischen Hafen und Ölnest von baumloser, staubiger Tristesse. Protestfreudig und freiheitsdurstig löste sie sich früh vom gutbürgerlichen öden Elternhaus, innerlich, indem sie, die junge Weiße, Platten des farbigen Blues-Sängers Huddie Leadbetter lieben lernte; äußerlich, indem sie sich auf Jack Kerouacs Spuren *on the road* begab. Sie trampte durch die Lande, geriet natürlich in den Strudel der Folk-Bewegung, sang in Kaschemmen für ein paar Gläser Bier, lebte schließlich in San Francisco.

Sie wollte Karriere machen, und es gelang ihr. Der Folklore sagte sie, durchaus mit dem Zeitgeist im Einklang, ade und wandte sich wieder

255

ihrer alten Liebe, dem Blues, zu. Im harten Beat von »Big Brother And The Holding Company« fand sie das angemessene instrumentale Rückgrat. Beim Pop-Festival in Monterey kam es dann 1967 zum panamerikanischen, zum internationalen Durchbruch.

Der Riesensaal in Höchst war, wie gesagt, ausverkauft, doch das deutsche Publikum war in der Minderzahl. Wieder hatten sich die umliegenden Kasernen amerikanischer Soldaten geleert. Wieder wurde fast nur englisch gesprochen im Raum, doch seltsam: Die farbigen Soul-Brothers fehlten fast vollständig.

Im Blues-Gesang ist dasselbe eingetreten wie im Sektor »Gitarre« und »Orgel«: die Priorität der Farbigen ist gebrochen. Man kann aus Liverpool, London und – eben – aus Texas stammen, und trotzdem hat man Sinn für den Blues, weiß seine Sprache zu reden. Aber die Soul-Brothers wollen es nicht wissen, und von Janis Joplin hätten sie es erfahren können.

Sie hätten allerdings warten müssen auf das Erlebnis. Zuerst setzt Technik ein. Es wird dunkel im Saal, und man erwartet gleißende Scheinwerfer. Aber auf der Bühne bleibt Arbeitslicht, und Elektriker hasten hin und her, schließen Lautsprecher an und polen um. Eine ganze Pause (vorher hatten die Mannheimer »Joy And The Hit Kids« mit hochanständiger und origineller Pop-Musik überzeugt) hatte ihnen zur Verfügung gestanden, aber sie nutzten sie nicht. Früher war es ein Zeichen von Professionalität, wenn eine Kapelle schnell aufbaute. Heute ist der ganz langsame Aufbau »in«. Die Technik verweist auf sich selbst, auf ihre Bedeutung, stöpselt die Ouvertüre.

Aber dann kam Janis. In leuchtend blauer Satinhose mit Klunkern an der Seite und in weißglitzernder Bluse. Mit langen Ketten zum Schlenkern und mit Wallehaar zum Zurückstulpen. »Anschnallen«, sagte ein Berliner neben mir.

Diese Stimme verfügt nicht nur über alle Register; sie hat auch innerhalb der Register alle Töne zur Verfügung. Die Höhe kann heiser kreischen, juchzen, zwitschern und silbern leuchten. Die Tiefe kann samten überreden, deftig locken, gurren und knurren.

In – der Titel könnte ihre Visitenkarte sein – ›Try A Little Bit Harder‹ verwickelt sie sich mit der Gruppe in einen Dialog, der Antiphonisches aus uralter Zeit heraufbeschwört, aber in eine genüßlich quälende und ziehende moderne Harmonik rückt. Sopransaxophon und Trompete stimmen die c-moll-Fuge aus dem ›Wohltemperierten Klavier‹ an, brechen – weiter kommt ja nie jemand, beim Jazz nicht und beim Blues nicht – nach dem zweiten Themeneinsatz ab und gehen in wiegenden Sechsachteltakt über: ›Summertime‹, aber nicht den Würfelspielern und dem Kleinstkind in der Catfish-Row ins Ohr geschmeichelt, sondern der Jugend von Haight-Ashbury und dem Londoner Blues-Keller zugerufen.

Das Wort »high« in der Verszeile »The cotton is high« verliert seine landwirtschaftliche Unschuld. Aus dem Baby, das die Mutter im Arme wiegt, wird eine durch die Blues-Skala auf und ab rasende Improvisations-Orgie über das große Schlüsselwort negroider Erotik: »Bäi-bäh«.

Zimperlich ist sie nicht, diese Claire Waldoff des Blues, und ich werde es wohl nie vergessen, wie der Veranstalter Fritz Rau mich vor dem Auftritt zu ihr mit in die Garderobe nahm, wie sie – alle Wetter! – fast eine Flasche Tequila schluckte und dann auf der Bühne wie ein Matrose fluchte, wie eine Göttin sang.

SOUL-ANFÄNGE

Die Welt, 11. Juli 1968

Monströses Beat-Spektakel

Happening oder ein neuer orphischer Kult? –
Großkonzert in Zürich

BEAT SATT« GAB ES ZWEI TAGE LANG im Zürcher Hallenstadion. Der Veranstalter Hansruedi Jaggi – eben über Zwanzig, lila Samtwams, eigener Bentley und in Zürich Pop-Prinz genannt – hatte sich nicht lumpen lassen, und so sorgten »The Jimi Hendrix Experience«, »Eric Burdon And His Animals«, »John Mayall And The Bluesbreakers«, Stevie Winwoods »Traffic«, »The Move« und davor die üblichen Rahmenkämpfe zum Einheizen für das totale Beat-Erlebnis.

In Zürich sprach man nur von dem Monsterkonzert, und monströs war das Gebotene in der Tat. Die Halle, dem Berliner Sportpalast ähnlich, nur weiträumiger, bietet etwa 12000 Menschen Platz und beherbergt sonst das Sechstagerennen. Nun hatte man auch in das Mittelfeld Stühle gestellt. Das Podium war etwa siebzig Meter breit, und so konnten die Bands immer abwechselnd links außen, rechts außen und in der Mitte spielen, ohne daß umgebaut zu werden brauchte. Über fünfzig Verstärker und das übliche Gewirr von Mikrophonen und Kabeln füllten die Bühne, die fast fünf Meter hoch lag. Wer da hochentern und seine Idole anfassen wollte, mußte mit seiner Clique schon fleißig Pyramide trainiert haben.

Viele hatten's getan. Am Anfang war das Publikum ohnehin nicht auf Zuhören, sondern auf Selbstdarstellung erpicht. Ständig rutschten welche quer über die Radbahn in den Mittelgrund, schnappten sich irgendwo einen Stuhl, stürzten mit dem nach vorn und stellten sich drauf. Wer 25 Franken bezahlt hatte, war arg dran und mußte weniger aus Begeisterung, mehr aus Notwehr ebenfalls auf seinen Sitz klettern. Oben entlockte jemand einer Sitar, dem im Augenblick so hochmodernen indischen Zupfinstrument, quietistisches Gewinsel. Etwa zwei

Kilometer hinter mir skandiert eine kleine Hundertschaft »We Want Jimi«.

Das ändert sich mit einem Schlage, als John Mayall und seine Bluesbreakers links außen zu spielen beginnen. Man muß bewundern, mit welcher Integrität und Kompromißlosigkeit der Künstler seine Bluesmusik macht. Er kümmert sich nicht um den Hall, der alles verwischt, und um die übersteuerte Verstärkeranlage. Er setzt nicht auf die billige Wirkung, und siehe da: er siegt.

Die jugendlichen Beat-Fans folgten der Musik aus dem Mississippi-Delta mit Anteilnahme, Begeisterung, ja Sachkenntnis. Sie vergaßen, daß sie auch gekommen waren, um einem Happening beizuwohnen oder um eines zu veranstalten. Sie ließen sich verzaubern von Mayalls ausdrucksstarkem Bluesgesang, von der Beredtsamkeit seines Gitarrenspiels und von seiner virtuosen Art, Mundharmonika (in der rechten Hand) und Orgel (mit der linken Hand) im Unisono zu führen.

Melancholie und Überschwang erfüllt diese Musik. Ungehemmt kehrt sie die Emotionen nach außen. Leicht fällt es den jungen Leuten, sich mit ihr zu identifizieren.

Auch optisch wirkt John Mayall explosiv. Er trägt zu Blue Jeans, kariertem Hemd und Lederjoppe einen Patronengürtel, an dem Revolver und Buschmesser hängen, in dem Patronen und Mundharmonikas aller Größen stecken. Das asketische Gesicht ist umflattert von Wallehaar à la Samson; doch wer da glaubt, von diesem Aufzug auf einen wilden und ungebärdigen Menschen rückschließen zu müssen, sieht sich auf das angenehmste enttäuscht.

Mit der Vermutung, das totale Spektakel könnte sich zum konventionellen Konzert sänftigen, räumten dann Eric Burdon und seine Animals endgültig auf. Ihre Lichtschau bot nicht nur das Flicker-Flacker der gehobenen Diskothek, des psychedelisch ambitionierten Soul-Schuppens, sondern komponierte aus Musik, projizierten Dias, Filmeinblendungen und Wochenschau-Ausschnitten ein neues und sehr bayreuthfernes Gesamtkunstwerk. Das Ganze besticht durch Ökonomie, steigert sich nach gelindem Anfang – zuerst nur Lichtakzente auf *Blue Notes*, dann glotzen Tiermasken von der Leinwand herab – zu einem Taumel von Bild und Klang. Burdon singt von San Francisco. Man sieht ihn auf der Breitwand durch die Straßen der Stadt schlendern.

Vorn rast der Sänger, in grell zitternde Lichtkegel gehüllt, hin und her, von einem Ende der Bühne zum anderen, wälzt sich auf dem

Boden, erscheint dabei als klug kontrapunktierte, genau placierte Silhouette auf der Leinwand. Er tobt und schäumt, das Mikrophon in der Hand und zwischen den Beinen, steigert sich noch weiter, singt ›Sky Pilot‹, das Lied vom aufhaltsamen Aufstieg des Weltraumfahrers.

Mit brutaleren Mitteln und demagogischer läßt sich ein pazifistisches Manifest nicht verkünden. Raketen steigen auf. Bombengeschwader donnern vorbei. Der Papst segnet. Die Toten modern. Alles ist hart aneinandergeschnitten. Und als dann Adolf Hitler erscheint und die Hand zum Gruß erhebt, buhen die Schweizer, in deren blankgeputzten Bergen die Dämonen nicht nisten, ihn tausendstimmig aus, wie einen Stellvertreter, ein Bild all dessen, was sie hassen und verabscheuen.

Nicht von Reizen überflutet wird der Besucher einer solchen Show. Er wird von ihnen niedergeknüppelt und merkt spätestens in diesem Augenblick, daß seine altgewohnten Vorstellungen von Musik hier nicht mehr gelten, das Gebotene nicht mehr fassen. Das in sich geschlossene Kunstwerk hat hier aufgehört zu existieren. Die totale Kommunikation feiert Triumphe. Alles findet zu allem. Die Grenzen zwischen Künstler und Publikum, zwischen den einzelnen Stücken des Programms, zwischen den Kunstdisziplinen werden niedergerissen.

Auch das scheinbar Äußerliche wird in diesem Zusammenhang bedeutsam: ständig sind neben den Künstlern zusätzlich etwa 25 Personen auf der Bühne, die sauer gewordene Verstärker auswechseln, Kabel umstöpseln und schweißüberströmt an Knöpfen drehen. Der Veranstalter läuft aufgeregt quer über die Bühne, während die Musikanten unentwegt weiterspielen. Auch der Ansager, der neben ihnen stehenbleibt und eifrig im Rhythmus seinen Körper schüttelt, stört sie nicht. So offen ist die Form dieser Darbietung geworden; so selbstverständlich gleiten Kunst, Technik, Präsentation, Mode und allerlei Rankenwerk ineinander über.

Und vor allem natürlich verfügt es über die Gebärde des Ekstatischen. »The Jimi Hendrix Experience« und Stevie Winwoods »Traffic«, die beiden Hauptstars des Abends, führten fast lehrhaft kontrastierende Formen des Außersichseins vor. Stevie zermalmt seine Hörer. Er beginnt laut, fährt laut fort und bleibt laut. Gitarre, Orgel und die heißeste Flöte, die es je gab, bringen die Physis des Hörers an den Rand der Euphorie oder der Erschöpfung. Jimi Hendrix artikuliert die Ekstase, schafft Form. Oft beginnt er, unterstützt von seinen kongenialen Mitmusikern Mitch Mitchell am Schlagzeug und Noel Redding am Baß, mit einer einfachen

Blues-Phrase des ländlichen Südens, die er dann in Abenteuer der Atonalität und in finstere Geräuschklüfte stürzt.

Melodisch und syntaktisch gefestigte Komplexe läßt er in der Art des Free Jazz auseinanderbröckeln und geht dann noch einen Schritt weiter: An die Stelle der bizarren Melodiefetzen und stampfenden Rhythmen tritt das Geräusch; pfeifend, jaulend, mit allen technischen Tricks der Rückkopplung und des Verstärkers hinausgeschleudert. Doch immer führt ein Weg zurück; eine plötzlich auftauchende Baßlinie, drei oder vier Blues-Phrasen holen das musikalische Geschehen wieder auf den Boden der tonalen Tatsachen zurück. Jimi Hendrix ist ein Virtuose und ein virtuoser Verkäufer. Nie weiß man, ob er, wie die Legende erzählt, und wie man zu sehen glaubt, seine Gitarre wirklich an den Höhepunkten mit den Zähnen spielt oder ob er mit der rechten Hand am Griff die Töne zupft und nur scheinbar mit dem Zahn zubeißt. Es bleibt sein Geheimnis.

Stern-Spezial (Ex-Amadeo) 2000

Jimi Hendrix

Voodoo Child

W ER AN IHN DENKT, stolpert immer noch über Paradoxe. Wer ihn noch im Konzert, im Gespräch erlebt hat, erinnert sich an eine Aura von Aufbruch, Revolte und Provokation, an einen ganzen Kosmos, in dem das Unerhörte als rein musikalisches Phänomen aufblitzte, als das Noch-nie-Gehörte. Dabei ist das alles längst Teil der Geschichte. Auch Mythen leben nicht im Irgendwo. Auch der Kult kennt Zahlen. Am 18. September 1970, also vor dreißig Jahren, ist der schwarze Blues-Gitarrist Jimi Hendrix in London gestorben. Er war noch nicht ganz 28 Jahre alt, als er starb, und das alte Wort »Wen die Götter lieben, den nehmen sie früh zu sich«, schenkt hier nur schwachen Trost. Im Gegenteil: Es gab und gibt eine Gemeinde, die hier nicht von der Liebe der Himmlischen redet, sondern von deren Neid. Sogar von Furcht wurde gemunkelt, weil da einer Idol wurde, der doch nur Abgott zu sein hat.

Etwas konkreter gesprochen: Schon als Jimi Hendrix noch lebte, drohte die Gestalt hinter der Kultfigur zu verschwinden; schien die Stichflamme des plötzlichen Ruhms alles zu verbrennen, was Menschenantlitz und greifbare Biographie war. In nur vier Jahren, von 1966 bis 1970, hatte er das Rock-Ruder herumgerissen, den Blues in die Sound-Dimensionen des Galaktischen geschossen. Dann haben ihm, der sich so gern als Kind des Voodoo, als »Voodoo Child«, begriff und besang, all seine Amulette, Ketten und Ringe nicht geholfen. Die bösen Geister, die Drogen, waren stärker. Auch bei ihm.

Wer in die Zeit, die nun gut dreißig Jahre zurückliegt, wieder eintauchen will, reist in eine Landschaft der Popmusik, über der Genies aufblitzten und Katastrophen wetterleuchteten, begegnet Künstlerinnen und Künstlern, die mit selbstzerstörerischer Konsequenz und auf geheimnisvolle Weise gleichzeitig dem Motto ihrer Generation »Trau keinem über Dreißig«, gefolgt sind. Und das gilt vor allem für die drei Schlüsselfiguren jener Epoche: Janis Joplin (1943–1970), Jim Morrison von den »Doors« (1943–1971) und Jimi Hendrix (1942–1970). Für alle drei wurde nur zu schnell Wirklichkeit, wovon Jim Morrison träumte: ›When the music's over‹.

James Marshall Hendrix, der sich dann Jimi nennen sollte, wurde am 27. November 1942 in Seattle geboren, ein geradezu archetypischer Amerikaner. Unter seinen Vorfahren gab es Schwarze und nicht zuletzt Indianer vom Stamm der Cherokee. Der Vater, in der Vorkriegszeit ein begabter Jazztänzer, versuchte, die Familie als Gärtner durchzubringen. Lustlos. Erfolglos.

Der Junge tat sich anfangs schwer. Natürlich wollte er raus aus Mief und Trott, und weil er sich nicht als Sportler sah, wählte er den anderen Weg, der ihm offen stand: die Musik. Aber ein Gitarrist, Linkshänder noch dazu, scheu, ja introvertiert, mußte sich erst einmal durchsetzen in der gnadenlosen Welt des schwarzen Entertainments. Von 1962 bis 1964 ist er mit Sam Cooke, B. B. King und King Curtis auf Tourneen gegangen, hat bei Little Richard eine Menge gelernt. Der junge Hendrix trat in den Shows der Großen auf, doch nicht immer an deren Seite, in deren Bands. Man muß das leise sagen. Das Wort »Vorgruppe« wird in der Hendrix-Forschung nicht gern gehört.

Aber dann kam New York, kam Greenwich Village. Die ersten Fans stellten sich ein, folgten ihm, der keine Jam Session ausließ und spielgeil blieb bis in die Morgenstunden, quer durch Manhattan. Im »Cafe Wha?« wurde er im September 1966 von Chas Chandler entdeckt, dem Baß-Gitarristen der Animals und längst mehr Manager als Musiker.

Chandler witterte den schwarzen Goldesel in spe sofort, nahm ihn mit nach London und wollte mit ihm die britische Rockszene durcheinanderwirbeln. Man darf ja nicht vergessen: In der Pop-Welt war London damals die Stadt der Städte.

Chandler verpflichtete den Bassisten Noel Redding, den Trommler Mitch Mitchell und vervollständigte durch die beiden das Trio »The Jimi Hendrix Experience«. Die Schallplattenfirma tat, was Schallplattenfirmen so tun. Sie breitete Schweigen über die nüchternen Profijahre ihres Stars, über die Galeerenjahre *on the road*, log auch sein Geburtsjahr in 1945 um. Wunderkinder haben aus dem Nichts zu kommen. Das

Schweizer Konzert 1968 war als »erstes Auftreten in Europa« annonciert, obgleich ein Kreis von Eingeweihten das Trio schon vorher im Hamburger Star Club gehört haben will; in einer Mitternachts-Show nur für die altgedienten Freunde des Blues und des Bizarren. (Ich kann das nur kolportieren. Nicht jeder Hamburger, auch wenn er es heute vielleicht so sehen möchte, war jeden Abend im Star Club.) Der große, der durchschlagende und alles niedermalmende Erfolg brach sich also nur zögernd Bahn, setzte erst ein, als die Schallplatten ›Hey Joe‹ und ›Purple Haze‹ veröffentlicht wurden. Die ehernen Gesetze der Branche kennen keine Ausnahme: Auch das Genie braucht den Single-Hit, um ein Idol zu werden.

Dann kam Zürich, und auch mich, den damals immerhin schon Vierzigjährigen haute es um. Vielleicht habe ich ihn nicht bejubelt wie einen Heilsbringer, einen schwarzen Gott. Doch eins machte mir dieser Musiker klar: Daß er nie ein Schwert zwischen sich und sein Instrument legen würde. Alles wird Erotik. Er hebt die Gitarre über den Kopf und spielt sie im Nacken. Er führt ihren Hals und ihren Leib genüßlich an dem chromblitzenden Stab des Mikrophons vorbei, und Rückkopplungsgeräusche ächzen durch die Halle. Er schüttelt und schlägt sein Instrument, geht grinsend in den Spagat und führt sich auf wie ein liebestoller, knapp säkularisierter Medizinmann.

Ob nun Show oder Nicht-Show – eine solche Blitzkarriere, eine so pfeilgeschwind hochschnellende Lebenskurve fordern ihren Tribut. Zuviel Sex und Drogen. Zu groß der Drang und wohl auch die Notwendigkeit, sich immer wieder kreativ zu beweisen, rastlos neue Wunder zu zaubern. Auch war der Hohepriester nicht frei von kleinbürgerlichem Imponiergehabe ... all die Autos, all die Schmarotzer backstage. »Er hatte mehr Freunde, als er brauchen konnte«, hat einmal ein Besonnener angemerkt.

Stets lag das Chaos auf der Lauer. 1967 hat er beim Monterey Pop Festival seine Gitarre wirklich in Brand gesteckt, 1968 in Schweden ein Hotelzimmer so zerdeppert, daß man ihn in Handschellen abführte, in eine Zelle sperrte.

Doch in seinem letzten Lebensjahr machte er sich daran, sich und seine Begabung wieder in den Griff zu kriegen. 1969, beim von Legenden umnebelten Woodstock-Festival, spielte er ›Star Spangled Banner‹, die amerikanische Nationalhymne, wie das klingende Abbild einer Welt in Scherben, wie einen hochbewußten Beitrag zum Thema »Dekonstruktivismus«, als der Begriff nun wirklich noch nicht in aller Munde war. Von einer »epischen Zerlegung« sprach die Kritik, vom »akustischen Porträt eines Landes in Aufruhr, einer Nation, die in Gefahr war, in den Abgrund zu fallen«. Kein Zweifel: Jimi Hendrix ist es als einzigem gelungen, das Trauma »Vietnam« in eine Klanggebärde zu fassen, die so verstörend und zerstörerisch ist wie der Wahnsinn dieses Krieges, aller Kriege.

Und im selben Jahr, 1969, gibt er in der Hamburger Musikhalle gleich zwei Konzerte, spielt am frühen Abend und noch einmal kurz vor Mitternacht. Irgendwie schaffe ich es, während der Pause zwischen den Shows in seine Garderobe zu kommen, und ich weiß heute noch, wie überrascht ich war, weil mir da kein interessant schillerndes Nervenbündel gegenübersaß, sondern ein höflicher Mitmensch, der in sehr leisen, bestimmt artikulierten Sätzen von seinen Plänen sprach. »Ja, die Gerüchte stimmen. Ich will meine Gruppe, die Experience, aufgeben. Aber nicht, weil wir Krach haben, sondern weil es für die schöpferische Arbeit nur gut ist, wenn man sich mal voneinander erholt.« Alles hatte Hand und Fuß, klang bescheiden, ohne anbiedernd zu sein. »Lautstärke und optischer Zierat haben entschieden dazu beigetragen, daß ich in letzter Zeit so großen Erfolg hatte«, meinte er lächelnd und wollte über seine eigene Musik nichts mehr sagen. Wollte nur von dem Komponisten reden, den er jetzt gerade kennengelernt, für sich entdeckt hatte, von Stockhausen.

Er kam nicht dazu. Ehe ich herausfinden konnte, ob er es ernst meinte oder ob er listig einem deutschen Kulturmenschen etwas Einschlägiges verklickern wollte, wurde er zur zweiten Show auf die Bühne gerufen.

Da naht auch schon die Endzeit der klassischen Rockspektakel. Im Herbst 1970 geht auf der Insel Fehmarn der Woodstock-Gedanke einer panerotischen Idylle in der Weltuntergangsstimmung eines Dauerregens, einer Sintflut unter. Durch Schlamm und Pfützen muß waten, wer zu Jimi Hendrix will. Alle sind freundlich. Als mir im Matsch ein Schuh stecken bleibt und ich malerisch hinkend auf einem Bein in der Landschaft stehe, kommt gleich jemand und stülpt mir den Schuh wieder über den Fuß.

Ich mogle mich hinter die Bühne, quetsche mich zwischen zwei Verstärkern auf einen Gabelstapler und lasse mich mit hochfahren. Oben konnte ich auf die nasse, doch wundersam friedfertige Menge herunterblicken und verfolgen, wie »Sly And The Family Stone« ihre Rhythmen durch die Nacht schicken. Jimi Hendrix höre ich nicht. Ich

bin im Finstern bei der falschen Bühne gelandet und habe, so höre ich
später, auch nicht viel versäumt.

Am 7. September hat Jimi Hendrix in Fehmarn seinen letzten,
schon vom Verhängnis überschatteten Auftritt absolviert. Er flog sofort nach London zurück, wollte wohl ein wenig zur Ruhe kommen. Am
18. September ist er gestorben, und Todesursache waren nicht, was lustvoll kolportiert wurde, die Drogen. Er hatte zu viel Schlaftabletten eingenommen. Er war über Nacht an Erbrochenem erstickt. Die Banalität
eines solchen Todes ernüchtert, entmythologisiert aber nur die Biographie. Die musikalische Magie, mit der sich dieses »Voodoo Child« die
Welt, ja den Kosmos erobert hat, bleibt unangetastet.

Im »Rolling Stone«-Magazin war zu lesen: »Sicher, Jimi Hendrix
hat Delta Blues gespielt. Doch wahrscheinlich lag dies Delta irgendwo
auf dem Mars.«

Die Welt, September 1970

Liebe und Frieden, Regen und Krawall

Das Fehmarn-Festival

W ER DIE OSTSEEBRÜCKE ÜBERQUERT HAT und sich auf der Insel Fehmarn dem Gelände nähert, auf dem das gigantische und mit gigantischem Aufwand angekündigte Open-Air-Festival stattfinden soll, dem kann geholfen werden. Wegweiser markieren Abfahrten und Abbiegungen; rohe Pappschilder, auf denen in roten Buchstaben das liebliche Motto zu lesen steht, das die drei Tage voller Pop-Musik beherrschen und das von der Welt abgeschiedene, von Erwachsenen nicht gestörte Beieinander der progressiven Jugend prägen sollte: Love and Peace.

Das Motto irrt. Rain and Fight hätte es heißen müssen, denn auf Fehmarn ereignete sich Schlimmes. Natürlich geht nur die Hälfte der Katastrophe zu Lasten der Veranstalter. Für den Regen konnten sie nichts.

Die Gewalt hätten sie jedoch vermeiden müssen. Am Samstag bekam ich den ersten Schock. Kurz hinter Lübeck teilte mir das Autoradio mit, daß die Veranstalter Rocker als Ordnungstruppen eingesetzt und, weil von denen alles kurz und klein geschlagen worden war, am nächsten Morgen, ausgezahlt und in Bussen nach Hause gekarrt hatten. Da verdüsterten mir grimmige Gedanken allgemeiner Natur den Blick auf die freundliche und im Moment noch sonnige Ostsee: Wie können Veranstalter so unbelehrbar sein? Man muß kein geeichter Soziologe sein, um zu wissen, daß die Rocker die sanften Pop-Leute hassen. Kaum hatten wir Inselboden unter den Reifen, da gesellten sich zu den finsteren Gedanken auch die finsteren Wolken, der stürmische Wind, und nun folgen dreizehn Stunden, die schon jetzt, einen halben Tag und einen kurzen Schlaf danach, wie ein anachronistischer Alptraum wirken, wie ein Rückfall ins Vorzivilisatorische, Bedrohliche.

Haufen geparkten Blechs kündigen an, daß die Riesenwiese nahe ist. Die letzten Kilometer muß man zu Fuß gehen, über aufgeweichte Wiesen und zwischen hohen Maschendrahtzäunen durch, die rechts und links den Weg flankieren, als dürfe der Tiger nur in die Manege und sonst nirgendwohin. Nun geht eine Regenbö nieder. Es ist nicht die erste. Die Scharen derer, die uns entgegenkommen, sind größer als das Häuflein derer, die uns begleiten.

Doch allzu viele haben sich nicht entmutigen lassen, und plötzlich liegt es vor uns, das Heerlager, das den offiziellen Verlautbarungen zufolge 25 000 Leute beherbergen soll. (Alexis Korner, der die Konzerte ansagt und von oben her den besten Überblick hat, meint, es seien im Höchstfalle 15 000 gewesen.)

Hier waltet nun wirklich Love and Peace. Kein böses Wort höre ich, kein Zeichen der Ungeduld ist den Gesichtern und Gebärden abzulesen. Mit einer Gelassenheit, die etwas zugleich Befremdliches und Rührendes hat, liegen sie auf den Schlafsäcken, unter Quadratmetern von Glashaut, haben sie sich Zelte gebaut, trotzen sie verfrorenen Gesichtes dem Regen und dem Sturm, der bitterlichen Kälte und oft auch dem Hunger.

Denn die Versorgungslage steht nicht zum besten. Sicher kann man in den umliegenden Orten und irgendwo am Rande des Feldes etwas zu essen kriegen, aber wie dahinkommen? Unbedacht wäre es, wollte man den endlich errungenen Platz vor der Bühne verlassen und nie wieder ergattern. Man kommt einfach nicht durch.

Sie harren aus, als hätten sie ein Gelübde abgelegt. Sie sind freundlich. Und als Peter Brötzmann aus Wuppertal seinen faszinierend intensiven Free Jazz von der Bühne herunterfauchte, prasselte nicht nur der Beifall, sondern auch der nächste Wolkenbruch los. Gleich rückten sie auch unter der kleinsten Tanne zusammen und gönnten mir ein trockenes Plätzchen auf nassen Nadeln.

Doch hinter der Bühne sah es anders aus, da triumphierten Gewalttätigkeit und die zum Kampf bereite Gereiztheit von Überforderten. Viel friedlicher als die Rocker waren auch die neuen Ordner nicht. In Rollkommandos zusammengebündelt, jagten sie jeden, auch die Freunde der Musiker, übertrieben hart von der Bühne. Nicht jeder will da Autogramme sammeln. Mancher möchte im Dienste einer immerhin mittelgroßen Zeitung mit einem Künstler reden, und vor allem: So mancher möchte auch mal etwas von der Musik hören.

Doch das war fast ausgeschlossen. Nur wer vorn stand, der konnte

269

etwas hören. Weiter hinten trafen einen nur scheppernd verfremdete Klänge, Fetzen von Sounds, wie das konstante Fading eines fernen Senders.

Trotzdem blieben die meisten mit angespanntester Aufmerksamkeit bei der Sache, und ich war gerührt von der Konzentration in bleichen Gesichtern, staunte über die gestufte Dosierung des Beifalls, über so viel selbstlose, entbehrungsreiche Liebe zu dieser Musik.

Und das Bemerkenswerteste: Es wurde exzellente Musik gemacht, trotz des erwarteten Sturms von Windstärke acht, obgleich eine Gruppe, die »Renaissance«, ihren Auftritt abbrechen mußte, weil sie durch die dicken Regentropfen auf ihren Instrumenten ständig vom Schlag bedroht war. Es spielten »Sly And Family Stone«, »Keef Hartley«, »Faces«, »Mungo Jerry«, »Ginger Baker's Air Force«. Sie alle gaben ihr Bestes, ihr Heißestes. Doch stärker als Musik hat sich mir der Blick in die Nacht eingeprägt: Vorn die Lauschenden, Tanzenden, dahinter die Pennenden, dann Lagerfeuer und von innen erleuchtete Zelte, über hundert an der Zahl.

Es ist beinahe vier Uhr morgens. Die Musikanten können vor Kälte kaum noch die Instrumente halten. Mich überfällt Heimweh. Hamburg ist weit. Das Gefühl, von allem abgeschlossen zu sein, hier nie wieder wegzukommen, wird übergewaltig, und als Hans Otto sagt, ich könnte nun mit ihm und seiner Clique in einem riesigen Polizeiwagen, den sie für 380 Mark ersteigert haben, nach Hamburg zurückjagen, nehme ich aufatmend an. Ich habe also nicht einmal Jimi Hendrix erlebt. Ich bin geflohen, bleierne Müdigkeit hinter den Augen und altes Sprichwortgut im Ohr: Jeder ist sich selbst der Nächste ... Nach mir die Sintflut.

SOUL-ANFÄNGE

Süddeutsche Zeitung, 20. Januar 1988

Rock nach dem letzten Walzer

Robbie Robertson von The Band ist wieder da

D IE LANGEN ABSCHIEDE – das wußte schon Phil Marlowe! – haben
es in sich. Niemand darf ihnen trauen. Nicht nur Terry Lennox
(›Nobody Can Change The Colour Of A Man's Eyes‹) ist zurückgekehrt.
Auch Robbie Robertson, der amerikanische Gitarrist und Sänger, Komponist und Texter, hat sich wieder eingefunden. Mit einer neuen Platte
im Gepäck ist er angereist.

Der Mann, der mir da in einer Hamburger Hotelsuite gegenübersitzt, ganz auskunftsbereiter Profi, sehr gestylt und trendy im schwarzen
Outfit ... er hat nichts vom verwitterten Veteranen. Dabei gehört er mit
seinen 43 Jahren schon zum Eozän des amerikanischen Folk-Rock,
hat von 1968 bis 1978 der Gruppe The Band das Profil gegeben. Ihm verdanken wir Kompositionen wie ›The Night They Drove Old Dixie
Down‹, ›Stage Fright‹ und ›The Weight‹. Als die Truppe, durch das nicht
endenwollende Leben *on the road* dem klaustrophobischen Wahnsinn
nahe, sich 1978 trennte, war es vor allem Robbie Robertson, der dafür
sorgte, daß diese Trennung dokumentiert wurde: Martin Scorcese
drehte im »Winterland« in San Francisco ›The Last Waltz‹, verwandelte
das Abschiedskonzert in einen ganz und gar unvergeßlichen Rockmusik-
Film.

Zehn Jahre Pause gönnte sich Robbie Robertson. Seine Tantiemen
erlauben ihm das. Er siedelte in L. A, war da zu sehen, wo die Feinen
sich sehen lassen, und schrieb hin und wieder Filmmusik; die letzte ›Die
Farbe des Geldes‹ wieder für Scorcese und an der Seite des genialen
Arrangeurs Gil Evans.

Doch ausschließlich angewandte Musik? Auch eigene Geschichten
wollten wieder erzählt sein, und so erschien im Spätherbst 1987 eine
Platte (nach reiflichem Überlegen also und die erste unter eigenem

271

Namen). Drum heißt sie wohl, schlicht und schnörkelfrei, »Robbie Robertson«. Sie ist voll von amerikanischen Mythen, dabei frei von bramarbasierendem Patriotismus und natürlich genauso frei von jeder Naivität.

»Haunting«, nenne ich sie, also »heimsucherisch«. Das gefällt ihm.

»Amerika ist nicht alt genug, um wirklich eine Mythologie zu haben«, meint er, und nur in seinen Augen sehe ich, was ich auf der Platte gehört habe: daß nämlich dieser Spät-Yuppie sein Chaos noch keineswegs aufgebraucht hat. »Zumindest haben wir keine klassische Mythologie wie Sie in Europa. Also entdecken wir sie, Schritt für Schritt. In den letzten Jahren habe ich immer wieder versucht, mich selbst zu verstehen, habe mich gefragt: Was tust du? Auf einmal wollte ich ganz alte und wahre Geschichten erzählen. Die gehen natürlich nicht so weit zurück wie in Europa. So habe ich auf meine indianische Herkunft zurückgegriffen. Die Geschichten, die aus dem Geisterland kommen, sind meine Mythologie. Über die geheimen Orte Amerikas, von denen wir ahnen, daß sie irgendwo da draußen sind, die wir aber nie betreten haben, wollte ich reden, schreiben und singen.«

Und er spricht vom Wandern durch den dunklen Teil Amerikas, durch das »Shadowland«. Mal läßt er seiner Phantasie freien Lauf. Dann holt er Stücke aus seiner Erinnerung, nimmt sie mit von den alten Orten, saugt sie auf, verarbeitet sie, und wie er so ins Erzählen kommt, kann ich auf einmal mit Händen greifen, was ich vorher nur aus Büchern wußte: Vier der fünf »Band«-Mitglieder kamen ja nicht aus dem Mississippi-trägen Süden der Vereinigten Staaten, sondern aus dem kanadischen Norden. Folknah waren sie und hatten doch ihre Roots nicht ausschließlich im Afroamerikanischen.

Robertsons Mutter war Irokesin. Der Vater, ein jüdischer Berufsspieler, nahm die Familie mit in die Großstadt Toronto; er starb früh. Da ging die Mutter mit dem kleinen Robbie jeden Sommer ins Reservat, wo die Gleichaltrigen »nicht auf die Bäume klettern, sondern an ihnen hochrennen«. Diesen »Weg zurück, den weiten Weg ins Kinderland« kann er nun, nach der endgültigen Lösung von Repertoire und Image des »Band«-Quintetts, sehr viel unangefochtener gehen, kann die Melodien indianischer färben, die Trommeln in Geister-Rhythmen dröhnen lassen.

Dabei läßt er keineswegs links liegen, was der Truckdriver seit eh und je von unterwegs erzählt, käme auch textlich und musikalisch kaum über die Rock-Runden ohne die großen Drei, ohne Straße, Fluß und Eisenbahn. Aber er klebt nicht am Einst, ersetzt vielmehr die alten Mythen durch die neuen Idole des Show-Business und berichtet bitter, was ihnen die amerikanische Gesellschaft angetan, wie sie ihnen mitgespielt hat.

›American Roulette‹ heißt ein Song, und er nimmt seine Themen – wieder sind es drei – aus der jüngsten Vergangenheit. »Kein Zweifel«, erklärt Robbie Robertson, »James Dean, Elvis Presley und Marilyn Monroe sind Teile der amerikanischen Mythologie. Sie haben die ganze Welt bewegt. Das Lied handelt von diesem seltsamen amerikanischen Phänomen: Wir bauen unsere Helden auf, und wenn sie ganz oben sind, sehen wir zu, wie sie sich selbst zerstören.«

Jetzt engagiert er sich: »Wie sollten die denn damit fertig werden? Heute bist du Truckdriver. Morgen bist du King und kannst keinen Schritt vor die Tür tun. Oder Marilyn Monroe! Sie war wirklich ein Charakter, war wunderschön und hatte Humor. Doch im Innersten war sie, wie Presley, eine Gepeinigte, voll von Ängsten. Das alles hat nichts mit der Undankbarkeit des Publikums zu tun. Das Publikum muß schlucken, was ihm vorgesetzt wird. Es ist das Geschäft der Mythenmacherei, was mich so verwirrt, und es geht weiter und weiter. Ich habe ja nur drei herausgepickt. Jim Morrison, Jimi Hendrix, Janis Joplin und auch John Lennon haben sich so selbst zerstört. Das verstehe ich unter ›American Roulette‹.«

Es ist nicht ausschließlich die Bitterkeit, die ihn wieder produktiv gemacht hat. Ganz der alte Indianer, dabei absolut entwaffnend, völlig frei von Pose erzählt er, daß ja auch der Acker eine Ruhepause braucht, ehe er neue Früchte trägt, daß auch der Künstler – und nun wird er wieder konkreter – einmal dem Teufelskreis entrinnen möchte, der da heißt: Platte – Tournee – Platte – Tournee und schließlich die Platte von der Tournee.

Der Reichtum, die Wiedergeburt-ähnliche Frische der neun Stücke, ist in der Tat erstaunlich, hängt auch damit zusammen, daß Robertson sich nicht in Klausur begeben, sondern dem Heute geöffnet hat. Mal holt er sich Peter Gabriel ins Studio. Mal fliegt er nach Dublin, um in Galway mit den Iren von U2 zwei Stücke aufzunehmen, und schon die Titel, ›Sweet Fire Of Love‹ und ›Testimony‹ lassen ahnen, daß es hier denn doch funky und gospelig zugeht; mit vokalen und instrumentalen Duetten zwischen Robertson und U2-Sänger Bono, zwischen Robertson und dem U2-Gitarristen The Edge. (»Ich liebe Gitarren, die sich anschreien und miteinander reden.«) Mal findet das Tonband mit einem

Bläsersatz von Gil Evans, bisher ungenutzter Rest aus dem Soundtrack für ›Die Farbe des Geldes‹, endlich Verwendung. Dann wieder hören wir in ›Fallen Angel‹, dem Epitaph auf den »Band«-Kollegen Richard Manuel, der sich in einem Hotelzimmer aufgehängt hat, die Zeile »you crossed into the shadowland«, stoßen also, wenn wir den Fluß überquert haben, auf ein Schattenreich, in dem alle ethnischen Farben verblassen.

Aber der Mann, der mir da mit einer nicht ganz geheuren Coolness gegenübersitzt, hat nicht nur den Totenfluß besungen. In ›Somewhere Down The Crazy River‹, meinem Lieblingsstück, hebt er, Tom Waits nicht unähnlich, die Archaismen des Talking Blues auf die Höhe unserer Zeit. All die vertrauten Americana begegnen dem Erzähler: Die Hitze der Nacht, der Blue Train nach Kokomo und unten am Fluß, bei Rick's Café die Frau, die verspricht, was für die ganze Platte gilt: »You like it now. But you'll learn to love it later.«

Süddeutsche Zeitung, Mai 1990

Wenn es in den Sümpfen kocht

Austern, Voodoo und Schwarze Musik: Impressionen vom
New Orleans Jazz & Heritage Festival

D AS HIN UND DAS ZURÜCK BIETET KEINE PROBLEME. Die Amis können ja so praktisch sein. Die Verantwortlichen des »New Orleans Jazz & Heritage Festivals« haben mit den Taxifahrern ein Abkommen geschlossen. Jeweils drei Dollar kostet es von einem beliebigen Punkt der Innenstadt zur Open-air-Musik am Stadtrand und zurück. Das lohnt sich für alle Beteiligten. Sehr freundliche, sehr schwarze Taxichauffeure kurven im Schnecken-Such-Tempo durch das French Quarter und baggern in ihre Autos, was reingeht: lieber sechs als vier Figuren.

Tagelang hält man verkrumpelte Dollarnoten in Griffnähe. Denn Kreditkarten will hier keiner. Cash ist gefragt bei einem Festival, das auch musikalisch bar zahlt, und wer abends unter Tausenden das Freiluftgelände verläßt, erschöpft von soviel Musik und soviel Menschen, braucht nicht nervös zu werden. Die bange Frage: »Wie komme ich jetzt nach Haus?« beantwortet sich von selbst. Neben dir wird eine Fensterscheibe heruntergekurbelt, und Fremde rufen aus dem Inneren der Taxe: »Komm rein! Wohin willst du?«

Was Zahlen erzählen ... Für die Dauer von zwei Wochenenden, also freitags, samstags und sonntags, verwandelt sich der Fair Grounds Race Track, eine der ältesten Pferderennbahnen der Vereinigten Staaten, in eine swingende Festwiese. Auf dem Rasen des Innenfeldes, eingerahmt von dem Sandstreifen, über den sonst die Pferdchen laufen, gibt es elf Möglichkeiten, an einem festen Ort Musik zu machen: in vier Zelten und auf sieben Bühnen-Podesten.

Man orientiert sich rasch. Die Zelte sind für traditionellen oder modernen Jazz, für Gospelgruppen oder Bluespianisten und Country-

Barden. Zwei der Podeste unter freiem Himmel, die beiden größten, präsentieren auch die größten Namen; Pop-Stars wie Percy Sledge und Bo Diddley, Stevie Ray Vaughan und die Fabulous Thunderbirds, Daniel Lanois und die Neville Brothers. Auf den Rest verteilen sich lateinamerikanische Musiker, Tänzer aus dem Senegal, weißer Süd-staaten-Rock, der Quetschkommoden-Sound aus den Louisiana-Sümp-fen – und alles geschieht mit überrumpelnder, verwirrender Gleich-zeitigkeit. Schachbrettähnliche Seiten im Programmheft – von oben nach unten: die Zeiten, von links nach rechts: die Spielorte – helfen schon im Hotelzimmer bei der generalstabsmäßigen Vorbereitung des Sieben-Stunden-Tages. Auch deuten Großbuchstaben über der Bühne (WYLD, WWL oder WVUE) auf die örtlichen Rundfunkstationen, die als Sponsoren auftreten, vieles live übertragen.

Allgegenwärtig sind außerdem Wandermusikanten, Stelzengänger, übers Gelände paradierende Marschkapellen. Es gibt ein kleines Dorf mit Ethno-Souvenir-Ständen, zwei ellenlange Buden mit Speisen, und Getränke natürlich auf Schritt und Tritt. Fast 170000 Menschen sind jedes Wochenende gekommen. 60 Millionen Dollar haben in diesen sechs Tagen die Besitzer gewechselt.

Den Herrn preist man nicht nur aus voller Kehle, sondern auch im prächtigen Ornat. Purpurne oder leuchtend blaue Samtroben, durch breite Goldstreifen noch festlicher gemacht, tragen die Chöre und Grup-pen im Gospelzelt.

Weltvergessene Meditation und ein ekstatisches Wir-Gefühl – beides durchzieht das improvisierte Kirchenschiff. Die Sängerinnen und Sän-ger müssen sich sputen, den Zeitplan einzuhalten. Eine Dreiviertel-stunde für ihren Auftritt ist vorgesehen. Während noch die einen, ver-zückt in die Hände klatschend, nach links abgehen, kommen von rechts schon die Nächsten und klatschen sich Mut an für die Stimmen. Der ganztägige Gottesdienst kennt keine Pause.

Kein Zweifel: Die verzückte Gemeinde hat immer auch etwas von einem Fan-Club. Die da oben ihre Kunst vorführen dürfen, meist Schü-ler und Studenten, sind ja Freunde und Verwandte derer, die unten den Erfolg der Ihren noch steigern wollen. Stolz und Wohlwollen liegen in der Luft. Am Wochenende ist Familienausflug, kommt man im noblen Sonntagsstaat, der Respekt gebietet und ausdrückt. Am Freitag wimmelt es von schwarzen Kindern, die offenbar schulfrei haben.

Der Chor der Kennedy High School, etwa sechzig Köpfe stark und von spürbarem Ehrgeiz, neigt zu überarrangiertem Chorsatz und braucht eine Weile, bis er sich freigesungen und die schwarze Liedertafel in die Ecke gefeuert hat. Tritt faßt er, wenn er sich der Welt des Archaischen zuwendet, eine finster brütende Spiritual-Melodie anstimmt. Das Moll-Unisono, von fern an das bedrohliche ›Didn't It Rain‹ aus alter Zeit erinnernd, läßt sich durchaus als Beitrag zum Festivalthema verstehen. Rigoros, zürnend, noch unerlöst arbeitet es Vergangenheit auf, tritt ein Erbe an, legt Wurzeln frei. Auch entwirft es eine rauhere Gegenwelt zum oft ja wie angeknipst wirkenden Jauchzen des Pop-Gospel.

Die »Zion Harmonizers«, von Sherman Washington geleitet, kommen mit einem berühmten Gast, mit Aaron Neville. Doch wer da vermutet hatte, die acht Herren im weißen Sonntagsanzug würden Einleitendes singen, bis der Star dazutritt und ohne Gnade absahnt, hat keine Ahnung, wie in New Orleans der Hase läuft. Genau zwei Lieder singt Aaron mit, sehr kompetent in brünftigem Falsett. Dann geht er wieder. Er ist in dieser Stadt zur Welt gekommen und hat hier schon in so manchem Kirchenchor mitgewirkt. Wo alles miteinander verwandt zu sein scheint, ganze Musikerfamilien, dem Bach fast näher als dem Mississippi, die klingende Stadtlandschaft prägen, verliert niemand die Nerven, wenn einer mit zwei Songs bei Freunden einsteigt. Klar, man ist sehr, sehr stolz auf all diese Väter, Söhne und Brüder, ob sie nun Neville oder Marsalis heißen und den begehrten Grammy nach Hause tragen. Aber ein bißchen cool bleibt man doch auch.

Inzwischen haben sich auch die »Zion Harmonizers« ins Freie gesungen. Das ist wohl ein Ritual. Begonnen hatten sie mit einer etwas altbackenen, sich anbiedernden Unverbindlichkeit, als versuche sich das »Golden Gate Quartet« am »Great Pretender«. Nun brechen sie aus in die hitzig improvisierte Polyphonie. Sie reden in Zungen, kennen kaum noch Texte, nur noch gestammelte Laute, sind dem Heidnischen näher als dem Christlichen. »Yeah« und »Amen« und »Hallelujah« tönt es aus der Gemeinde, die nicht fragt, aus welchen Quellen sich die *unio mystica* speist. Während sich die Herren oben der Besessenheit hingeben, in den zuckenden Veitstanz stürzen, reicht mir die Dame zu meiner Rechten lindgrünes Kaugummi mit Pfefferminzgeschmack, wird links neben mir ein Knabe trockengelegt. Oben muß einer, wie vom Wahn umfächelt, von der Bühne getragen werden. In der Reihe vor mir stecken sie sich eine entschieden selbstgedrehte Zigarette an. Denn es wird geraucht im Zelt; offenbar in der Hoffnung, daß der Herr es nicht sieht. Und auch nicht riecht.

Nostalgie, die nicht blöd macht, durchzieht das Traditional-Jazz-Zelt, wenn die Kapelle des weißen Tubaspielers Anthony Lacen aufspielt. Von seinen dunkelhäutigen Kollegen hat er übernommen, was ihn auch das Geschichtsbuch lehrt; daß es nämlich in den traditionellen Stilen weniger auf selbstherrliche Virtuosität als auf den gut abgelagerten Gruppen-Sound ankommt. Nichts kippt ins Zickige. Das gutbürgerliche Publikum genießt Ragtime-Eleganz und eine verplüschte, wie aus uralten Bordell-Tagen herübergerettete Anrüchigkeit. Außerdem singt Lacen mein Lieblingslied von Jelly Roll Morton, ›Don't You Leave Me Here«:

> *Verlaß mich nicht, Baby*
> *Laß mich hier nicht allein!*
> *Doch wenn du wirklich gehen mußt,*
> *Laß mir etwas Kleingeld für'n Bier!*

Vor und in dem Modern Jazz Zelt drängelt und klumpt sich ein sehr junges Publikum. Branford Marsalis, als Saxophonist in der Sting-Begleit-Truppe auch der Pop-Welt bekannt, will sich offenbar wieder als Jazzer beweisen. Ein Schlagzeuger und ein Bassist begleiten ihn. Der Pianist hat offenbar verpennt. Marsalis merkt an: »Unser Klavierspieler heißt Ralph Ellison, er ist der ›Unsichtbare Mann‹.« Alles lacht. Jeder scheint den Roman ›Invisible Man‹ zu kennen.

Wie schön, daß auch dieser schwarze Musikant dem ungeschriebenen Gesetz des Festivals folgt. Erst spielt er ganz viele Töne, wilde und ausgeflippte Sachen, als wolle er der gebildeten Orthodoxie imponieren. Dann läßt er sich in einen mittelschnellen Bounce-Blues fallen und macht, was Tenorsaxophonisten immer machen: Geschichten erzählen, Frauen umbuhlen, Unmut äußern.

Dann sagt er ein Schlagzeugsolo an. Ich renne aus dem Zelt.

Die Stadt New Orleans teilt mit Venedig ja nicht nur die Vitalität des Morbiden. Sie bietet ebenfalls die Möglichkeit, sich, kaum hat man die touristischen Trampelpfade, Markusplatz und Rialto, Canal und Bourbon Street verlassen, in ganz überraschende, große und kleine Wunder zu verlieren.

Durch entlegene Gassen schleichen schon am Sonntagmorgen um neun viele Männer mit großen Umhängetaschen, und nicht jeder kann um diese Zeit schon erkennen, ob es sich da um Golfspieler oder Posaunisten handelt. Frühschoppen ist überall. Im Kaufhaus »Maison Blanche« an der Canal Street sorgt ein Pianist im Smoking dafür, daß die Kosmetikabteilung ›In The Mood‹ bleibt. Die Gospelsängerin vor dem Stripteaseschuppen, der ›Hello Dolly‹-Bläser auf dem Gemüsemarkt werden zur Selbstverständlichkeit.

Wunderlich bleibt nur der Louis-Armstrong-Park. Knapp außerhalb des French Quarter in finsterer Gegend gelegen, wirkt er immer noch etwas vorläufig und verlassen. Das Gesicht der Gedenkstatue hat mehr Ähnlichkeit mit Armstrongs verehrtem Lehrer King Oliver als mit Satchmo selbst; fast so, als habe sich der Künstler, ideologisch sehr weit nach vorn preschend, gesagt: Schwarz ist schwarz. Das Trompetenmundstück ist längst geklaut.

Gerade zwei Blocks weiter, direkt an der Basin Street, diesem mit Mythen bepflasterten Weg aus der Welt der Blues-Träume, liegt der St.-Louis-Friedhof, liegt im kalkweißen Sterbehäuschen unter blauschwarzem Himmel Marie Laveau begraben, die berühmteste Voodoo-Queen; so will es wenigstens die Legende. Das Geschichtliche verliert sich im zeitlosen Einst und Ungefähr.

1881 im Alter von 98 Jahren gestorben, hat Marie als höchste Priesterin diesem Kult gedient, den die Schwarzen über die Westindischen Inseln nach Louisiana eingeschleppt und zu einer recht abenteuerlichen Mischung aus finsteren Zutaten und scharfen Gewürzen verfeinert haben. Früh schon haben die blutig obszönen Riten den Musikern Bilder geschenkt. Den Mojo, den Garanten standfester Liebe, haben sie besungen, und das Gebein der schwarzen Katze schwimmt seit Jahrzehnten durch den Delta-Blues. Doch die Königin des Aberglaubens war Marie Laveau, die Hekate aller Orgien und, ehe sie sich spät erleuchtet in den Schoß der katholischen Kirche kuschelte, eine wüste Person.

Die Wüste lebt immer noch, so scheint es. Bis auf den heutigen Tag bauen Menschen auf die Macht der Zauberin. Das hinterläßt Spuren. Das christliche Grab ist übersät mit heidnischen Opfergaben, umstellt von Fetischen, wie in der vergangenen Nacht dargebracht. Hohe schwarze Stiefel und eine Schere sehe ich, außerdem zwei Kokosnüsse, einen Mörser, Amulette, Ketten in lila und blau, ein Taschenbuch-Exemplar von Star Trek III, zwei halbvolle Flaschen mit Weißwein und Rum und eine Puppe, an deren Bauch eine Nadel gepiekt ist.

»Nein, geklaut wird nichts«, meint der Kirchhofswärter. »Höchstens wird mal eine Flasche ausgetrunken und über die Mauer ins Freie ge-

worfen.« Und was sagt die Kirche zu soviel Götzendienst an heiliger
Stätte? Die Kirche schweigt heiter in New Orleans.

Cajun und Zydeco, die als Folklore sich abkapselnden und in die Richtung des Rhythm & Blues sich öffnenden Klänge aus dem Mündungs-
gebiet des Mississippi, überziehen das Festival mit einem sieghaften
Crescendo. ›The Big Easy‹, der Film, hat dieser Popularität auf die
Sprünge geholfen, hat dafür gesorgt, daß nun auch Mainstream-
Amerika zur Kenntnis nimmt, was hier unten in der Region (übrigens
auch in Europa) längst jeder weiß: Nicht dumpfig, sondern frisch weht
es aus den Sümpfen herüber.

Die Einwanderer, die vor langer Zeit Kanada aus religiösen Gründen verlassen mußten und in Louisiana eine neue Heimat fanden, hatten nicht nur ihr altfränkisches Französisch mitgebracht, sondern auch
ihre spröd poetische Volksmusik. Quetschkommode und Fiedel geben
den Ton an. Musettewalzer, Polka und Reigentänze bestimmen das
Repertoire. Doch Isolation kann hier niemand aufrechterhalten. Indianische Chants drangen ein, und wie von selbst folgten Kreolisches, der
Square Dance der weißen Siedler und die magischen Traditionen der
Schwarzen.

Das Rezept geht auf. Zydeco präsentiert sich heute als ein packendes
Abenteuer auf der Schwelle zwischen dem charakteristisch Regionalen
und dem kommerziell Erschließbaren. Neue Stars leuchten und geben
sich leuchtende Namen wie etwa Buckwheat Zydeco, Beausoleil und
Boozoo Chavis, heißen D. L. Menard oder J. C. Chenier.

Der junge Chenier hat von seinem Vater Clifton gelernt, wie man
durch ein sachte intensiver werdendes Programm ein Publikum auf die
Beine bringt. Am Sonntagnachmittag ist das bitter nötig. Denn die
Rennbahn hat sich in eine friedliche Karawanserei Dösender verwandelt. Doch das Picknick auf dem Rasen wird unterbrochen, aus dem
Schlummer schreckt man hoch, wenn etwas auch hier noch leicht Befremdliches aufklingt: die bluesig schwarze Quetschkommode, das lava-
heiße Akkordeon, die entschieden Hohner-ferne Ziehharmonika. Aus
den Sümpfen kocht es.

280   Essen und kaufen kann man reichlich. Für wenige Dollars gibt es diese
kreolisch-karibisch gewürzten Reisgerichte und Suppen, diese kulinarische Verführung durch Seafood-Gumbo, Jambalaya, Tacos, Hühnchen,
gebackene Austern in handlicher Pastete und »Crawfish Monica«,

Krebsschwänze zwischen mutig gewürzten Nudeln. Jeder Stand verkauft nur ein Gericht. Das spart Zeit und hilft der allgemeinen guten Laune.

Auf dem »Congo Square«, so genannt nach dem alten Sklavenmarkt in der Innenstadt, steht ein Verkaufsstand neben dem anderen. Doch mit staunender Erleichterung stelle ich fest, daß alles gar nicht so scheußlich ist, wie ich befürchtet hatte. Sicher, eine Anhäufung des Ethnischen, auch wenn es aus Afrika kommt, hat immer etwas leicht Wunderliches. Doch all die Masken, Trommeln und Ketten, die auf Wunsch maß-gefertigten Hemden im farbig aufglänzenden afrikanischen Design und die T-Shirts mit dem Umriß des dunklen Kontinents meiden den Übel-keit erregenden Kitsch. Auf jedem Musikinstrument darf gespielt wer-den, wird gespielt. Auch beim Souvenirbusiness bleibt die Stadt ihrem Ruf treu, nicht zu fremdeln, niemandem die kalte Schulter zu zeigen, alles auf die leichte Schulter zu nehmen ... ›The Big Easy‹.

»The River Tent« ist genau das: ein Zelt am Fluß. Hier stürzen sich Ash-ford & Simpson in ihre Midnight Show, und, wer der allzu mechanistisch abgekarteten Choreographie dieses Soul-Duos schon ein wenig müde war, sich auch an Hits wie ›Ain't No Mountains High Enough‹ überhört hatte, wird hier vor Ort bekehrt.

Er wird zum Schüler und lernt dieses: Das dramaturgische Gerüst eines solchen Auftritts ist natürlich festgefügt. Aber es bietet Freiräume, die sich einem europäischen Publikum, das artig dasitzt und beflissen lauscht, nie öffnen. Reaktionen sind gefordert. Alles ist Frage und Ant-wort. Die da oben stellen sich dem, was die hier unten hineinrufen, und in verblüffender Weise zeigt sich das vor allem bei den langsamen Num-mern.

Die wirken doch bei unseren landläufigen Konzerten oft wie ein Loch oder ein Hänger. Man denkt, die Künstler gönnen sich eine Ver-schnaufpause, stellen mit einer eingestreuten Schnulze die Bedürfnisse schlichterer Gemüter ruhig. Am Ufer des Ol' Man River aber werden sie eben dadurch, daß Improvisatorisches einfließen kann, zum Zentrum des Abends.

Da folgt nicht nur dem lang ausgehaltenen Spitzenton der auf-atmende, wie erlöste Kollektivschrei. Da wird eine herzbewegende Ballade von verratener oder verlassener Liebe durch Zwischenrufe vom Rührseligen befreit. Da will niemand stören oder gehässig sein. Das keh-lig herausgestoßene, rhythmisch genau placierte »Yes it is« oder »Take it easy, Baby« wollen sagen: Du bist nicht allein. Ein tröstendes »heile,

heile Segen« zieht durch den Raum, und plötzlich interessiert es niemanden mehr, ob in einem Zelt nun Soul-Hits oder Gospelgebete erklingen.

Draußen tuckern schon die ersten Barkassen durch den Hafen, verglimmt der gelbe Mond über der Bourbon Street. Doch am folgenden Tag, im verzaubernden Licht des frühen Abends, geht dann auch die musikalische Sonne wieder auf: Die Neville Brothers grooven sich durch die Zielgerade des Festivals.

Die Neville Brothers! Wer denn sonst? Das Finale haben sie sich verdient, einmal weil sie augenblicklich die berühmtesten Söhne der Stadt sind und den neuen Ruhm gemehrt haben wie sonst niemand; dann aber auch, weil sie zusammenfassen, was New Orleans an Musik ausbreitet, was die Stadt der Welt vor Ohren und Augen führt: Voodoo-Trommeln, Black Cat Bone, schwarze Indianer, religiöse Melismen, Coltrane-Saxophon, das dunkle Glück, das aus den Sümpfen steigt – kurz: den ganzen Reichtum afro-amerikanischer Musik.

Süddeutsche Zeitung, Mai 1994

Das alte Münzamt liegt unten am Fluss und steht genau da, wo in New Orleans das wirbelnde French Quarter in den Industriehafen übergeht. Trotzig und entrückt, fast schon wie vergessen behauptet sich das Gebäude. Draußen vor der Tür lärmen die Touristen auf dem French Market. Drinnen, im ersten Stock, ist das Jazz-Museum untergebracht.

Die paar Schritte nach oben in die Vergangenheit wirken besonders lang, weil unten die Gegenwart ihre kraftstrotzenden, alles verdrängenden und absorbierenden Triumphe feiert. Schwarze Schulklassen ziehen vorbei und preisen, vom Lehrer auf der Mundharmonika begleitet, den Herrn. Auf dem Mississippi tuckern Fähren, beeilen sich Schuten, baggern Raddampfer ihre Gäste an die Bar. Da, wo der Old Man River sich biegt, sitzen auf Holzbänken die hell eingekleideten Reisegruppen neben allerlei verschatteten Bassermannschen Gestalten. Eine schwarze Polizistin geht wachsam auf und ab. Ein asiatischer Spät-Hippie zupft seinen Blues, und da, wo sich die Uferpromenade der Jackson-Brauerei nähert, liegen immer ein paar auf dem Rasen und schlafen.

Das Museum selbst ist ein Unikum, fast eine Sensation, weil es mit so bockiger Askese auf alles Sensationelle verzichtet. Die Frühgeschichte des Jazz wird aufgearbeitet. Bilder und Dokumente verweilen im Archaischen und verlassen die Stadt nur dann, wenn sie dem Lauf des Flusses folgen. Das Spiel in den vier, fünf Ausstellungsräumen hat eben zwei Hauptdarsteller: den alten Süden und den sehr alten Jazz. Vom Tonband kommt nur das garantiert authentische Kollektiv-Musizieren, das auf rührende Art folkloristisch holpert und Louis Armstrongs ›West End Blues‹ von 1928 zur verwegenen Tat eines Bilderstürmers macht.

Doch wer sich Zeit nimmt, wird reich belohnt und lernt eine Menge. Er staunt immer noch einmal über diese Gruppenphotos der frühen Kapellen, aus denen man sich die schönsten Lebensläufe herausträumen kann, die aber auch ganz konkrete, auch heute noch keineswegs veraltete Information enthalten.

Menschen, die im Zwielicht der Amüsiermeile arbeiten, arbeiten müssen, haben, was das Äußere betrifft, diesen Durst nach bürgerlicher Respektabilität. So sitzen die Bandmitglieder schon kurz nach der Jahrhundertwende hinter Dutzenden von Instrumenten. Klar, daß alle dabei in feinstes Tuch gehüllt sind. Das ist ja noch heute so.

Ein Raum ist gezielt dem Laster gewidmet, erinnert an Storyville, das Hurenviertel und Sündenbabel, das 1917 geschlossen wurde, weil es die Moral der hier versammelten, auf das Auslaufen der Schiffe Richtung Europa und Ersten Weltkrieg wartenden Truppen bös gefährdete. Einst am nördlichen Rand des jetzigen French Quarter gelegen, ist es längst fein säuberlich wegsaniert, lebt gerade noch in Anekdoten und auf Stadtplänen. Haus für Haus sind nicht nur Bordelle, Tanzpaläste und Striptease-Schuppen dokumentiert, sondern sogar in kleinen, graphisch sehr sauberen Vierecken die Namen der Insassinnen.

Wie beim Gang über die Friedhöfe der Stadt und beim Betrachten der Grabsteine bleibst du plötzlich stehen, weil dir zu Namen und Daten Biographien einfallen. Und gehst schnell weiter, weil du merkst, wie der Blues nach dir greift.

Die Vergnügungsdampfer, mit deren Hilfe der Jazz flußaufwärts getragen wurde, sehen wir genauso wie das verwitterte Kornett, auf dem Louis Armstrong 1913 im Waisenhaus gelernt hat. Unmittelbare Anteilnahme erweckt das Kornett Bix Beiderbeckes. Es ist total verbeult und wirkt, als sei der Besitzer erst darüber gestolpert und habe dann bis zum Morgengrauen darauf geschlafen.

Bereichert, auch gelabt durch die im Feuchtbiotop New Orleans

283

so willkommene Kühle der Räume, verläßt man das Museum und staunt erst einmal über das Spröde und Didaktische des Konzepts. Doch bald merkt man, daß dies leicht wunderliche »So-tun-als-ob-der-Jazz-nie-das-Weichbild-dieser-Stadt-verlassen-hätte« ein scharf kalkuliertes Programm ist. Offenbar wollen die Verantwortlichen nicht in die Falle der ausufernden Beliebigkeit tappen. Und die lauert inzwischen doch sehr.

Vor Jahren, als das Schleswig-Holstein-Musik-Festival aus den Ostseefluten emporzutauchen begann, meinte eine Besucherin aus England: »I love festivals in the first year. I collect them.« Was sie da vorausahnte, den Weg vom Charme der ersten Frühe über den Erfolg zur Routine, läßt sich nicht nur da beobachten, wo klassische Gediegenheit waltet, sondern auch auf den Spielwiesen des scheinbar Spontanen ... nicht zuletzt beim »Jazz & Heritage Festival«, das die Stadt New Orleans in diesem Sommer 1994 zum 25. Mal feiert.

Nein, man will kein Spielverderber sein, weiß, daß ein Fest mit diesem Doppelmotto schon *per definitionen* nicht der reinen Lehre folgt. Doch wird man kein berührungsängstlicher Bedenkenträger, wenn man herausfindet, daß den zehn Tagen im Laufe eines Vierteljahrhunderts neben der Fülle auch ein Haufen Ramsch zugewachsen ist.

Größenwahn, Beliebigkeit, Ausverkauf – so heißen die drei Gefahren, die das Festival bedrohen und die das, mehr noch als tagsüber auf der freien Wildbahn, am Abend bei den Veranstaltungen im Saal tun. Da wird nicht mehr ein Zelt ans Mississippi-Ufer gebaut. Man bezieht – der Erfolg will es so – weit draußen am See Pontchartrain die »Kiefer UNO Lakefront Arena«, einen Betonklotz von Mehrzweckhalle.

Hier werden Zehntausende abgespeist. Hier franst das Festival aus, und manchmal erweist sich das Zielen aufs Massenpublikum auch als Schuß ins eigene Knie. Miriam Makeba etwa und ihre panafrikanischen Politgesänge lassen die schwarzen Einwohner von Louisiana merkwürdig unberührt.

Zu einer krawalligen Geisterstunde, grotesk und lehrreich, wird der Auftritt der Allman Brothers. Immer noch stehen sie hoch in der Publikumsgunst, macht dieser Blues-Rock der frühen siebziger Jahre Effekt. Doch seltsam: Bei dieser Veranstaltung sehe ich keinen Schwarzen im Saal. Nicht einen einzigen. Es ist, als ob auch die Rassentrennung eigenen Gesetzen folgt. Afro-amerikanische Ohren von heute interessiert nicht mehr, was einst durch die weißen, heißen Hippie-Träume geisterte. Einer aus jenen Tagen sitzt neben mir; gereift und glücklich. Grau kräuselt sich das Haar. Grau kräuselt sich auch der Rauch aus dem Joint. Der Nachwuchs gibt sich robuster, verrenkt im Veitstanz die Körper so, daß alle Tätowierungen zu sehen sind und wirft mit Bierdosen um sich. Schwarze werden diesmal nicht getroffen. Denn Schwarze sind ja wohlweislich nicht hier. Wild wackelt die Wand im Rock-Palast. Man kennt das. Sucht man es hier?

Der blauschwarze Himmel verheißt nichts Gutes. Randy Newman, der einsame Mann am Klavier, sitzt auf der von Polaroid spendierten Freilichtbühne, singt seine bösen Lieder und findet sich konfrontiert mit einem amüsierwilligen Samstagnachmittagspublikum. Hart muß er arbeiten, und gleichzeitig gibt er durch verfremdete Blues-Akkorde, Satie-verdächtige Ragtime-Varianten zu verstehen, daß er hier ein Fremder ist.

Und dann brechen die Wolken. Eine Sintflut stürzt herab, und niemand verfällt in Panik. Plötzlich waten fast alle barfuß durch die Riesenpfützen. Manche werfen sich mit bloßem Oberkörper lustvoll hinein, und wenn dann später der Matsch auf der Haut zu einer graubraunen Kruste eingetrocknet ist, führen sie lachend die Ornamente wie Trophäen vor.

Die meisten finden Unterschlupf im Jazz-Zelt, wo Horace Silver mit einer Brass Band Funk-Piano spielt und ›Summertime‹ in einen regenschweren, dissonanzenreichen Blues verwandelt. Wieder im Freien, wieder halbwegs trocken, staunt man denn doch: Die Welt stürzt ein. Das Spiel geht weiter. Ry Cooder und David Lindley spielen sehr *laid back* ihre atmende Country-Musik. Die Slide-Gitarre flirrt durch die Schwüle. Die Gospel-Leute, deren Zelt die äußerst unbefangene Inschrift ›Jammin' for Jesus‹ ziert, haben blitzschnell reagiert und ›Wade In The Water‹, den Überraschungs-Hit des Tages, ins Programm genommen. Schwergefallen ist ihnen das wohl nicht. Denn die afro-amerikanische Folklore ist ja voll von Regen, Stürmen und allen Naturgewalten.

Das Hotel »Omni Royal Orleans« macht seinem aristokratischen Namen alle Ehre. Einen distinguierteren Kellner als diesen weißhaarigen Schwarzen kann man sich nicht vorstellen. Ich durchmustere die Karte, finde nicht, was ich suche und frage: »Gibt es bei Ihnen kein ›Red Beans'n Rice‹?«

Das war die falsche Frage. Entgeisterung malt sich in den Zügen des Kellners, und er gab mir zu verstehen, daß dies ein »Arme-Leute-Essen«

sei und in einem Haus wie dem »Omni Royal« nicht geführt wird. Ich gab nicht nach. Ich erklärte meinen vielleicht etwas bizarren Wunsch. »Auch Louis Armstrong zuliebe bin ich zu diesem Festival gekommen. Aus vielen schlauen Büchern weiß ich, daß dessen Lieblingsgericht ›Red Beans'n Rice‹ war. Nur gegessen habe ich es noch nicht. Hier vor Ort muß es doch irgendwo angeboten werden.«

Da wurde das höfliche Lächeln zum verständnisvollen Grinsen, und er nannte mir Namen und Adresse weit unten am Hafen. Nichts Verkommenes. Ein gutbürgerliches Eßlokal für Schwarze und eine Wirtin, die sofort das leckere Satchmo-Special servierte und heimatliche Gefühle aufkommen ließ: Wollte ich ein neues Bier, mußte ich nicht rufen oder winken. Ein frisch gefülltes Glas stand da. Einfach so. Wie von selbst. Wie damals, im alten Onkel Pö in Hamburg-Eppendorf.

In einer Stadt, in der auch dann, wenn kein Festival gefeiert wird, Abend für Abend in fünfzig Kneipen, Clubs und Bars Live-Musik läuft, führen gerade Entdeckungsreisen in abgelegene, nicht lauthals plakatierte Gegenden ans schöne Ziel. Im »Palm Court«, einer Kneipe am schon finsteren Ende der Decatur Street, ist eine mitternächtliche Jam Session angesetzt, nichts Spektakuläres, aber gerade durch den eher privaten Charakter eine Wohltat. Zehn Musiker, eine kunterbunte Mischung jeden Alters, jeder Hautfarbe, sitzen auf der Bühne, lehnen sich in mittelschnelle Tempi zurück und spielen die noch nicht völlig abgewetzten Evergreens. Sie wollen sich nicht gegenseitig an die Wand blasen, sie hören aufeinander, beim Solo der akustischen Gitarre wird es mucksmäuschenstill. Ein hochbegabter, blutjunger schwarzer Trompeter, LeRoy Jones, erinnert an Louis Armstrong, kopiert ihn aber nicht.

Das Bewußtsein, Teil einer hier besonders lebendigen Geschichte zu sein, führt dann auch zu den musikalischen Höhepunkten des Festivals. Auch Stars wachsen, wenn es um die Wurst geht, wenn etwa Wynton Marsalis beim Heimspiel auf alle Tröten-Bravour verzichtet und auf den Punkt kommt, gospel-funkig und endlich mal mehr Stil als Styling. Da kann man einmal wieder in den Bann des 24jährigen Tenorsaxophonisten Joshua Redman geraten und staunen, wie haargenau er unterscheidet zwischen den strengen Gesetzen eines Konzertauftritts und der frei ausschwingenden Kommunikationslust am Tag danach, vor lauter Tänzerinnen und Tänzern im Ballsaal.

Aretha Franklin als Finale, die Soul-Diva in der Beton-Gigantomanie ... ein solcher Abschluß des Festivals wird auch zu seinem Abbild, weil er noch einmal alle Fragen, alle Bedenken weckt. Erst weit nach Mitternacht tritt der Star des Abends auf. In rotglitzernder Robe, genauso lang, daß man sie im rechten Augenblick fröhlich lasziv schürzen kann, taucht die Sängerin aus dem Dunkel in den Spot, erobert sich rüstigen Schrittes das Zentrum der Bühne, und majestätisch macht sie die Callas zum scheuen Reh.

Wenn die Soul-Königin auf Seelenfang aus ist, hat sie leichte Beute, und eine Gemeinde – ob geistlich, ob weltlich, doch immer hochmusikalisch – singt mit ihr: »You Make Me Feel Like A Natural Woman.« Wenn sie aber den alles niederwalzenden, clever kalkulierten Hitparaden-Schrott vom Stapel läßt, spürt ihr Publikum im Lärm die Leere. Und entfernt sich von ihr.

Hoffentlich haben die Verantwortlichen das gemerkt. Hoffentlich lernen sie daraus.

Süddeutsche Zeitung, 20. November 1967

Der kleine Mann der großen Show

Sammy Davis jr. in der Berliner Philharmonie

G ENAU EINDREIVIERTEL STUNDEN stand er auf der Bühne, ohne Pause, ohne zwischendurch einmal abzugehen und vor allem: ohne sich zu schonen. Sammy Davis jr. gab bei seinem mitternächtlichen Galaauftritt in der Berliner Philharmonie nicht nur sein Bestes, er gab alles. Und das ist nicht eben wenig. Er sang und tanzte, spielte mindestens vier Instrumente und parodierte, was zu parodieren ist, erzählte Anekdoten über Frank Sinatra und leistete sich auch gelegentlich einen Kalauer. Was er kann, braucht man nicht zu sagen. Die Amerikaner, die es ja manchmal besser haben, nennen solch einen Tausendsassa »Entertainer«, ein elegant schillernder Ausdruck, den nur Dickhäuter und Sprachpuristen mit »Alleinunterhalter« übersetzen.

Sammy Davis jr. gastierte zum erstenmal auf deutschem Boden, lang hatte er als Farbiger jüdischen Glaubensbekenntnisses gezögert. Nun war er zu wohltätigem Zweck und für den einen Abend gekommen, hatte sich von Los Angeles einfliegen lassen, um unentgeltlich und zu astronomisch hohen Eintrittspreisen zugunsten Israels aufzutreten. Axel Springer hatte das Ganze in die Hand genommen, der Regierende Bürgermeister und der israelische Botschafter eröffneten mit Dankesworten und Segenswünschen die Veranstaltung.

Lag es an der Feierlichkeit dieses Anfangs oder daran, daß Leute, die mehrere hundert Mark für Eintrittskarten hinblättern können, als Publikum nicht unbedingt auch hip und swingend sein müssen: Jedenfalls tat sich der kleine Mann der großen Show am Anfang ein wenig schwer. Aber das verdarb ihm nicht die gute Laune, in der er ganz

SAMMY DAVIS JR.

offensichtlich war. Außerdem muß er ja zu Hause in Las Vegas vor einem von Ölmillionen schwere Publikum arbeiten, das sich auch nicht gerade durch nervöse Empfänglichkeit für Zwischentöne auszeichnet. Als er jedoch – knapp zehn Minuten hatte es gedauert – endgültig über die Rampe gekommen war, hatte er alle, nicht nur O. E. Hasse, Bubi Scholz und Gunther Sachs, sondern auch Magda Schneider und Friedelind Wagner am swingenden, schnippenden kleinen Finger. Nun konnte er mit seinem Publikum machen, was er wollte. Und genau das tat er.

Natürlich sang er seine großen Platten- und Musicalerfolge, wie ›Once In A Lifetime‹, ›What Kind Of Fool Am I‹ und als Tour de Force den nur von Bongos begleiteten großen Querschnitt durch die Westside-Story; aber auch die vertrautesten Evergreens brachte er mit einer überraschenden Wendung für den Teil des Publikums, der »in« war; aktualisierte die Vorstrophe von ›The Lady Is A Tramp‹ durch Anspielungen auf Peter O'Toole und James Brown, änderte in Porters ›I've Got You Under My Skin‹ sehr sinnig das »Little fool« in »Little shmool«. Gern wird er kunstvoll privat, dann zündet er sich eine Zigarette an, lehnt sich lässig in die Beuge des Flügels und singt eine ganz nach innen gerichtete Ballade wie ›Here's That Rainy Day‹. Der schmale, grelle Spot ergreift nur ihn, und was man von tausend Jazzphotos her kennt und zu hassen gelernt hat – Künstler in tiefes Sinnen verloren, Gegenlicht, melancholisch sich kräuselnder Zigarettenrauch –, gehört legitim zu den Bekenntnissen einer schönen und sehr isolierten Seele.

Längst liegt das Jackett irgendwo, hängen die Enden der Fliege lose herunter. Das Weltgenie schont sich nicht. Immer wieder darf das Orchester, von Dave Hildinger zu brillanter Wandlungsfähigkeit erzogen, seinen Teil am Applaus entgegennehmen. Als der Bassist – es ist Hajo Lange, der Michael Naura den Blues gelehrt hat – in ›Bye, Bye, Blackbird‹ dem Sänger Davis besonders einleuchtende Viertelfiguren als Grundierung angibt, während alle anderen Instrumente schweigen und nur die Spannung knistert, da wird hinterher der Mann am Scheinwerfer gebeten, doch einmal den »Bassplayer« gründlich anzuleuchten.

Ein Diener bringt einen Pistolengürtel herein, ein Cowboyhut lag schon im Flügel. Nun kommen die Westernfans auf ihre Kosten. Sammy demonstriert Ziehen und Schießen, mehrmaliges Wirbeln der Waffe um den Finger und ruckartige, todbringende Änderung der Schußrichtung um 180 Grad. Und vor allem: Er demonstriert Gehen. Mit scharfsichtiger Albernheit geht er dem Publikum die berühmtesten Westernhelden vor, dräuend, schlaksig oder selbstgefällig sich wiegend, auch leise schwankend und schon etwas gichtig.

Der Meister entledigte sich seiner eleganten Stiefeletten, holte wieder aus dem Flügel einen fast mannshohen Schuhanzieher hervor und schlüpfte in die klappernden Steppschuhe. Denn als Tänzer hat er angefangen und will begreiflicherweise zeigen, daß er nichts verlernt hat. Er steppt sich rund um das Podium der Philharmonie, liefert eine kleine, dankbar begrüßte Sondershow für die Leute, die Scharouns schöpferischer Wille hinter ihm placiert hat und denen er die meiste Zeit den Rücken zukehren muß. Dann trommelt er ein Schlagzeugsolo wie ein Alter, spielt Blues auf dem Vibraphon, zupft den Baß und hämmert auch auf dem Flügel ein paar trockenharte Bluesphrasen.

Kaum hat man Atem geholt, da ist er auch schon mitten in einer Serie von Parodien auf die großen Kollegen von der Sangeszunft. Wie sich Sinatras elegisch langgezogener Phrasierung ein Raucherhusten entringt, wie Nat King Cole das Wort Baby zerkaut, wie Louis Armstrong gurgelt und Billy Eckstine sein Vibrato pflegt, wie schließlich Dean Martin manchmal nicht mehr so recht weiß, ob er während der Phrasierungspausen aus dem Glas oder aus dem Mikrophon trinken soll, – all das wird präsentiert durch quicke, doch nie lieblose Komödiantenlust eines, der den Löwen auch noch spielen will.

Nur einmal wird er ganz ernsthaft, als er aus Ol' Man River, diesem so oft verschandelten und verschnulzten Lied, wieder ein Gleichnis für die zugleich majestätische und empörende Gleichgültigkeit der Natur gegenüber dem Schicksal Entrechteter macht. Den zähneknirschenden Zorn darüber, daß der Vater Fluß seinen Kindern nicht hilft, immer noch nicht hilft, ihn wird man sobald nicht wieder vergessen. Sammy Davis will wiederkommen – wir warten darauf.

Die Welt, 11. Mai 1970

Come Fly With Me

Himmelfahrt mit Frank Sinatra – Konzert in der Londoner
Royal Festival Hall

D IE COUNT BASIE BAND spielte schon das dritte Stück, doch meine Nachbarn richteten keinen Blick auf die Bühne. Das prunkvolle Programmheft, in dem weiße und güldene Seiten miteinander abwechseln, hatten sie auf den Knien vor sich, fuhren mit den Fingern über die Stuhlquadrate des Sitzplans und überprüften an Hand der gegenüber abgedruckten Besucherliste, wer wo seinen Platz hatte.

Die Rothschilds saßen A 6-11, daneben der amerikanische Botschafter, und »Mr. & Mrs. Attenborough & Party« waren auch nicht fern. Rosalind Russell thronte in der ersten Reihe. Doch sonst klüngelte es ganz vorn mehr um den Herzog von Bedford, den Marquis von Blandford und den Grafen Westmoreland. Eher im Mittelfeld dann Omar Sharif und Peter Sellers, Cliff Richard, Barry Ryan und James Last.

S 37-39 saßen »Mr. Stanley H. Barton & Party«, meine Nachbarn, und richteten das Opernglas auf die Königsloge, auf Prinzessin Margaret, die in frühlingsgrüner Abendrobe mit einem Hauch von Chiffon pünktlich an die Brüstung trat. Der Adel, das Geld und die Branche – diese drei und alle nur möglichen Übergänge zwischen den dreien hatten sich in der Londoner Royal Festival Hall versammelt, um bei der Mitternachtsgala mit Frank Sinatra dabei zu sein.

Von Förmlichkeit keine Spur. Leute, die 250 Mark für den Platz hinblättern, sind unter sich, brauchen einander nichts zu beweisen. Außerdem waren sie schon deshalb heiter, weil sie überhaupt dabei sein durften. Denn die Schwarzmarktpreise hätten einen Astronauten schwindlig machen können. Man munkelte aber auch davon, daß Frank Sinatra

293

tief in die eigene Tasche gegriffen hatte, daß er für die Musiker Reise, Aufenthalt und Gage selbst bezahlt hatte, um diesen Abend möglich zu machen.

Denn es war ein Wohltätigkeitskonzert, und alles Geld floß der »National Society for the Prevention of Cruelty to Children« zu, einer vorbildlich arbeitenden Organisation, die Kindern aus zerrüttetem Elternhaus hilft. Prinzessin Margaret, so raunte man sich zu, soll höchstpersönlich Sinatra angerufen haben, und der hat, ohne sich zu zieren, eingewilligt.

Inzwischen soll ihm allerdings schon etwas bang ums Herz sein, denn kaum hatte seine Zusage sich herumgesprochen, da umdrängten ihn, der ja nur selten öffentlich singt, die Diplomaten aus allen Himmelsrichtungen und erbaten einen Auftritt in der erdbebenbedrohten Türkei, im politisch so heiklen Berlin.

Count Basie und seine Mannen spielten knapp zwanzig Minuten. Danach ging es in die lange, in die so wichtige Pause, und dann kam er. Der Scheinwerfer schwenkte nach vorn links, griff ihn, und Frank Sinatra betrat das Podium. Kein Zahnpastastrahlen. Eher fiel er durch Unauffälligkeit auf.

Lässig schlenderte er sich ein, holte drei immergrüne Stücke aus der alten, aber noch keineswegs morschen Swing-Kiste, achtete aber immer, so relaxed er sich auch gab, auf Tempo und Zügigkeit. Sich nicht aufhalten – so lautete das Gebot dieser eineinhalb Stunden. Nie wartete Frank Sinatra das Ende des Beifalls ab, immer fing er ihn auf, wenn er just seinen Höhepunkt überschritten hatte, und gab dann dem Orchester den Einsatz zum nächsten Stück.

Über siebzig Musiker saßen auf der Bühne, so angeordnet, daß sich zur Rampe hin eine Art flaches Dreieck öffnete. Die komplette Basie-Band machte den rechten Schenkel stark, für die melancholischen Balladen saßen links Streicher und Holzbläser. In der Mitte, also ein wenig nach hinten gerückt, posierte die Rhythmusgruppe als Herzkammer des Ganzen, gab sie das Scharnier ab zwischen Swing und Lyrik. Davor, in der Beugung des Flügels, ein Barhocker für Intimeres ... Nichts weiter, doch eine praktikablere Spielfläche als diese karge Simultanbühne, rechts Jubel und links Herzeleid, kann man sich für Frank Sinatra kaum vorstellen.

Denn er baut eine Welt mit seinen Liedern. Er, der nun bald fünfundfünfzig wird, tut auf der Bühne der Royal Festival Hall, was er seit mehr als dreißig Jahren tut: Er strichelt ein Porträt des erwachsenen

Großstädters von heute; keineswegs immer Brustbild und schon gar nicht ein aufgeschöntes Postkartenphoto, sondern ein Abbild von zugleich rigoroser und poetischer Wahrheitsliebe.

Abenteuerlich und riesengroß sind die Gegensätze, zwischen die es gespannt ist, reichen von – immer noch – jungenhafter Verliebtheit bis zur – immer noch – tiefen Resignation, von rotzfrechem Übermut zu den kleinen Tragödien jener Abschiede, die vorläufig oder endgültig sein können, die vielleicht gerade dadurch vorläufig werden, weil der Ausdruck des Endgültigen so bewegend gelingt. Von so disparaten Gefühlen singt der Mann, ohne die Einheit und Integrität seiner Persönlichkeit zu gefährden, und weil das so ist, lädt jedes seiner Lieder zur Identifizierung ein, zum kopfnickenden Seufzen des »ja, so ist es«.

Sinatra hat fünfunddreißig Lieder mit dem Orchester einstudiert. Aus ihnen wählt er jetzt zweiundzwanzig aus, wie Laune und Atmosphäre es gebieten. Kein Wort der Begrüßung, keine devote Huldigung an die Hoheit. Er stellt sich rechts vor die Basie-Bläser, wo er ja vorerst auch hingehört, weil er das Konzert mit drei rechten Swingern eröffnet. Gleich ›I've Got The World On A String‹ wird mit Applaus begrüßt. Bei ›I Get A Kick Out Of You‹ badet er sich in Finessen der Betonung, genießt er die verschobenen Akzente und rhythmischen Hinhaltetricks, wie nur er es kann.

Virtuos kostet er die Cole Porterschen Reime aus, das Wort »terrificly« etwa singt er mit mindestens neun f in der Mitte, damit auch jeder merkt, daß es sich an dieser Stelle auf »sniff« reimt. ›At Long Last Love‹ schließlich ist eines jener Stücke, die inzwischen ganz zu Frank Sinatra gehören, und nur sehr Mutige sollten sich trauen, das Lied nach ihm noch einmal anzurühren. Im getragenen Bounce-Tempo – die unvergeßlichen Arrangements von Nelson Riddle schimmern immer noch durch – fragt er: »Ist es ein Erdbeben oder nur ein Schock, ist es die gute Lady Curzon oder die O-Suppe aus der Kneipe an der Ecke, ist es für immer oder nur eine Laune oder ist es endlich die wahre Liebe?« Er beantwortet die Fragen nicht – das tut er ja nie.

Szenenwechsel. Gang nach links. Die Streicher setzen ein, zart, doch nie weinerlich. Plötzlich nimmt die Stimme den Ton holder Trauer an, der Zauber beginnt zu wirken. Frank Sinatra singt: ›Don't Worry About Me‹ und zeigt einmal wieder, wieviel Raffinement in herzbewegender Lauterkeit stecken kann. Denn das ›Mach dir keine Sorgen um mich‹ trägt die Züge tapferen Bagatellisierens so offensichtlich auf der Stirn, daß sie sich schon Sorgen machen wird. Hofft er. Weiß er.

295

Ein fingerschnippender Wink hin zur Mitte, wo Basie am Piano sitzt, und schon swingt die Einleitung von ›Come Fly With Me‹ durch den Raum, und mit der körperlichen Wachheit eines Mannes, der vom Jitterbug bis zum letzten Diskothekschrei jeden Blödsinn von modernem Tanz mitgemacht hat, hoppelt er nun wieder nach rechts, merkt auf halbem Wege, daß der Count ganz schön in Fahrt gekommen ist und ruft ihm zu: »Take your time!«.

›My Kind Of Town‹, diese verzückte Schnodderhymne auf Chicago, bringt ihm dann die erste ganz kurze Verschnaufpause, weil dieser Beifallsorkan auch von einem alten Profi nicht zu bremsen ist, und dann geht es immer hin und her, von links nach rechts, von ›Autumn Leaves‹ zu ›Pennies From Heaven‹, vom ›Yesterday‹ der Beatles zu ›The Lady Is A Tramp‹, von ›Moonlight In Vermont‹ zu ›You Make Me Feel So Young‹ und ›I've Got You Under My Skin‹. Nur auf die ›Strangers In The Night‹ verzichtet er, wohl, weil er zum eigenen Vergnügen und nicht vor Fremden singt.

Er spricht wenig. Doch die Lakonie kann Bände sprechen. So teilt er genau in der Mitte und, wie sich herausstellen sollte, im Herzen des Programms mit, er wolle nun »a piece of American music« singen, und er singt ›Ol' Man River‹. Mir hat mal jemand gesagt, wenn überhaupt ein Weißer das Recht hat, dies Lied zu singen, dann ist es Sinatra. Ich möchte einen Schritt weiter gehen und sagen, nur, wenn man es von dem donnernden Schnulzen-Belcanto der Berufsneger reinigt, ist das scheinbar abgedroschene Lied noch zu ertragen.

Seltsam. Sinatras alter Freund Sammy Davis jr. hat schon diese Richtung angepeilt, als er in der Berliner Philharmonie aus dem Sonntagnachmittagsschlager plötzlich einen Protestschrei gegen die dumme Erbarmungslosigkeit der Natur machte, die ungerührt weiterfließt, wenn auch am Ufer Elend und Sklaverei herrschen. Sinatra fügt einen Ton absoluter Verlorenheit hinzu, der seinem Tausendsassa von Freund nicht zu Gebote steht. Dies ist der Höhepunkt des Abends: Wie Sinatra aus einer fassungslosen, ja beinahe – immer noch – erstaunten Trauer die Kraft zum verzweifelten Dennoch einer Apotheose findet.

Als ich mich ein wenig gesammelt habe, merke ich, daß ich stehe, und um mich herum steht die ganze Royal Festival Hall. Sinatra wischt sich die Tränen aus den Augen. Er ist nicht der einzige im Saal.

Süddeutsche Zeitung, 2. Mai 1989

Die immer noch glorreichen Drei

*Sammy, Liza und Frankie bei ihrem einzigen Deutschland-Konzert
in München*

NUN, DA ALLES VORBEI IST, darf man laut sagen, daß man nicht
ohne Beklommenheit in das Konzert gegangen ist. Wer Liza Minnelli für erstaunlich hält, Sammy Davis jr. in sein Herz geschlossen hat
und Frank Sinatra immer noch zu Füßen liegt, mußte befürchten, der
Dreiergipfel könnte zum Veteranentreffen werden. Auf glamourösen
Tournee-Zynismus machte er sich gefaßt und als ihm auf dem Weg zur
Münchner Olympiahalle etwa hundert Leute begegneten, die Eintrittskarten in die Luft hielten, erst zu Schwarzmarkt-, dann zu Dumping-
Preisen verkaufen wollten, glaubte er sich in seinen trübsten Vorahnun-
gen bestätigt: Heute wird des Publikums großer Einsatz in kleiner
Münze zurückgezahlt.

Nichts da! Das Riesenrund der Olympiahalle war ausverkauft. Die
Show begann pünktlich um neun, und sie war die Heuer wert. Natürlich beginnt ein solcher Gala-Abend mit dem Einzug des Publikums, mit
genau getimten Auftritten. Die hohe, nur durch jahrelanges Training er-
lernbare Kunst des Zuspätkommens feiert ihre virtuosen Triumphe. Die
Sangeskollegen, René Kollo zum Beispiel, auch Roberto Blanco und
Konstantin Wecker, sitzen erwartungsvoll auf ihren Plätzen. Die Schönen und Schicken schlendern ganz allmählich herein, das Sektglas in der
Hand und fest überzeugt, daß man eine Vorgruppe getrost verpassen
kann. Sie haben sich geschnitten. Ein paar Orchestertakte und Sammy
Davis steht auf der Bühne.

Schon das ist bewegend. Der kleine Mann, drahtig und wieder in
Top-Form, ist sich nicht zu fein, die undankbarste aller Aufgaben zu
übernehmen, nämlich den Anheizer zu machen. Mit einem Witz, der
vollkommen frei schien von selbstmitleidigem Galgenhumor, swingte er
sich über diese Hürde, tänzelte er mit karibischen Jive-Schritten in eine

sehr eingeweihte, sehr ausgeschlafene Version von Cole Porters ›Begin The Beguine‹.

Er hatte einem bei seinen letzten Auftritten ja manchmal Kummer gemacht. So schal geworden waren seine Späße, so abgekartet wirkten seine kunstvoll spontanen Versprecher und Beiseites.

Nun hat er graue Haare und wirkt frischer denn je zuvor. Sechzig Jahre im Showbusiness, meint er, da müsse man sich den Jüngeren im Publikum, die nur Topnummern der Hitparade kennen, schon mal vorstellen. Das mag stimmen. Seine Schallplattenumsätze halten sich momentan in Grenzen. Aber daß er es durchaus noch aufnehmen kann mit den Jüngeren, beweist seine Michael-Jackson-Parodie. Erst imitiert er den schüchternen Jungen in der Garderobe, der vor lauter Gehemmtheit nur im höchsten Falsett zu stammeln wagt. Dann verwandelt er sich in die Bühnenfigur Jackson, wird ganz böser Bube und behauptet: »I'm Bad, Bad, Bad«. Dazu schlenkert der Graukopf herausfordernd mit den Hüften, ist – einmal Sportin' Life, immer Sportin' Life – ganz schlimmer Verführer und versetzt imaginierten Gegnern immer wieder mal brutale, im Rhythmus zuckende Fußtritte. Saukomisch ist das und klärt mich gleichzeitig darüber auf, daß Jacksons Macho-Image nichts anderes ist als die Trotz- und Schmollphase einer kunstreich und clever bis ins Unendliche hinausgezögerten Pubertät.

Natürlich gehört zur Kür die Pflicht, muß der ›Candy Man‹ gesungen werden. Aber ich bin doch sehr froh, daß ›Mr. Bojangles‹ sich im Repertoire gehalten hat, dieser Pop-Standard, der schon eine schwarzamerikanische Folk-Ballade geworden ist und von einem altgewordenen Steptänzer handelt, der irgendwo in einem heruntergekommenen Schuppen in New Orleans alten, besseren Zeiten nachtrauert. Das ist Sammys Lied, und niemand singt es ihm nach. Er selbst ist ja schon als Wunderkind *on the road* gewesen, kennt das Kreuz und Quer auf den archaischen Show-Routen der Schwarzen durch den Süden und hat das praktiziert, was in der Tradition seiner Leute »Soft Shoes« genannt wird. Zärtlich und präzise ist der Begriff. Nicht nur Akrobatik wird dem Steptänzer abverlangt, sondern auch Musikalität. Aber der Glanz ist Vergangenheit: »I drinks a bit«, bekennt Mr. Bojangles, ganz der Säufer, der sich noch etwas vormacht und dabei in den obsoleten Dienstboten-Slang des vorigen Jahrhunderts zurückfällt. Gänsehaut.

Fließender Stabwechsel. Sammy beginnt eine Broadway-Melodie, Liza Minnelli kommt auf die Bühne, übernimmt die zweite Strophe.

Mr. Davis verschwindet durch das Publikum hindurch in seine Garderobe.

Ein Farbwechsel ereignet sich; und er geht von schwarz nach weiß. In silbrig weiß glitzerndem Hosenanzug, die eine Schulter frei, steht ein Energiebündel vor uns, ein Kraftpaket, das beweisen will: Ich bin ganz wieder da. Ihre aus dem Stand heraus angeknipste Bühnenpräsenz beeindruckt.

Die Song-Auswahl, die neben dem unvermeidlichen ›People‹ auch ein Aznavour-Chanson bietet, verrät Geschmack. Doch zu selten spüre ich wahre Glut, immer nur den Drive einer Stichflamme, und nur ein einziges Mal gibt Liza Minnelli Verwundungen zu. Sie singt Billie Holidays ›God Bless The Child‹, und findet für diese große Ballade von Fremdheit und Entfremdung gedecktere, Blues-nahe Töne, steigt aus den Tiefen der Verzagtheit in die Höhe des Dennoch einer Frau, die sich ihrer selbst und ihrer Sache sicher ist, ›God Bless The Child That's Got Its Own‹. Dann erfahren wir, nicht zum erstenmal, daß die ganze Welt Bühne, in diesem Fall ›Cabaret‹ ist, Fritz Wepper wird begrüßt. Kerngesundes Mitklatschen. Kurze Pause.

Man will ja nichts ohnehin schon Hochgemotztes noch weiter dramatisieren. Aber die Spannung ist schon gewaltig. Wird der dreiundsiebzigjährige Frank Sinatra es noch einmal schaffen? Vom Beginn der Tournee hatte man Widersprüchliches gehört. Da war mal ein mißmutiger, mal ein angesoffener Frankieboy vor die Gemeinde getreten. Davon konnte nun in München überhaupt nicht die Rede sein. Kein aufgeschwemmter Lebemann ermutigte einen zu der respektlosen Frage: »Hast du es denn immer noch nötig?« Smart und fit war der Meister, außerdem in Geberlaune. Nun weiß man, daß der Mensch Sinatra die Deutschen nicht sonderlich liebt. Aber als Profi liebt er die vollen Häuser, und 11000 Besucher inspirieren schon sehr.

Er kommt zur ersten Ballade, ›Come Rain Or Come Shine‹, und während der Anfangstakte stellt sich denn doch die Beklommenheit ein, von der man sich schon fast befreit hatte. Die Stimme ist harsch und brüchig geworden. Dahin sind süffige Glissandi und werbender Schmelz. Auch um die Intonation steht es nicht zum allerbesten.

Man kann sich das klarmachen. Man ist trotzdem fasziniert. Die Autorität des doch eher unscheinbaren Mannes ist phänomenal. Wie sein schwarzer Sangesbruder Sammy bringt er sein ganzes, ja keineswegs halbherzig gelebtes Leben mit auf die Bühne, und dem folgen bald auch die richtigen Töne.

Er weiß, daß er der Stimme die weit sich wölbenden Bögen nicht mehr abverlangen kann. Er bricht die ihm gefährlich werdenden langen Töne auf, wiederholt, wo er eine Silbe aussingen müßte, Wörter, ja Wortgruppen und macht so, ganz alter Fuchs, aus der Verlegenheit das Kunstmittel emphatisch-rhetorischer Verdeutlichung. Der Körper spricht mit. Klärend, unterstreichend piekt der Zeigefinger ins Publikum. Nicht mehr Sangeskunst ist gefragt, sondern das Erzählen dunkel stockender Geschichten. Ein Fischer-Dieskau aus Hoboken macht sich auf seine Winterreise.

Ganz Musiker, sagt Sinatra immer seine Arrangeure mit an, bei ›The Best Is Yet To Come‹ Quincy Jones, und natürlich den Mann, dem er so viel zu verdanken hat, dessen Handschrift, brillant und ökonomisch, auch nach Jahrzehnten noch im Orchester aufglänzt: Nelson Riddle.

An ›Ol' Man River‹, das er noch 1970 in der Londoner Royal Festival Hall gesungen hat, traut er sich nicht mehr heran. Stattdessen hat er den großen Monolog aus ›Carousel‹, der Musical-Fassung von Molnars ›Liliom‹, ins Programm aufgenommen. Da kann er seine schauspielerischen Möglichkeiten vorführen und sich als Sänger ein Verschnaufpäuschen gönnen. Ansonsten ist Standard-Time mit ›Where Or When‹, ›When You're Close To Me‹ und den hier bei uns sehr nachbarlich begrüßten ›Strangers In The Night‹. Bei ›Mackie Messer‹ vergißt er nicht, Louis Armstrong und »Lady Ella« einzubeziehen.

Als er sich freigesungen hat, wird er auch frei, erzählt, daß der folgende Song aus einem Film stammt, in dem er zwischen Rita Hayworth und Kim Novak gestanden hat, und das sei ›quite a sandwich‹ gewesen. Bei ›Bewitched‹ aus ›Pal Joey‹ ist dann der alte Zauber ganz wieder da. Er wirft Kußhände. Er nimmt Blumen entgegen. Fast hätte er Kinder abgeschmatzt.

Zum Schluß versammeln sich dann noch mal alle drei zum Schlager-Potpourri auf der Bühne, gehen aufs Ganze, auch ein wenig auf die Dörfer. Hits werden angesungen, von Frankieboys ›I've Got You Under My Skin‹, diesem immergrünen Cole-Porter-Wunder, leider nur die erste Strophenhälfte. Doch Ende gut, alles gut! Ein oberschlauer Arrangeur hat einen Weg von Gershwins und Sportin' Lifes ›There's A Boat That's Leavin' Soon For New York‹ zur Hymne ›New York, New York‹ geebnet. Auf diesem Terrain findet der Dreier-Gipfel gemeinsamen Boden. Jauchzen! Jubel! Keine Zugabe!

Süddeutsche Zeitung, 31. Juli 2000

Das Swingen ist ein langer ruhiger Fluß

Rollin' on the River: Mit dem Raddampfer »Delta Queen«
unterwegs auf dem Mississippi

Es ist immer noch wie in der Mitte des 19. Jahrhunderts. Wenn das Showboat nach der letzten Biegung des Flusses endlich sichtbar wird, dann kommen die Leute aus den kleinen Städten ans Ufer gerannt und winken wie verrückt. Der Mississippi kennt kein geradeaus, und wer sich auf dem Raddampfer »Delta Queen« drei Wochen lang *up the river* hat schaufeln lassen, von New Orleans über Memphis und St. Louis bis St. Paul, vom tiefen Süden in den hohen Norden des Landes, der weiß, daß der Alte Mann Fluß sich unentwegt windet und krümmt und schlängelt.

Tagelang nur Weite, verwilderte Böschung, und immer wieder fährst du vorbei an diesen klitzekleinen grünen Inseln, die Tom Sawyer, Huck Finn und Nigger Jim auch heute noch unsichtbar machen würden – falls mal wieder die Erwachsenen kommen. Oder die Weißen. Im trüben Braun der Muddy Waters driften dir ständig Baumstämme entgegen, vermodert, zersplittert, nutzlos. »Fish are jumpin'«: Was in ›Porgy and Bess‹ erzählt wird, springt dir hier entgegen.

Doch anfangen – wo es anfängt! In New Orleans. Im »Snug Harbor«, dem Club ein wenig außerhalb des French Quarter, spielt der Pianist Ellis Marsalis, Vater so berühmter Söhne wie Wynton (Trompete) und Branford (Saxophon): gleichzeitig Ahnherr einer längst Tradition gewordenen Jazzrenaissance, weitab von den touristisch behämmerten »Saints« der Bourbon Street. Tisch reservieren? Die junge Schwarze am Marriott-Empfang grinst. »Keine Sorge! Ich arrangiere das schon, Baby. Nur bitte: Zurück auf jeden Fall mit dem Taxi.«

Gleich hinter der Esplanade Avenue verfinstert sich die Gegend erheblich. Leerstehende Läden. Verrostete Balkongitter in Schieflage. Die Hitze knallt. In den Hauseingängen lungern sie, die eine, auch die andere Zigarette rauchend. Doch einer, dem der Gang zum Hamburger Schauspielhaus, vorbei an all den Drogenopfern beim Hauptbahnhof, längst zum Schulweg geworden ist, blickt stur geradeaus. Das hilft auch hier. Aus schwarzen, schwarzfenstrigen Limousinen strömt eine aufgedrehte *jeunesse dorée* ins »Brasil«, will sich – »the lady is a tramp« – an den Exotismen der Halbwelt laben.

Das »Snug Harbor« schräg gegenüber gibt sich eher unauffällig, und diese fast spartanische Gediegenheit des Äußeren hat auch etwas zu tun mit der Musik und dem Publikum. Hierher kommen nicht nur Touristen, sondern auch Kenner und Insider. Die Shows sind um neun und um elf. Denn das berühmte Zeitgefühl der amerikanischen Musiker bestimmt nicht nur Timing und Tempo der Stücke. Auch die Länge des Auftritts ist sekundengenau verinnerlicht.

Marsalis, in der klassischen Triobesetzung mit Baß und Schlagzeug, liebt rhapsodisch-konzertante Einleitungen, die ausführlichen Vorstrophen, bis sich der Standard meldet und den Aha-Effekt auslöst. Samtpfötig und spitzfingrig weiß er genau, wann virtuose Sechzehntelpassagen ins Leere zu laufen drohen und durch ein paar archaisch resümierende Blues-Kürzel wieder auf den Punkt gebracht werden müssen. Auch kann er, was Jane Fonda in ›Klute‹ so gut konnte: in Augenblicken orgiastischer Verausgabung auf die Armbanduhr schielen.

Ein blutjunger Altsaxophonist, unüberhörbar aus dem Umfeld des Marsalis-Clans, steigt ein. Er spielt das Instrument wie der Absolvent einer schwarzen Schule der Geläufigkeit ... Längst gibt es ja Heerscharen seinesgleichen. Man denkt: Ich hör ja, was du alles kannst, Junge. Aber wo bist du selbst?

Tags darauf beginnt das Kindertraum-Abenteuer, die große Flußfahrt. In der Robin Street Wharf sehe ich sie zum ersten Mal am Kai vor Anker liegen: die »Mississippi Queen«. Sie ist größer, auch protziger als die »Delta Queen«, doch beide mit schneeweißen Decksaufbauten – und am Heck die riesengroßen Schaufelräder. Nicht nur zum Start sind sie angetreten, auch zum Kampf.

Es ist nämlich so, daß die Firma »Delta Queen Steamboat Co.« ein historisches Ereignis rekonstruiert. Und das nicht zum ersten Mal. Jedes Jahr, seit 1978, können Passagiere und Besatzung aufs Neue erleben, was im Sommer 1870 passiert und längst ein Stück Folklore geworden ist, mit Anekdoten geschmückt, von Liedern besungen: »The Great Steamboat Race« zwischen der »Natchez« und der »Robert E. Lee«.

In einem Land, das seine Mythen vergleichsweise spät gebildet hat, ist dies Wettrennen wildgewordener Raddampfer aus mancherlei Gründen ins allgemeine Bewußtsein gelangt. Thomas Leathers und John Cannon, Kapitäne der »Natchez« und der »Lee«, waren erbitterte Rivalen, gemartert von einem Ehrgeiz, den die Menschen des Südens sehr wohl kannten – und gern beäugten. Doch es kam noch etwas hinzu. Es ging auch um viel Geld. In jenen Tagen, da der Mississippi noch eine Art Monopol als Verkehrsader innehatte, war es schon wichtig, welches Schiff die Postsäcke schneller von Ort zu Ort brachte als die Konkurrenz. Hinzu kamen die Wetten. Kaum hatten sich Zeit und Ort des großen Rennens herumgesprochen, spielten die Leute verrückt. Fast alle Bewohner dessen, was man *The Heartland of America* nennt, fieberten damals vor Spannung. Siegerin wurde die »Robert E. Lee«. Bei der Wiederholung im Jahr 2000, wieder ein Volksfest voll von Fähnchen und vor allem von Musik, hatte ich mir eine urgemütliche, freundlich gekühlte Kabine ausgesucht, im Heck gleich über den Schaufelrädern der »Delta Queen«. Sie war während der elf Wettkampftage mein Zuhause. Die »Mississippi Queen« hieß von nun an, alt-angelsächsischem Oxford-Cambridge-Brauch folgend, nur noch *the other ship*.

Die erfahrene Reederei war sich durchaus bewußt, daß der Griff in die Geschichte – ein solcher Appell ans sportliche Siegenwollen – nicht ausreicht, um der drohenden Monotonie dieses langen Gegen-den-Strom-Schipperns zu begegnen. Wer jeden Morgen mit dem Ruf »Hey, Steamboaters« zum frühen Frühstück um sieben Uhr gerufen wird, hat die schöne Auswahl zwischen Programmangebot, Eigeninitiative und dem süßen Nichtstun beim Betrachten des Flusses.

In der Texas Lounge erzählt der »Riverlorian« ein Stündchen lang über den Fluß, die Städte und Menschen am Ufer. Man lernt die Mitreisenden kennen und hat seinen Spaß an der vertrauten – in einem solchen Mikrokosmos noch verstärkten – Neugier der Amerikaner auf Menschen. Diesmal vor allem auf den einzigen Deutschen an Bord. Praktisch jeder hat eine Großtante in Old Germany – oder war zumindest in Heidelberg stationiert. Und so stellt man ganz allgemein fest, daß eine Rheinfahrt mit all den Burgen, Weinbergen und romantischen Städtchen viel abwechslungsreicher ist als diese unendliche Slow-Motion-Tour auf dem Mississippi.

Mir macht es allerdings nichts aus, wenn ich mich hier verliere und der Welt abhanden komme. Ich kann beobachten, ob die »Mississippi Queen« jetzt vor oder hinter uns im Rennen liegt. Oder ob die clevere

303

Reederei einen kleinen Zwischenspurt angeordnet hat. Ich kann mich immer wieder über den Regenbogen freuen, der sich gleich vor meiner Tür, unmittelbar hinter der Reling über die vom roten Rad hochspritzenden Wasser wölbt.

Doch schwer fällt es mir, mich ohne weiteres an ein solches Aufgebot dienstbarer Schwarzer zu gewöhnen.

Viele bleiben unter Deck fast unsichtbar. Einige fegen und wienern, ohne hochzublicken. Und manche stehen an der Spitze einer Art Service-Hierarchie. Dazu gehört auch, wer in der lüsterschweren, titanichaften Pracht des »Orleans Rooms« bei Tisch bedient.

Wer also die Luxustreppen der »Grand Staircase« hinuntergegangen und im kulinarischen Inneren des Schiffsbauchs angekommen ist, trifft leicht verdutzt auf die große Gleichberechtigung. Vom Winde verweht scheinen alle Unterschiede von Rassen und Klassen. Fast alle kennen einander und das Schiff schon seit Jahren. Das Personal sieht in manchem Gast den Wiederholungstäter. Eine große Familie erkundigt sich nach den jeweiligen Familien, und an jedem zweiten Tisch glänzen im schwarzen Mund die makellos goldenen Schneidezähne.

Dabei wird mit einem solchen Selbstbewußtsein Dialekt gesprochen, daß sich schwer ausmachen läßt, was da noch natürlich ist und was schon komödiantisches Spiel mit der alten Sklavenrolle zum Zwecke der Tip-Maximierung. Auch wer seit einem halben Jahrhundert Bluesplatten sammelt, versteht oft nur afro-amerikanischen Bahnhof, fühlt sich aber nie ausgeschlossen. Den *Body Talk* versteht auch er. Nur Michelle, Kellnerin an unserem Achtertisch, hoch aufgeschlossen und kurzgeschoren, bleibt ganz streng, macht sich nie gemein.

Natürlich: die Landgänge. In den kleinen Städten des Südens, verwitternd, verlassen und sich nur noch durch ein Spielkasino vor dem Aus rettend, kommt wirklich der Bürgermeister mit dem halben Ort über den roten Teppich zu uns und heißt das Ereignis des Jahres willkommen. Die Gebärde huldvollen Dankes will erlernt sein.

In Vicksburg, Mississippi, haben sie die Schlachtfelder des Bürgerkriegs in einen die Staaten übergreifenden Nationalpark verwandelt. Doch für unsere Führerin, eine zierlich zähe Südstaaten-Lady, bleibt der Sieg des Nordens ein bitteres Unrecht: Wie eine Kriegerwitwe jagt sie uns durch Gräben und Tunnel – und fingert an jeder Kanone herum. In Memphis, Tennessee, kann man gerührt darüber staunen, wie neureich verspießert doch dieser Elvis-Besitz »Graceland« ist. Aber dann wird man doch, den Kopfhörer mit Text und Musik über dem Ohr, hineingesogen in dies Leben, das, ehe der Glitzerglanz hereinbrach, tief verwurzelt war in der Musik eben dieses Südens. Und das nur zweiundvierzig Jahre dauerte.

Doch mein Zuhause blieb das Schiff auch deshalb, weil ich erleben durfte, wie der Kartenzauberer Bodine Jackson Balasco, auch genannt »The Last Of The Riverboat Gamblers«, mit Hexerhänden an die goldenen Showboat-Tage erinnerte. Da kann der schnieke Herr Copperfield sechsmal durch die Chinesische Mauer latschen – das ehrliche Täuscherhandwerk Bodines hat mich weit mehr verzaubert.

Vor allem aber war es, wie vermutet und erhofft, die Musik an Bord, die aus der »Delta Queen« mein Traumschiff machte. Abend für Abend in der Texas Lounge ... da saß Jazzou Jones am Klavier und lehrte uns spielend, wie vielgliedrig und genau ausbalanciert diese Ragtime-Kompositionen sind. Dann kommt Phyllis Dale, eine Red Hot Mama der Tasten, die auf Zuruf jeden musikalischen Wunsch erfüllt, und Jack, ein TV-Produzent, der schon alles, und das nicht nur auf dem Bildschirm, gesehen hat, setzt sich hinter die Trommeln, zaubert mit den Besen. Fast immer singen alle mit. Das hat nichts von grölender Peinlichkeit, sterilem Musikantenstadl, und ein wenig beneide ich, ein gebranntes Kind, die Amerikaner um die Unschuld, die es ihnen erlaubt, Lieder aus all ihren Landschaften zu singen und mit improvisierten, oft harmonisch verwunschenen zweiten Stimmen zu versehen. Wenn es soulig wird, machen Kellnerinnen den Background-Chor – und die Musical-Hits sind ohnehin längst Volkslieder geworden.

Michael, der Barmann, sagt am zweiten Abend *Hombre* zu mir und legt nicht mehr, was sonst so nervt, neben jedes neue Glas den Kassenbon. Catherine, Lehrerin und Nachteule aus L.A., macht mich zum Cocktail-Experten, und der Hamburger darf, *Rollin' on the River,* eintauchen in das kleine Wunder einer Idylle, die der Alte Mann Fluß, backbord wie steuerbord, vor der Beschädigung durch die Gegenwart schützt. Auch im alten Onkel Pö war es ja so, daß man von einem Menschen jahrelang nur dreierlei wußte und zu wissen brauchte: Den Vornamen, das Lieblingsgetränk und den Lieblingsmusiker.

Übrigens: Wir haben gewonnen. Der Delta-David (174 Passagiere) hat den Mississippi-Goliath (422 Passagiere) besiegt, und weil sich unser Triumph am Unabhängigkeitstag ereignete, kam es in St. Louis zu einem großen Fest mit Feuerwerk, mit Passagieren und Besatzung und einem gemeinsamen Tanz unter swingenden Sonnenschirmen.

Daß eine solche Reise auch Längen, gefährliche Längen haben kann, erfuhr ich, als ich für den zweiten Teil, für's Finale von St. Louis bis rauf nach St. Paul, auf die »Mississippi Queen« umsteigen mußte. Denn diese Queen bot nun doch allerlei Kreuzfahrt-Symptome. Im Salon spielten sie ganztägig Bridge und warfen keinen Blick auf diesen albernen Mississippi. Am Nebentisch zeigten sie sich Photos von der Hochzeit der Enkel. Und alle hatten Stacheldraht in den Taschen, so daß die Kellnerin zum ersten, der ein Bier bestellte, gleich »honey« sagte.

Doch kurz vor Schluß reiften noch einmal Knabenträume. In Hannibal, Missouri, dem St. Petersburg Mark Twains und Tom Sawyers, ist zwar alles sehr touristenfreundlich aufbewahrt und aufbereitet. Anheimelnd und fernvertraut bleibt es doch, das Städtchen. Mit einiger Phantasie kann man auch noch den berühmten Zaun entdecken und sich ausmalen, wie Tom Sawyer im Schweiße seines Angesichts den Geheimnissen von Angebot und Nachfrage auf die Spur kommt.

Den tiefsten Eindruck macht jedoch am Rande des Ortes die Höhle, in der Tom und Becky sich verirrten. Hoch und hallig ist sie, kalt und trocken, vor allem jedoch riesig, ein Labyrinth, und als ich meine Überraschung äußerte, meinte Peggy, Ornithologin aus Pittsburgh: »It sure is a lot of cave.« In einem verborgenen Winkel soll sich auch mal der böse Räuber Jesse James mit seiner Bande versteckt haben: gleich neben einer Felsspalte zum Entkommen. Die ist sehr eng und heißt »Fat Man's Misery«.

Wir sind dann doch nicht bis St. Paul gekommen. Der Hochwasserstand machte das Anlanden unmöglich. In Bussen wurden wir von Red Wing, Minnesota, in die Stadt gebracht. Ol' Man River läßt sich von moderner Technik nicht einschüchtern. Er macht eben – wie schon immer – was er will.

Was so bei Interviews passiert

Süddeutsche Zeitung, 11. Dezember 1993

Ein paar Takte Smalltalk

DER CHAMPION BLEIBT HARRY BELAFONTE. Nicht nur als Sänger, auch als Interview-Geber erwies er sich als Meister aller Klassen. Wir wollten ihn befragen, als ich 1981 mit einem NDR-Team durch die Vereinigten Staaten reiste – immer auf der Spur der großen Gospelsängerin Mahalia Jackson. Schließlich sind sie Wahlverwandte gewesen, nicht zuletzt im politischen Kampf.

Er sagte sofort zu. In St. Paul, wo der Mississippi noch nach Norden schmeckt, gibt er abends ein Konzert, jetzt, am Nachmittag, sitzt er uns in seinem Hotelzimmer gegenüber: im hellblauen Jeans-Anzug und ganz höflich fragende Erwartung. Er will wissen: »Wie denkt ihr euch diesen Film?« Ich erzähle ihm etwas von der geplanten Montage aus Konzertdokumentation und Zeitzeugen-Statement. Er will wissen: »Und welche Rolle soll ich da spielen?« Ich erkläre, daß wir vom Menschen Mahalia Jackson so gut wie gar nichts wissen und von ihrer Rolle in der Bürgerrechtsbewegung mehr erfahren möchten.

Belafonte nickt, konzentriert sich. Dann läuft die Kamera genau acht Minuten, und wir haben alles im Kasten. Wir haben erfahren, daß Mahalia Jackson eine exzellente Köchin war und niemanden verhungern ließ; daß sie ihr politisches Engagement nicht nur bei den Großveranstaltungen im Umfeld von Martin Luther King zeigte, sondern auch bei der wenig spektakulären Basisarbeit. Kein Wort mehr und keine Silbe zuviel. Das Ego Belafontes schwieg und widerstand der Versuchung, sich anekdotenreich auf dem Thema »Mahalia und Ich« niederzulassen oder es gar ins noch schönere, noch beliebtere »Ich und Mahalia« umzudrehen. Ein solches Amalgam von Professionalität und Demut war mir noch nie begegnet. Ein paar Takte Smalltalk! Ein knappes Kopfnicken und wir sind entlassen. War was?

Zwei Tage später ... Atlanta, Georgia. Wir wollten auch von Loretta King, der Witwe Martin Luthers, einen Beitrag zum Thema Mahalia erbitten, stießen aber auf Schwierigkeiten. Manager blockten ab. Kein Interviewtermin war zu ergattern. Da hatte Andreas Jacobson, der Regisseur, eine fabelhafte Idee. Er meinte: »Wie auch immer – Luther Kings Witwe ist eine gläubige Schwarze. Am Sonntag geht sie in die Kirche. Das ist unsere Chance.«

Um nicht aufzufallen, fuhren wir mit einem Mini-Team und mit Mini-Ausrüstung in die Stadt, in den schwarzen Teil der Stadt zur Ebenezar Baptist Church. High-Noon unter lauter Schwarzen kann schon etwas unheimlich werden. Endlich braust Loretta King mit großem Gefolge auf den Kirchplatz. Wohlweislich quatsche ich sie nicht direkt an, sondern entschließe mich, über die Bande zu spielen. Ich gehe zu einem Kirchendiener und bringe meine Wünsche vor. Der sagt: »Moment mal«, verschwindet und holt einen besonders Eleganten, ob nun in der Kirchenhierarchie oder in Frau Kings Umfeld Höhergestellten. Wieder sage ich mein Sprüchlein auf, wieder muß ich warten; diesmal zermürbend lange, bis ich erfahre: »Nach dem Ende des Gottesdienstes. An einer Säule im Seiteneingang.«

Irgendwie haben wir die Zeit, die sich auf dem nun menschenleeren Platz zog und zog, hinter uns gebracht. Ganz wohl war uns nicht in dieser Gegend. Wir bekamen Hunger, gingen in ein Lokal und wurden als Weiße sehr zuvorkommend bedient. Mit Ghetto-Geschwindigkeit hatte sich herumgesprochen, daß wir nicht als Voyeure da waren. Das schützt.

Schließlich stand Loretta King im Portal und gab freundlich Auskunft. Sie sagte kaum etwas, das uns nicht auch Belafonte schon erzählt hätte. Aber – uff! – wir hatten es geschafft. Wir hatten sie in unserem Film.

Mahalia Jackson selbst war ich genau zwanzig Jahre davor, im Frühjahr 1961, zum ersten und einzigen Mal begegnet. Für sie war es die erste Reise in unsere Alte Welt, und es begann damit, daß nicht ich sie, sondern daß sie mich ausfragte. Auf dem Weg zum Konzert saß sie trotz des drückenden Frankfurter Frühlingswetters im hochgeknöpften Persianer im Wagen, erkundigte sich nach den Zerstörungen des Kriegs, und in einem einzigen, fassungslosen Kopfschütteln über das damals noch sehr sichtbare Ausmaß der Zerstörung lag mehr Entsetzen als in den Worten des Bedauerns, die man damals von reisenden Amerikanern gewohnt war.

MIT MAHALIA JACKSON (1961)

Tags darauf in Hamburg, im vorwurfsvoll eleganten Atlantic-Hotel, kam es dann zu dieser denkwürdigen Pressekonferenz. Ich erlebte das ja zum erstenmal: Während die Kollegen ganz mit sich selbst beschäftigt waren und den fesselndsten Branchentratsch austauschten, war die Künstlerin selbst auf Goethes ›Harzreise im Winter‹ gegangen: »Aber abseits, wer ist's?« Einsam und verlassen saß sie auf einem Podest.

Da kam Kurt Collien, unter Hamburgs Veranstaltern der hanseatischste, auf mich zu und flehte: »Bitte, gehen Sie nach vorn und reden Sie mit ihr. Einer muß es doch tun.« Ich machte mich also auf die Socken, und noch während ich unterwegs war, dämmerte mir, daß Kurt Collien – unter Hamburgs Impresarios auch der schlaueste – mich nicht ohne Hintergedanken losgeschickt hatte. Ich sollte Mahalia Jackson nicht nur ins Gespräch ziehen, sondern auch ablenken.

Die fromme Frau hat ihre Lieder ja ausschließlich zum Ruhme Gottes gesungen, hat den Blues gemieden, weil der mit so schrecklichen Sachen wie Schnaps und Kneipe zu tun hat. Alkohol in ihrer Gegenwart! Wo käme man da hin? Und so stand auf allen Tischen, vor allen Journalisten die Tasse mit dem dampfenden Kaffee.

309

Doch bald war nicht mehr zu übersehen, daß die Flüssigkeit, welche die Kellner aus ihren Kannen gossen, sehr oft die Farbe änderte. Das dunkle Kaffeebraun wechselte mit einem Ton, der sehr viel heller, auch durchsichtiger war. Mehr und mehr verwandelte sich der noble Kaffeeklatsch in das selige Glück einer Gemeinde, wurde immer ausgelassener, und mir war klar: Man hatte mich als Ablenkungsaffen eingesetzt, damit die Tarnung nicht auffliegt ...

Also zog ich die Gospel-Frau ins Gespräch, redete fiebrig auf sie ein, damit sie sich nicht umsieht und mitkriegt, wie sich da unten die Schäflein scharenweise verirrten. Auch sie hat mir etwas erzählt; sicher etwas sehr Wichtiges, ganz und gar Unwiederholbares. Aber ich war viel zu aufgeregt. Ich habe es vergessen.

Wer jahrzehntelang von Berufs wegen mit Künstlern redet, manchmal auch reden muß, erinnert sich an Interviews, bei denen Zustandekommen und Umstände sehr viel spannender und komischer gewesen sind als das Resultat, die Information, das wortwörtliche Statement. Ihr ganzes Leben hatte die Country-Sängerin Emmylou Harris vor mir ausgebreitet. Aber ich sehe immer nur vor mir, wie sie im sonnig brütenden Kalifornien zu Eis wurde, als ich von ihrem Duett mit Bob Dylan schwärmte. Endgültig vorbei war das. Vergessen war es noch nicht.

Immer wieder habe ich bedauert, daß oft nur die Zitate gedruckt werden und viel zu wenig erhalten bleibt von der Atmosphäre der Gespräche – von dieser Gratwanderung zwischen Intimität und Distanz, die geleistet sein will, damit die Befragten sich öffnen, zu sich selbst kommen: die Redseligen und die Verschlossenen, die frisch gekürten Sieger mit ihrem ulkigen Optimismus, aber auch die tückisch gewordenen Verlierer. Und wenn das tröstet: Schiß vor den berüchtigt Schwierigen hat nicht nur der Anfänger.

1964. Fritz Kortner inszeniert am Hamburger Schauspielhaus den ›Eingebildeten Kranken‹. Ein Interview? Meinetwegen vor der Probe: »Aber nur wenige Minuten!« schnarrte es aus dem Telefon. (Die Geheimnummer steht noch heute in meinem Buch.)

Durch verwinkelte Gänge tappe ich mich in das unwirsche Arbeitslicht der Probebühne. Kortner sitzt am Regietisch, und obgleich ich bei weitem nicht mehr der »twen« bin, dessen Redaktion mich schickt, entschließe ich mich – die Sache will's – zu kindlicher Unverfrorenheit. Was ihn denn gereizt habe, ausgerechnet dieses uralte Stück auszugraben, will ich wissen – und war zu meiner Erleichterung an den Richtigen ge-kommen. Zeitgemäßer könne ein Stück überhaupt nicht sein, explodiert Kortner. »Argan bildet sich ja nicht nur seine Krankheit ein. Er bildet sich alles ein. Ein Verblendeter, der glaubt, alle anderen, die ganze Welt sei verrückt. Das ist sehr heutig. Deshalb dürfen die Schauspieler keine Albernheiten treiben. Nur dann ahnt das Publikum auch die andere, un-sichtbare Hälfte der Kugel. Humor ist eine ernste Sache.«

Sprach's und ging an die Arbeit. Auf dem Brettergerüst wartete schon ein pummeliger Schauspieleleve, und ich vermutete, nur weil er so dick war, habe der grimmige Kortner ihn engagiert. Da lag ich falsch. Der junge Mann hieß Lambert Hamel.

So pflegeleicht die Schwierigen werden können, wenn die erste Frage der letzten Produktion und nicht der letzten Scheidung gilt, so lebens-gefährlich ist der Umgang mit Humoristen. Zunächst einmal muß man höllisch aufpassen, daß einem in ihrer Gegenwart kein auch nur halb-wegs komischer Satz unterläuft. Das verkraften sie nicht und sind oft nachtragender als jeder Elefant. Am unversöhnlichsten zeigen sich die Insterburgs, die ich vor langer Zeit besucht, beschrieben und nicht im-mer nur lustig gefunden hatte. Karl Dall hat mich noch Jahre später schief angesehen.

Als das, was in der heutigen Mediensprache »Textjournalist« genannt wird, macht man bei Gesprächen mit Fernsehgrößen ganz eigene, nach-denklich stimmende Erfahrungen. Ruth-Maria Kubitschek zum Beispiel empfing mich mit äußerster Liebenswürdigkeit in den Räumen ihrer Schwabinger Altbauwohnung. Aufmerksam goß sie den sehr image-gerechten Tee nach und erzählte, wie die Fernsehlaufbahn der Bühnen-darstellerin Kubitschek angefangen hatte. »Meine erste große Aufgabe war unter der Regie von Fritz Kortner – Sie haben vielleicht von diesem großen deutschen Regisseur schon gehört – die Lysistrata. Das schreibt sich: El – Ypsilon – Es ...« Ich winkte ab und war überhaupt nicht sauer; entdeckte ich doch in der gereiften Künstlerin das gebrannte Kind.

Hildegard Knef hingegen hatte sich auf mich genauso gut vorbereitet wie ich mich auf sie. »Das ist ein Jazzer«, war ihr wohl als verwertbare Information zu Ohren gekommen, und so war schnell abgehakt, wes-wegen ich sie in ihrem Haus bei Salzburg besuchen durfte. PR für ihre letzte Schallplatte.
Als dann das Offizielle vorbei war, folgte der Pflicht die Kür, kam es

zum eigentlichen Gespräch, wie so oft, wenn der Notizblock beiseite gelegt, das Tonband abgeschaltet ist. Wie beiläufig erzählte die Knef, wie sehr sie Gerry Mulligan bei einem Konzert in den Staaten bewundert hatte. Und sie kam ins Schwärmen, als sie von Peter Trunk erzählte, dem Jazz-Bassisten, der bei besagter letzter Platte mitgemacht hatte. Als Gratiszugabe servierte sie noch die Pantomime, wie ein unscheinbares Etwas muffig ins Studio schlurft und sich mit Hilfe von Make-up und Scheinwerferlicht in Marilyn Monroe verwandelt. Eine Wahnsinnsnummer. Bei den astrologischen Exkursen ließ meine Konzentration dann allerdings langsam nach.

Taufrisch wurde Bette Midler, als ich sie 1978 nach ihrem kräftezehrenden Konzert mit der Frage überraschte, was es denn mit dem Vaudeville auf sich habe, dieser Form des jüdisch-amerikanischen Entertainments, von dem wir hier in Deutschland so wenig wissen. Da erzählte sie von Sophie Tucker, die Blues-Sängerin werden wollte, sich deshalb das Gesicht schwarz anmalte und die dunkle Farbe erst wieder wegwischte, als der Erfolg da war.

Natürlich bringt es der Betrieb mit sich, daß auch mal nur Floskeln und Gestanztes ausgetauscht werden, daß überhaupt nichts läuft. Und manchmal schlägt auch der Künstler zurück.

November 1975. Wolf Biermann lebt noch in Berlin, wohnt in der Chausseestraße. Wir, ein mittelgroßer Journalistenpulk, waren eingeladen, ihn zu besuchen und uns von ihm seine neue ›Liebeslieder‹-Platte vorstellen zu lassen. Zwei Treppen hoch! Der Meister öffnet, scheint etwas verwirrt zu sein, wohl weil wir an diesem Sonntagvormittag etwas zu früh eingetroffen waren, faßt sich aber schnell. Und dann redet er.

Er führt aus, daß diese seine neuen Lieder keineswegs nur privat, sondern Teil eines gesellschaftlichen Prozesses seien, weil die Liebe in sich dialektisch ist ..., zugleich zeitlos und sehr historisch ... »Meine Platte«, führt Biermann aus, »behandelt ein traditionelles Thema, das in der abendländischen Literatur zum erstenmal durch Abälard und Heloïse in Erscheinung getreten ist: Ein Liebespaar, das um jeden Preis zueinander will. Vorher hatten die Eltern ihre Kinder miteinander verkuppelt, wie es die jeweilige Vermögenslage ...«, und so weiter und so fort.

Da reißt mir die Geduld, und ich erlaube mir nun doch, einen kleinen Einwand zu machen, verweise auf Hero und Leander, auch auf den Hellespont, den Leander durchschwimmen mußte, um zu seiner fernen Geliebten Hero zu kommen.

Aber auf Einwände oder Dialog ist Biermann nicht eingestellt. Er sieht mich groß und verächtlich an und sagt: »Da sitzt er nun vor mir, der vollgefressene Westknilch, auf dessen Bildung man soviel Mühe verwandt hat, und kramt die ganze Antike vor mir aus.«

Gern hätte ich angemerkt: »Als Argument zur Sache ist der Hinweis auf meine Körperfülle doch etwas dünn. Außerdem heißen meine Eltern nicht Krupp, sondern haben eine Chemische Reinigung mit drei Angestellten.« Aber ich riskierte es nicht. Ich war im Ausland, und schamlos nutzte die proletarische Primadonna ihren Platzvorteil.

Wie die Dinge damals lagen, konnte Biermann ja gleichzeitig triumphieren und leiden. Wir waren die bösen Kapitalisten. Er hatte in der DDR Auftrittsverbot. Ich kochte vor Wut, war aber machtlos.

Doch die schönen Ärgernisse, die immer auch ein Abenteuer sind, werden heutzutage, so scheint es, immer seltener. Die Gegenwart drängt auf Tempo und Effizienz. Die Künstler verlassen die freie Wildbahn und nisten sich in den Luxussuiten der Grand Hotels ein. Da werden sie ein, zwei Tage festgezurrt, geben ihre Interviews nach ausgeklügeltem Zeitplan und unsereins hofft in der Nebensuite und gemeinsam mit anderen wartenden Kollegen, daß da hinter der Tür sich niemand festplaudert. Manchmal wüßte man gern, was höher zu bewerten ist: die künstlerische Leistung der Sängerin, des Pianisten oder die Professionalität, mit der sie alle bei den immer gleichen Fragen immer noch die Nerven behalten.

Man kann diese klaustrophobische Monotonie aber auch unterlaufen. Als ich mit der Gruppe »Simply Red« sprach und erst einmal wissen wollten, mit welcher Art Musik sie denn in Manchester groß geworden wären, sagte Mick Hucknell, der Sänger: »Mit Soul von Otis Redding. Das war wie die Luft zum Atmen.« Der Blues kam also später? »Ja, Blues kam erst, als unsere Begeisterung für den Tamla-Motown-Sound abgeflaut war«, und plötzlich waren alle ganz wach, schwärmten von Coltrane und Mingus, waren offenbar dankbar, daß da mal einer nicht fragt: »Welches Konzept liegt Ihrer neuesten Platte zugrunde?« Die hätten wir dann auch fast vergessen.

Doch nichts gegen die Industrie! Wenn man das Ganze schon etwas länger macht, erspart sie einem – nicht ganz selbstlos – den Plausch mit Heino und gibt einem immer wieder Gelegenheit zu lernen. Ich weiß jetzt, wie sehr ich den garantiert unverzichtbaren Zeitzeugen aus der Welt des Showbusiness mißtrauen muß. Sie haben ihre Anekdoten schon so oft vor einem kleinen, dankbaren Kreis erzählt, daß sie Teil des Re-

313

pertoires geworden sind, alle Kanten verloren haben, bloß nicht den Geist jener Zeit ... etwa den des Dritten Reichs.

Ich weiß inzwischen aber auch, daß es ratsam ist, sich anständig, besser und wenn möglich: elegant anzuziehen, wenn man mit schwarzen Musikern reden will. Sie selbst laufen in den tollsten Klamotten rum und respektieren den Respekt, den man ihnen entgegenbringt. Auch sollte man sich zu fein sein, das insistierende Fragemonster zu spielen. Als Pavarotti mir so um 1990 partout nichts Vernünftiges, Waschzettelfernes über die Arbeit an der für ihn so heiklen »Otello«-Partie erzählen mochte, habe ich mich kurz und freundlich, allerdings auch mit fast leeren Händen verabschiedet. Nun mußte Pavarotti wieder das tun, was schon vor Jahrzehnten die Insterburgs vom Künstler verlangt haben: Er muß durch Leistung überzeugen.

September 1973. Die »Rolling Stones« hatten in Wien ihre Europatournee begonnen, und am Tag darauf bot Fritz Rau, der Veranstalter, mir an, im Privatjet der Gruppe mit nach Frankfurt zu fliegen. Nun reisen Stars dieser Größenordnung ja immer mit einem gewaltigen Troß; aber im Flugzeug war noch reichlich Platz, sogar direkt neben Mick Jagger. Die Chance war einmalig, die Exklusiv-Sensation so gut wie perfekt.

Aber da saß er nun vor mir, der charismatische Rattenfänger am Morgen danach; übernächtigt, mehr als abgeschminkt, und vor Augen hatte er eine dieser englischen Fußballzeitungen, die so mies sind, daß die Druckerschwärze auf den Boden träufelt. Da brachte ich es nicht fertig, ihn nach dem Wesen des Blues und der Zukunft des Rock'n'Roll zu fragen. Ich gönnte ihm die Überprüfung des Tabellenstandes und sagte kein einziges Wort.

Meine Seelengröße rührt mich noch heute.

Anhang

Personenregister

Bildnachweis

Rolf Ambor: 226
Werner Burkhardt, Archiv: 15, 309, Umschlag hinten, Einband
Interfoto (Archiv): 247, 251, 254
K&K (Danny Wall): 196
Stefan Malzkorn: 182
Ralph Quinke: 116, 167, 171
Valerie Wilmer: 202, 231, 242, 262

Alle anderen Photos sind von Sepp Werkmeister

Das Swingen ist e

Rollin' on the River: Mit dem Raddampfer „Delta Q

Ein bißchen sieht es so aus, als seien die Brücken am Mississippi nur dazu

mer noch wie in der Mitte
Jahrhunderts. Wenn das
at nach der letzten Bie-
sses endlich sichtbar wird,
n die Leute aus den kleinen
Ufer gerannt und winken
Der Mississippi kennt kein
nd wer sich auf dem Rad-
elta Queen" drei Wochen
river hat schaufeln lassen,
eans über Memphis und St.
Paul, vom tiefen Süden in
orden des Landes, der weiß,
Mann Fluss sich unentwegt
rümmt und schlängelt.
ur Weite, verwilderte Bö-
mmer wieder fährst du vor-
n klitzekleinen grünen In-
n Sawyer, Huck Finn und
uch heute noch unsichtbar
en – falls mal wieder die Er-
ommen. Oder die Weißen.
aun der Muddy Waters drif-
ig Baumstämme entgegen,
ersplittert, nutzlos. „Fish
Was in „Porgy and Bess" er-
ringt dir hier entgegen.

r Bourbon Street

ngen – wo es anfängt! In
. In „Snug Harbor", dem
nig außerhalb des French
lt der Pianist Ellis Marsalis,
ühmter Söhne wie Wynton
nd Branford (Saxophon):
hnherr einer längst Traditi-
en Jazz-Renaissance, weit-
touristisch behämmerten
Bourbon Street. Tisch reser-
nge Schwarze am Marriott-
st. „Keine Sorge! Ich arran-
on, Baby. Nur bitte: Zurück
l mit dem Taxi."
ter der Esplanade Avenue
ich die Gegend erheblich.
e Läden. Verrostete Balkon-
ieflage. Die Hitze knallt. In
gängen lungern sie, die eine,
ndere Zigarette rauchend.
lem der Gang zum Hambur-
ielhaus, vorbei an all den
n beim Hauptbahnhof,
Schulweg geworden ist,
geradeaus. Das hilft auch
warzen, schwarzfenstrigen
strömt eine aufgedrehte *jeu-*
ns „Brasil", will sich – „the
np" – an den Exotismen der
en.
Harbor" schräg gegenüber
r unauffällig, und diese fast
Gediegenheit des Äußeren
as zu tun mit der Musik und
um. Hierher kommen nicht
, sondern auch Kenner und
hows sind um neun und um

lis-Clans, steigt ein. Er spielt das Instrument wie der Absolvent einer schwarzen
Schule der Geläufigkeit … Längst gibt
es ja Heerscharen seinesgleichen. Man
denkt: Ich hör ja, was du alles kannst,
Junge. Aber wo bist du selbst?

Tags darauf beginnt das Kindertraum-
Abenteuer, die große Flussfahrt. In der
Robin Street Wharf sehe ich sie zum ersten Mal am Kai vor Anker liegen: die
„Mississippi-Queen". Sie ist größer,
auch protziger als die „Delta Queen",
doch beide mit schneeweißen Decksaufbauten – und am Heck die riesengroßen
Schaufelräder. Nicht nur zum Start sind
sie angetreten, auch zum Kampf.

Geld, viel Geld

Es ist nämlich so, dass die Firma „Delta Queen Steamboat Co." ein historisches Ereignis rekonstruiert. Und das
nicht zum ersten Mal. Jedes Jahr, seit
1978, können Passagiere und Besatzung
aufs Neue erleben, was im Sommer 1870
passierte und längst ein Stück Folklore
geworden ist, mit Anekdoten geschmückt, von Liedern besungen: „The
Great Steamboat Race" zwischen der
„Natchez" und der „Robert E. Lee".

wurde die „Robert E. Lee". Bei de
derholung im Jahr 2000, wiede
Volksfest voll von Fähnchen und v
lem von Musik, hatte ich mir eine
mütliche, freundlich gekühlte K
ausgesucht, im Heck gleich übe
Schaufelrädern der „Delta Queen
war während der elf Wettkam
mein Zuhause. Die „Mississippi Q
hieß von nun an, alt-angelsächsi
Oxford-Cambridge-Brauch folgen
noch *the other ship*.

Die erfahrene Reederei war sich
aus bewusst, dass der Griff in di
schichte – ein solcher Appell ans s
che Siegenwollen – nicht ausreich
der drohenden Monotonie dieses l
Gegen-den-Strom-Schipperns zu b
nen. Wer jeden Morgen mit der
„Hey, Steamboaters" zum frühen
stück um sieben Uhr gerufen, wir
die schöne Auswahl zwischen Progr
angebot, Eigeninitiative und dem
Nichtstun beim Betrachten des Fl

In der Texas Lounge erzählt de
verlorian" ein Stündchen lang üb
Fluss, die Städte und Menschen an
Man lernt die Mitreisenden kenne
hat seinen Spaß an der vertrauten
nem solchen Mikrokosmos noch ha
ten – Neugier der Amerikaner a